suhrkamp taschenbuch
wissenschaft 2407

Anders als Nietzsche dachte, ist die Schuld nicht aus dem modernen Leben verschwunden, sondern erobert zunehmend den politischen Raum. Schuldbekenntnisse sind heute fester Bestandteil nationaler wie internationaler Politik. Maria-Sibylla Lotter hinterfragt die kulturelle Bedeutung der neuen Schuldpraxis und unterscheidet die politische Bedeutung von Schuldbekenntnissen von ihrer moralischen und rechtlichen. Wie Praktiken der Ausrede und der Rache dienen auch Schuldbekenntnisse der Wiederherstellung gestörter Respektsbeziehungen unter Gleichen. Aufgrund ihrer Anfälligkeit für moralistische Missverständnisse können sie aber auch eine destruktive Eigendynamik entwickeln.

Maria-Sibylla Lotter ist Professorin für Ethik und Ästhetik am Institut für Philosophie I der Ruhr-Universität Bochum. Im Suhrkamp Verlag ist zuletzt erschienen: *Schuld, Scham, Verantwortung. Über die kulturellen Grundlagen der Moral* (stw 2016).

Maria-Sibylla Lotter

Schuld und Respekt

Über die Praxis von Vergeltung und Versöhnung

Suhrkamp

Klimaneutral
Druckprodukt
ClimatePartner.com/14438-2110-1001

Erste Auflage 2024
suhrkamp taschenbuch wissenschaft 2407
Originalausgabe

Umschlag nach Entwürfen
von Willy Fleckhaus und Rolf Staudt
Druck und Bindung: C. H. Beck, Nördlingen
Printed in Germany
ISBN 978-3-518-30007-7

www.suhrkamp.de

Für Klaus-Michael Kodalle
zum 80. Geburtstag

Inhalt

Vorbemerkung

> Du hast ja keine Ahnung von Frauen. Die besten sind nicht so gut, wie du glaubst, und die schlechten sind nicht so schlecht – nicht annähernd so schlecht.
>
> *Die Falschspielerin*

Wenn von Schuld die Rede ist, denken wir zunächst an eine moralische Verfehlung, die einer Person vorgeworfen wird, oder an ein Verbrechen, für das sie vor Gericht steht. Die Schuld besteht hier in der Verletzung einer allgemein gültigen moralischen Regel oder eines Gesetzes.

Im Unterschied zu diesem engen moralischen und juristischen Schuldbegriff geht es in diesem Buch um eine soziale und politische Dimension von Schuld, in der die gestörten Beziehungen zwischen Menschen im Mittelpunkt stehen. Übergriffe, Demütigungen und Gewalt werden nicht nur als Normverletzungen empfunden, sondern zunächst und vor allem als Verletzungen und Missachtungen von Personen. Sie werfen die Frage auf, wie – und ob – die Beschädigung der sozialen Beziehungen repariert werden kann oder neue, respektvollere Beziehungen entwickelt werden können. In der alltäglichen und politischen Kommunikation über Fehlverhalten geht es nicht wie vor Gericht um Anklage und Verurteilung. Sie verfolgt vor allem den sozialen Zweck, Missachtungen rückgängig zu machen bzw. respektvolle Beziehungen wiederherzustellen: Indem Erklärungen eingefordert, Ausreden und Entschuldigungen vorgebracht, das Versprechen künftig rücksichtvolleren Verhaltens gegeben wird – oder die gedemütigte Partei durch herabsetzende Äußerungen Rache übt. In diesem Buch gehe ich von der Annahme aus, dass diese mehr oder weniger informellen Praktiken der Reparatur moralischer Verletzungen dienen, und untersuche ihre Funktionen. Dabei konzentriere ich mich auf zwei Praktiken der Reaktion auf soziale Verletzungen und Missachtungen, eine alte und eine relativ neue in der Geschichte der Menschheit: im ersten Teil auf Praktiken der Rache und Vergeltung, im zweiten auf stellvertretende politische Entschuldigungen für historisches Unrecht. Beide Teile können einzeln gelesen werden. Sie sind jedoch Teilelemente eines umfassenderen Projekts und behandeln alternative Lösungen desselben Problems: Was ist notwendig, um Beziehungen des Respekts zwischen Individuen und Gruppen nach Gewalttaten oder anderen Formen der Missachtung (wieder)herzustellen?

Unter dem Respekt unter Gleichen verstehe ich nicht einen Respekt, der sich auf gleichwertige Leistungen von Personen in einem speziellen Bereich bezieht, wie etwa die besondere Hochachtung, den eine erstklassige Wissenschaftlerin einem ebenso exzellenten Kollegen entgegenbringt, weil sie fähig ist, seine Leistung zu beurteilen und daher auch besonders zu schätzen. Ich begreife Respekt vielmehr im Sinne der angemessenen Rücksicht auf die berechtigten Interessen anderer Menschen als gleichberechtigter sozialer Akteure, unabhängig von ihren speziellen Eigenschaften und Leistungen.[1] Der Gedanke eines Respekts unter Gleichen wird nicht selten in eine moralische Fortschrittsgeschichte eingebunden, in der sich die Menschheit von hierarchischen Strukturen zu egalitären Strukturen weiterentwickelt haben soll, die erst in der rechtlichen Gleichstellung aller Bürger und Bürgerinnen in den gegenwärtigen westlichen Demokratien wirklich realisiert wurde. Auch das ist hier nicht gemeint. Vielmehr gehe ich davon aus, dass es in allen kulturellen Kontexten, auch in stark hierarchischen Gesellschaften, Respektsbeziehungen unter sozial Gleichen gibt, wobei diese Beziehungen je nach Kontext mit unterschiedlichen normativen Erwartungen verbunden sind.[2]

Die Frage, wie Beziehungen des Respekts nach Missachtungserfahrungen wiederhergestellt werden können, kann *deskriptiv* verstanden werden, als Frage nach den bestehenden Praktiken der Wiederherstellung von Respektbeziehungen, oder *normativ*, als Frage nach den moralischen Ansprüchen, die hier zu stellen sind. Man kann sie aber auch *kritisch* interpretieren, im Sinne einer Hinterfragung gegenwärtiger moralischer Ideen mit Blick auf ihre Angemessenheit. Alle diese Aspekte spielen im Folgenden eine Rolle, wobei die normative Frage erst auf der Grundlage einer Beschreibung der kulturhistorischen Befunde gestellt wird.

Im Gegensatz zu dem hier verfolgten Ansatz kann die Frage

1 Eine ähnliche Unterscheidung nimmt Stephen L. Darwall in einem berühmten Aufsatz vor, vgl. »Two Kinds of Respect«, in: ders., *Dignity, Character and Self-Respect*, New York, London 1995, S. 181-198.

2 Zu diesen Unterschieden vgl. Kapitel VI, »Achtung unter Personen«, in Maria-Sibylla Lotter, *Scham, Schuld, Verantwortung*, Berlin 2012, S. 181-206.

aber auch in einem primär normativen Sinne aufgefasst werden, der sich explizit von den gegebenen Praktiken abgrenzt und geradezu eine moralische Revolution verlangt, wie es etwa Martha Nussbaum in ihrem Buch *Zorn und Vergebung* unternimmt. Dort kritisiert sie den Wunsch nach Vergeltung ebenso wie die an Bedingungen geknüpfte Vergebung, »die am Ende eines traumatischen und aggressiv-eindringlichen Prozesses der Selbstverleumdung in Aussicht steht«.[3] Nussbaum plädiert für ein großzügiges und bedingungsloses Verzeihen anstelle der verbreiteten Praxis, von der anderen Seite eine Bekundung von Reue und Zerknirschung oder eine andere Form des Ausgleichs von Missachtungen zu erwarten. Sie missbilligt diese Praxis wegen der durchschimmernden Krämerhaftigkeit, mangelnden Großzügigkeit und der verborgenen Freude an der Demütigung der anderen Partei. Und in der Tat kann man nicht behaupten, dass auf den menschlichen Praktiken der Vergeltung und Entschuldigung der Glanz reiner Tugendhaftigkeit liegt. Diese Praktiken hätten in einer vollkommenen Welt reiner Vernunftwesen nichts zu suchen. Daraus folgt jedoch nicht, dass sie in der menschlichen Welt zu verachten wären, wenn sie dazu beitragen können, etwas (wieder)herzustellen, was das menschliche Zusammenleben in vielen verschiedenen kulturellen Kontexten so wertvoll macht: Beziehungen des gegenseitigen Respekts unter Gleichen, in denen sich dann auch Großzügigkeit entfalten kann. Mich interessiert hier weniger die Frage, durch welche moralischen Haltungen die Menschen zu besseren Wesen werden könnten, als die Frage, welche Praktiken sich in der bisherigen Menschheitsgeschichte tatsächlich herausgebildet haben, um durch Missachtungserfahrungen zerstörte Beziehungen unter Gleichen wiederherzustellen, und was wir daraus im Hinblick auf die Besonderheiten unserer heutigen politischen und sozialen Probleme lernen können.

Insoweit es um Respekt unter Gleichen geht, überschneidet sich meine Fragestellung an einigen Stellen mit der Anerkennungstheorie, wie sie von Axel Honneth im Anschluss an Hegels »Kampf um Anerkennung« entwickelt wurde. Auch Honneth kritisiert rein utilitaristische Erklärungs- und Bewertungsmodelle sozialen Handelns und geht davon aus, dass »sich die Motive für sozialen Wi-

3 Martha Nussbaum, *Zorn und Vergebung. Plädoyer für eine Kultur der Gelassenheit*, Darmstadt 2016, S. 107.

derstand und Aufruhr im Rahmen von moralischen Erfahrungen bilden, die aus der Verletzung von tiefsitzenden Anerkennungserwartungen hervorgehen«.[4] Ungeachtet dieser Gemeinsamkeit teilen meine folgenden Überlegungen jedoch weder die Grundannahmen noch die Ziele der Anerkennungstheorie. Diese interpretiert Reaktionen auf gefühlte Missachtungen im idealistischen Rahmen einer normativen sozialen Theorie moralischen Fortschritts und einer Bildungstheorie, in der es vor allem um die Anerkennung von Identität geht, sodass »menschliche Subjekte zu einer positiven Einstellung gegenüber sich selber gelangen können«.[5] Dieser Anspruch liegt den hier vorgestellten Überlegungen nicht zugrunde. Erstens ist die Frage nach der Wiedergutmachung negativer Missachtungserfahrungen eine ganz andere als die Frage nach der Herstellung eines positiven Selbstbildes, die auch aktuelle identitätspolitische Diskussionen durchzieht. Zweitens ist die Anerkennungstheorie mit der Annahme einer allgemeinen moralischen Fortschrittsgeschichte der Menschheit verbunden, die mir wenig überzeugend scheint, auch wenn ich keineswegs bestreiten möchte, dass es sinnvoll ist, im Hinblick auf *bestimmte* Veränderungen im Normenwandel wie die moralische Verurteilung der Sklaverei und die Emanzipation der Frau, von lokalem moralischen Fortschritt zu sprechen (und vielleicht auch im Hinblick auf andere, wie den Respekt vor den Älteren, von lokalem moralischen Rückschritt). Im Unterschied zu dem Fortschrittsmodell gehen die folgenden Überlegungen in Anlehnung an Nietzsche und Bernard Williams davon aus, dass wir auch aus antiken Vorstellungen oder Praktiken in anderen Kulturen viel über den Menschen lernen können, was auch für die Gegenwart moderner Gesellschaften relevant ist. Die Frage, wie soziale Beziehungen zwischen Menschen nach Gewalttaten und Demütigungen wiederhergestellt und als Beziehungen gegenseitigen Respekts unter Gleichen gestaltet werden können, stellt sich schließlich in allen kulturellen Kontexten und beschäftigt die Menschheit seit ihren Anfängen. Solche Verletzungen und ihre psychischen Symptome – Wut, Ressentiment, Misstrauen, der Wunsch, diejenigen, die einen verachtet und geringschätzt haben, ihrerseits zu demütigen, sie dafür bezahlen zu lassen – belasten

4 Axel Honneth, *Kampf um Anerkennung. Zur moralischen Grammatik sozialer Konflikte*, Frankfurt/M. 1994, S. 261.

5 Ebd., S. 271.

jede Gegenwart und verhindern eine freie Gestaltung der Zukunft. »Könnten wir einander nicht vergeben, d. h. uns gegenseitig von den Folgen unserer Taten wieder entbinden«, so schreibt Hannah Arendt in ihrem Hauptwerk *Vita activa*, »so beschränkte sich unsere Fähigkeit zu handeln gewissermaßen auf eine einzige Tat, deren Folgen uns bis an unser Lebensende im wahrsten Sinne des Wortes verfolgen würden.«[6]

Die Fähigkeit, die Vergangenheit loszulassen – zu verzeihen –, fällt jedoch nicht vom Himmel. Es handelt sich auch nicht um eine magische Kraft von Individuen, die ihrer persönlichen Großzügigkeit entspringt. Vielmehr bedarf sie gesellschaftlich verankerter Praktiken der Entschuldung und der moralischen Reparatur von Missachtungen. In ihren vielfältigen Gesellschaftsformen haben Menschen nicht nur Normensysteme entwickelt, die der Willkür Grenzen setzen, sondern auch Methoden der Wiedergutmachung von Schäden, sozialen Verletzungen und Demütigungen. Während heute die Vorstellung verbreitet ist, dass Rache und Verzeihen exklusive Gegensätze darstellen und an die Stelle von Rache und Strafe eine Kultur des Verzeihens treten sollte, weisen kulturanthropologische Befunde in eine andere Richtung: Kultivierte und gemäßigte Formen der Rache schließen Vergebung nicht aus; in Verbindung mit Praktiken der Entschuldigung sind sie sogar oft Bedingungen des Verzeihens, wenn man darunter die Fähigkeit versteht, Groll und Hass hinter sich zu lassen, auf weitere Rache zu verzichten und darauf zu vertrauen, zukünftig auf der Grundlage wechselseitigen Respekts kooperieren zu können.[7]

Sich zu entschuldigen, wenn man andere verletzt oder gekränkt hat, und sich zu rächen, wenn man Opfer von Übergriffen und Demütigungen geworden ist, eine Entschuldigung aber ausbleibt, sind Praktiken, die vermutlich überall auf der Welt verstanden werden. Dennoch könnten zumindest in der modernen westlichen Welt die Bewertungen von Entschuldigung und Rache nicht gegensätzlicher

6 Hannah Arendt, *Vita activa oder vom tätigen Leben*, München 2002, S. 302.

7 In Kontexten, wo das Recht in erster Linie dazu dient, Konflikte zwischen Parteien zu lösen, ist das Verzeihen im Sinne eines ausgehandelten Verzichts auf Rache oder Schuld in die Ökonomie der Vergeltung eingebaut. Vgl. hierzu Bertram Turner, »The Place of Forgiveness in Conflict Management: Scale-Boud Institutional Arrangements in the Moroccan Nomosphere«, in: Maria-Sibylla Lotter, Saskia Fischer (Hg.), *Guilt, Forgiveness and Moral Repair*, London 2021, S. 285-306.

sein: Während Rache als etwas Primitives und moralisch Verwerfliches gilt, das die schlechtesten Seiten des Menschen zum Vorschein bringt, wird die Bereitschaft, sich (privat oder öffentlich) schuldig zu bekennen, weithin als Ausdruck moralischer Tugend und Gewissenhaftigkeit wahrgenommen. (Der heutige Leitartikel im Spiegel präsentiert sich als Schuldbekenntnis, der Titel lautet: »Meine Generation hat große Schuld auf sich geladen«.[8]) Entsprechend wird die relativ neue Praxis der politischen Entschuldigung für historisches Unrecht als Ausdruck zivilisatorischen Fortschritts gefeiert, als Zeichen für die Möglichkeit einer besseren Welt, in der Politik von Moral geleitet wird.

Dass die Rache hier einen ungleich schlechteren Ruf genießt als die Entschuldigung, ist allerdings kein Wunder: Während die Entschuldigung soziale Wunden heilen kann, ohne anderen Leid zuzufügen, verstehen wir unter Rache die gezielte Zufügung von Leid (was allerdings auch für die Strafe gilt). An der Entschuldigung schätzen wir den Geist der Versöhnung und der Demut, während wir die Rache mit Narzissmus, mit aggressiven und destruktiven Gefühlen assoziieren. Zudem widerspricht der Wille, sich gegen Missachtung und Demütigung selbstbewusst und zornig zu wehren, einem sich seit einigen Jahrzehnten wandelnden Menschenbild, in dem die menschliche Verletzlichkeit stärker betont wird als die gestaltenden Fähigkeiten und die Opfer sozialer Missachtung gerade aufgrund ihrer passiven Verletzlichkeit besondere Aufmerksamkeit und Wertschätzung erfahren.[9] Aber vielleicht befinden wir uns heute kulturell ein wenig in der Situation des naiven Hopfie aus dem Filmklassiker *Die Falschspielerin* von Preston Sturges, der zu wissen meint, was gute und was schlechte Frauen ausmacht, bevor ihn die Rache der Geliebten lehrt, seine Idealisierungen von der Realität zu unterscheiden und das Schlechte im Guten und das Gute im Schlechten zu sehen. Denn die übel beleumundete Rache, so wird sich bei genauerer Betrachtung zeigen, hat viel mit der hochgeschätzten Entschuldigung gemeinsam. Beide Praktiken sind *erstens* Reaktionen auf dieselben Anlässe, nämlich die vorsätzliche

8 Philip Bethge: »Meine Generation hat große Schuld auf sich geladen«, in *Der Spiegel*, 29.8.2023, ⟨Plädoyer für eine fleischarme Ernährung – Meinung – DER SPIEGEL⟩, letzter Zugriff 23.10.2023.

9 Vgl. Bradley Campbell, Jason Manning, *The Rise of Victimhood Culture: Microaggressions, Safe Spaces, and the New Culture Wars,* London 2018.

oder fahrlässige Verletzung, Missachtung oder Tötung von Menschen durch andere Menschen. *Zweitens* verfolgen sie dasselbe Ziel, nämlich die Wiederherstellung einer Beziehung unter *Gleichen* durch Rücknahme oder Wiedergutmachung einer empfundenen Missachtung. Und sie tun dies *drittens* auf durchaus vergleichbare Weise, nämlich durch eine Geste der (Selbst-)Demütigung, die der Kompensation einer vorangegangenen Demütigung dient.

Während die öffentliche Entschuldigung ausgesprochen chic ist, tritt die verpönte Rache in unserer Kultur weitgehend »inkognito« auf, wie Fabian Bernhardt diagnostiziert hat.[10] Und während unsere sogenannte »Opferkultur«[11] dahin tendiert, das Leiden von Opfern durch die historisch neue Verehrung eines passiven Opfertums[12] und die negative Bewertung von Täterschaft schlechthin kompensieren zu wollen, wird der Wunsch nach Vergeltung eher in den Rachenarrativen der populären Kunst ausgelebt. Wenn retributive Wünsche jedoch im Alltagsleben nicht zugelassen, sondern verdrängt werden, können sie auch nicht am Maß der Angemessenheit gemessen, gezähmt und kultiviert werden. Die folgenden Überlegungen sollen dazu einen Beitrag leisten. Aber auch bei der Kultivierung von politischen Entschuldigungspraktiken ist es wichtig, die Risiken im Blick zu haben, die Kollektivschuldfiktionen mit Blick auf die Selbstverantwortung und Täterschaft des Einzelnen mit sich bringen.

Viele Anregungen für den zweiten Teil über die Praxis der Entschuldigung habe ich aus Überlegungen meines geschätzten Kollegen Klaus-Michael Kodalle zu den Entschuldigungspraktiken der evangelischen Kirchen gewonnen. Deshalb widme ich ihm dieses Buch nachträglich zu seinem 80. Geburtstag.[13]

10 Vgl. Fabian Bernhardt, *Rache. Über einen blinden Fleck der Moderne*, Berlin 2021, S. 8.

11 Vgl. Campbell, Manning, *The Rise of Victimhood Culture: Microaggressions, Safe Spaces, and the New Culture Wars*.

12 Zur Rolle des passiven Opfers vgl. Klaus Günther, »Ein Modell legitimen Scheiterns. Der Kampf um Anerkennung als Opfer«, in: Axel, Honneth Ophelia Lindemann, Stephan Voswinkel (Hg.), *Strukturwandel der Anerkennung: Paradoxien sozialer Integration in der Gegenwart*, Frankfurt/M. 2013, S. 185-247, hier S. 211-221.

13 Für viele hilfreiche Hinweise bei der Redaktion des Textes möchte ich mich zudem bei Adrian Lauschke, Jan-Erik Strasser und Nikolai Ballast bedanken.

Erster Teil
Die zerrissene Perlenkette:
Über Rache

1. Eine menschengemachte Katastrophe und ihre Folgen

Wer im Südosten von Deutschland, am nördlichen Rand des Bodensees, in der Nähe des kleinen Dorfes Brachenreute den Wald durchstreift, stößt auf einige riesige stählerne Perlen, die zerstreuten Reste einer Perlenkette. Die abgerissenen Fäden der im Durchmesser zwischen 90 und 150 cm großen Kugeln verbildlichen die abgerissenen Lebensfäden von 49 Kindern und 22 Erwachsenen. In der Nacht vom 1. auf den 2. Juli 2002 war im Luftraum nahe Überlingen eine russische Passagiermaschine mit einem italienischen Frachtflugzeug zusammengeprallt, von den Passagieren und dem Flugpersonal hatte niemand überlebt. Perlen symbolisieren Tränen. Das Memento mori steht für die Fragilität dieser Menschenleben, die Zerstörbarkeit von Beziehungen und ihren unbezahlbaren Wert für die Hinterbliebenen. Wer mit der Geschichte des Unglücks vertraut ist, wird aber auch an die zerrissene Perlenkette eines kleinen ossetischen Mädchens erinnert, das damals ums Leben kam und von seinem Vater auf blutige Weise gerächt wurde.

Im Februar 2004, zwei Monate bevor die stählerne Perlenkette von der Stahlbildhauerin Andrea Zaumseil als Denkmal installiert wurde, war der Vater dieses Mädchens, Vitali Kalojew, nach Zürich gereist und hatte den Fluglotsen Peter Nielsen erstochen, der in der fatalen Nacht Dienst gehabt hatte. Der Fall erregte weit über Deutschland und die Schweiz hinaus Aufsehen. Auch die amerikanische Presse berichtete, mehrere Filme, ein Theaterstück und eine Ballade der bekannten amerikanischen Indie-Rockband Delta Spirit haben den Fall verarbeitet. Er bietet daher Gelegenheit, sowohl der Frage nachzugehen, warum Menschen sich rächen, als auch unsere dominanten kulturellen Narrative über die Rache zu hinterfragen. Denn ein blutiger Racheakt ist nicht allein Ausdruck unkontrollierter individueller Verzweiflung und Aggression. Die ihn motivierenden Gefühle entstammen kulturellen Mustern der Interpretation und Bewertung von Handlungen und angemessenen Reaktionen auf Handlungen, und dies gilt auch für die Weise, wie solche Rachetaten wahrgenommen werden.

So folgten die journalistische Berichterstattung und die künstlerische Verarbeitung des Fluglotsenmordes geradezu exemplarisch den in modernen westlichen Gesellschaften derzeit vorherrschenden sozialkulturellen Mustern der Interpretation. Dazu gehörte das moralische *Narrativ von der Sinnlosigkeit und Irrationalität der Rache*. Demnach ist ein Racheakt eine primitive, von Zorn, Verzweiflung oder Hass geleitete Reaktion auf den Verlust eines geliebten Angehörigen, für den ein anderer verantwortlich gemacht wird. Man glaubt, dass Menschen, die sich rächen, dies in der Überzeugung tun, dadurch den eigenen Schmerz und Verlust beseitigen, den Schaden ungeschehen machen, die frühere Situation wiederherstellen zu können. Da man zugleich solche Erwartungen für nicht erfüllbar hält und annimmt, dass dies einem Menschen von ungetrübter Urteilskraft auch eigentlich klar sein müsste, erscheint eine derartige Rachetat sinnlos und irrational. Diese Vorstellung ist auch in der praktischen Philosophie verbreitet. Die amerikanische Philosophin Martha Nussbaum erklärt sich den Wunsch nach Rache mit einem realitätsfernen »magischen Denken«,[1] denn es mache »die Toten nicht wieder lebendig, wenn auch ihr Mörder getötet wird«, noch könne das Zufügen von Leid das eigene Leid lindern.[2]

Mit dieser Vorstellung von der Sinnlosigkeit und Irrationalität der Rache verbindet sich oft der Glaube, Rache sei zwangsläufig selbstzerstörerisch. Denn wer annimmt, dass der Rächer nach der Tat nicht anders kann, als die Sinnlosigkeit seiner Rache einzusehen, wird ihm auch die weitere Einsicht zuschreiben, dass seiner Tat die moralische Rechtfertigung fehlt. Wenn dem Täter aber klar wird, dass es sich bei seiner Rache um eine *sinnlose* und somit zutiefst unmoralische Zufügung von Leid handelt, wird diese Einsicht seine Verzweiflung bis zur Unerträglichkeit steigern. Er muss erkennen, dass er durch seine eigene Gewalttat nicht geheilt werden kann und darüber hinaus seinem Leiden eine eigene, nicht wiedergutzumachende Schuld hinzugefügt hat. Durch seine mangelnde Bereitschaft zu verzeihen hat er also seine Fähigkeit zur moralischen Heilung selbst zerstört.

1 Martha Nussbaum, *Zorn und Vergebung. Plädoyer für eine Kultur der Gelassenheit*, Darmstadt 2016, S. 42. Auch Trudy Govier nimmt an, das Motiv der Rache sei der irrige Glaube, sich dann besser zu fühlen. Vgl. Trudy Govier, *Forgiveness and Revenge*, New York 2002.

2 Nussbaum, *Zorn und Vergebung*, S. 43.

Solche oder ähnliche Ideen kamen vermutlich Matthew Vasquez in den Sinn, dem Sänger der Indie-Rock-Band Delta Spirit, als er in einem Starbucks in Iowa in der *New York Times* blätterte und auf die Geschichte Kalojews stieß, die reichlich Stoff für eine Ballade bot, handelte sie doch von einer Tragödie, von Verzweiflung und Gewalt – und merkwürdigerweise auch von mangelnder Reue. Auf der Grundlage des Zeitungsartikels schrieb Vasquez einen knapp achtminütigen, epischen, sich langsam aufbauenden Song, der schließlich in einem lautstarken Refrain aus Synthesizern und Orgeln ausklingt. Obgleich ihn die Geschichte faszinierte, unternahm Vasquez keinerlei Versuch, den Racheakt aus der Sicht Kalojews und seiner Landsleute zu betrachten. »Das ist nicht meine Kultur, Mann«, äußerte er sich gegenüber einem Journalisten: » Es geht darum, wie die verschiedenen Menschen mit ihrem Dharma zurechtkommen.« [3] Seine »Ballad of Vitaly«[4] folgt daher nicht den realen Ereignissen, sondern artikuliert in Reinform das *Narrativ von der Sinnlosigkeit, Irrationalität und Selbstdestruktivität der Rache*:

[…]
Als Vitalys Auge sich eintrübte
blieb kein Mensch zurück
Aber dies können wir sagen
Über einen Menschen in seiner Lage:
Die Rache ist ohne jeden Wert
Es gilt nur die Regel
Dass die verlorenen Leben
Niemals zurückkehren können
Und dass die Gegentat
schlimmer ist als die Tat […]
Die Regierung erfuhr
Dass Vitaly frei war
Sie rühmten ihn als Helden, als einen Mann über den Königen
Diesen Schatten von einem Menschen, sie lobten seine Tat
Alleingelassen, tötete er einen Vater von drei Kindern
Nichts, was er tat, konnte ihn wieder heilen […]

3 Vgl. Andrew Dansby, »The Story of the Delta Spirit's Murder Ballad«, in: *Houston Chronicle*, 14.7.2010, ⟨https://www.chron.com/entertainment/article/The-story-of-the-Delta-Spirit-s-murder-ballad-1617710.php⟩, letzter Zugriff 16.10.2023. (Übers. M.-S. L)

4 Brandon Young u. a., *Ballad of Vitaly*, ⟨https://www.songtexte.com/songtext/delta-spirit/ballad-of-vitaly-23efc857.html⟩, letzter Zugriff 27.7.2023.

Und nun bleibt Vitaly nichts mehr übrig
Als von einer Klippe zu springen oder sich zu erhängen
Ohne Hoffnung auf die Vergebung, die er selbst hätte geben können
Ist ein Mensch unrettbar verloren.[5]

Die Wirklichkeit, sie war nicht so. Es scheint nämlich, als habe erst die blutige Gewalttat und ihre öffentliche Resonanz in seinem Heimatland bei Kalojew einen psychologischen Heilungsprozess in Gang gesetzt und seine soziale Rehabilitation ermöglicht. Der Sänger von Delta Spirit sang mit seiner düsteren Vision vom zwangsläufig selbstzerstörerischen Ausgang des Racheaktes gegen die ihm bekannten Tatsachen an. Als die Ballade entstand, hatte der inzwischen aus der Haft entlassene Kalojew, der vor dem Flugzeugabsturz als Bauingenieur in seiner Heimat arbeitslos gewesen war, schon eine Karriere begonnen, die in die höchsten sozialen und politischen Kreise seiner Heimat führte. Er beging weder Suizid noch scheint er an Gefühlen der Verzweiflung oder an sozialer Ausgrenzung gelitten zu haben. Seine Äußerungen lassen vermuten, dass er seine Tat nie bereute und mit sich vollständig im Reinen war.

Wenn solche Diskrepanzen zwischen den moralischen Intuitionen der Menschen in den modernen westlichen Gesellschaften und der sozialen Wirklichkeit auftreten, wird dies entweder mit einer charakterlichen Anomalie des Täters erklärt oder – wenn dieser nicht im westlichen Kulturkreis lebt – mit kultureller Fremdheit. Man greift auf ein weiteres Narrativ zurück, das *Narrativ von der kulturellen Fremdheit der Rache.* Der Spiegel diagnostizierte eine »Kluft zwischen den Kulturen«, »hier die ossetische, eine Kultur, die Schuld zu einer persönlichen Sache zwischen zwei Menschen macht. [...] Und dort die westliche Kultur, in der die Justiz doch gerade die Aufgabe hat, sich zwischen die Menschen zu stellen, sie

5 Übers. M.-S. L. Im Original: [...] Re-enacting the day / Vitaly's eye blackened / No human remained / Well, so much can be said / For a man in his shoes / There's no glamour in vengeance / There's only this rule / That the lives that you lost / Can never come back / And the deed in return / Is worse than the act / [...] The government learned / Vitaly was free / They called him the hero, a man above kings / A shadow of man, they were praising his deed / He was alone, killed a father of three / no deed that he did could make him complete / [...] But now there's nothin' for Vitaly to do / But step off a cliff or hang in the noose / Robbed of forgiveness that he could've gave / There's no man left to save.

zu trennen, um die Schuld auszugleichen – ›sachlich, ruhig, anständig‹.«[6]

In der Tat spricht einiges dafür, dass hier kulturelle Unterschiede eine Rolle gespielt haben, insbesondere die Unvertrautheit des Täters mit dem modernen westlichen Rechtswesen, das in solchen Fällen langandauernde Untersuchungen erfordert, weswegen eine schnelle Verurteilung der Verantwortlichen nicht zu erwarten ist. Wer den Rachemord als Einbruch eines kulturell fremden Gewaltelements in eine moderne Rechtskultur interpretiert, übersieht allerdings, dass auch das heutige Ossetien Teil des russischen Staates ist, der das Gewaltmonopol für sich beansprucht und in dem Blutrache als Verbrechen gilt, das strafrechtlich verfolgt wird. Aber selbst wenn Ossetien heute noch eine staatenlose segmentäre Gesellschaft wäre, in der Blutrache eine legitime Option wäre, wäre die naheliegende Reaktion nach einer entsprechenden Flugzeugkatastrophe dort zunächst eine Entschuldigung der Verantwortlichen gewesen, verbunden mit dem Angebot einer hohen Entschädigung.[7] Die Erzählung von der kulturellen Fremdheit der Rache vereinfacht nicht nur die Funktionen und Legitimationsgründe der Rache zu stark, sondern verdeckt auch, was Menschen in modernen westlichen Gesellschaften mit anderen Kulturen teilen.

In den modernen westlichen Gesellschaften neigt man heute dazu, ein furchtbares, von Menschen verursachtes Leid, wie es Kalojew widerfahren ist, in erster Linie als psychologisches Problem zu betrachten, als eine emotionale Wunde, für deren Heilung Therapeuten zuständig sind. Aus dieser Perspektive erscheint das Bedürfnis nach Rache unverständlich. Wir sprechen von Trauma und betrachten mittlerweile auch menschenverursachtes Leid weitgehend als eine Art Krankheit, die in den Bereich der Medizin und nicht der Moral gehört. Es ist jedoch ein entscheidender Unterschied, ob einem etwas zustößt, das unvorhersehbar war und durch angemessene menschliche Sorgfalt nicht hätte verhindert werden können, oder ob das eigene Leben aufgrund des fahrlässigen Ver-

6 Jürgen Dahlkamp, Andrej Batrak, »Die letzte Katastrophe«, in: *Der Spiegel*, 23. 10. 2005, ⟨https://www.spiegel.de/panorama/die-letzte-katastrophe-a-1a55dd05-0002-0001-0000-000042813415⟩, letzter Zugriff 27. 7. 2023.

7 Vgl. Vgl. Georgy Boft, »Analysis & Opinion. Whose Crime?«, in: *Expat. ru*, 21. 11. 2007, ⟨https://www.expat.ru/analitics.php?item=314⟩, letzter Zugriff 1. 8. 2023.

haltens anderer Menschen beeinträchtigt oder gar zerstört wird. In solchen Fällen reißt der Verlust auch *moralische Wunden*, wenn er mit der Zerstörung normativen Vertrauens und normativer Erwartungen verbunden ist. Anhand des Fluglotsenmordes möchte ich den Fragen nachgehen, warum Katastrophen, die von Menschen verursacht werden, auch *moralische Wunden* hinterlassen, was zu ihrer Heilung erforderlich ist[8] und warum in solchen Zusammenhängen der Wunsch nach Rache aufkommt. Mein Ziel ist es nicht etwa, blutige Racheakte moralisch zu rechtfertigen, sondern zu zeigen, dass ihre Motive und ihre Logik uns nicht so fremd sind, wie oft angenommen wird. In Rachegelüsten kommt eine Reaktion auf die gefühlte Verweigerung von Anerkennung zum Ausdruck, die nur dann zerstörerische Formen annimmt, wenn das Bedürfnis, sozial respektiert zu werden und sich selbst achten zu können, nicht auf andere Weise befriedigt werden kann. Daher werde ich auch soziale Maßnahmen und symbolische Gesten in den Blick nehmen, die Menschen in verschiedenen Kulturen entwickelt haben, um solche Katastrophen bewältigen zu können – eine soziale Dimension, die heute oft unterschätzt wird, weil die christliche Moral und die westliche Therapiekultur uns daran gewöhnt haben, Heilungsprozesse nach Katastrophen entweder auf die individuelle Tugend des Verzeihens zurückzuführen oder als eine Aufgabe von Therapeuten zu betrachten.

Die starke moralische Ablehnung der Rache in modernen westlichen Kontexten erschwert allerdings ein realistisches Verständnis der Rache aus der Perspektive des Rächers. Das zeigt die Ballade von

8 Was ich hier als moralische Heilung oder moralische Wiederherstellung bezeichne, ist nicht ganz dasselbe wie das, was die amerikanische Philosophin Margaret Walter »*moral repair*« genannt hat: »der Prozess des Übergangs von einer Situation des Verlustes und der Beschädigung zu einer Situation, in der ein gewisses Maß an Stabilität in den moralischen Beziehungen wiederhergestellt ist« (Margaret Urban Walker, *Moral Repair. Reconstructing Moral Relations after Wrongdoing,* Cambridge 2006, S. 6. [Übers. M.-S. L.]). Walker hat dabei vor allem Prozesse der sozialen Wiederversöhnung im Anschluss an Großverbrechen im Sinn, insbesondere nach Gewalt, die von staatlichen Organisationen ausgegangen ist, wie etwa von der südafrikanischen Apartheidsregierung oder der argentinischen Militärdiktatur. Sie legt dabei den Schwerpunkt auf die Wiederherstellung des gemeinsamen Vertrauens in die Geltung von Normen; vgl. ebd., S. 20. Bei mir hingegen liegt der Schwerpunkt auf der Wiederherstellung von Selbstachtung und Beziehungen des Respekts.

Delta Spirit geradezu exemplarisch, indem sie das keineswegs unglückliche Schicksal des realen Kalojew nach seiner Rachetat durch eine Phantasie der Selbstzerstörung ersetzt. Diese wiederum steht in der Tradition jener Strafphantasien, mit denen schon Augustinus und andere christliche Theologen das Schicksal unverbesserlicher und unbußfertiger Sünder ausmalten. War sich der Sänger bewusst, dass er das reale Schicksal Kalojews durch eine Strafphantasie ersetzte, weil er es für ungerecht hielt, dass ein brutaler Rachemord auch noch gesellschaftlich belohnt wurde?

2. Restaurative Verantwortung und die Funktion von Entschuldigungen

In Kalojews Fall ist der Wunsch nach Rache nur im Ausgang von der symbolischen Bedeutung von menschengemachten Katastrophen zu verstehen. Katastrophen, die durch menschliches Fehlverhalten verursacht werden, verursachen nicht nur physisches Leid und Trauer, sondern schlagen oft auch moralische Wunden, da das Fehlverhalten als Ausdruck mangelnder Rücksicht, mangelnden Respekts für die Betroffenen empfunden wird. Sie werfen Fragen nach der Verantwortung auf, die nicht unbeantwortet bleiben dürfen, denn eine Nichtantwort wird in solchen Fällen als Bestätigung des Verdachts mangelnder Rücksicht empfunden werden.

Wenn sich nach Katastrophen wie dem Flugzeugabsturz bei Überlingen die Hinterbliebenen fragen, wer dafür verantwortlich ist, hat diese Frage nach der Verantwortung retrospektive und prospektive Dimensionen. Die retrospektive betrifft Fragen nach der (moralischen, strafrechtlichen sowie zivilrechtlichen) Schuld: Die Angehörigen gehen davon aus, dass ein solches Unglück nicht hätte passieren dürfen, dass Fehler gemacht wurden, die nicht hätten gemacht werden dürfen, weil der Respekt vor dem menschlichen Leben die größtmögliche Sorgfalt bei der Regelung des Flugverkehrs gebietet. Die Frage nach der verantwortlichen Person richtet sich also auf die schuldige: die Person, gegen die sich *Vorwürfe* richten können, weil sie fahrlässigerweise Fehler gemacht hat, die ursächlich für das Unglück sind. Hier kann jedoch ein praktisches Problem auftreten: Die Frage nach *dem* Schuldigen kann bei solchen Katastrophen oft nicht ohne Weiteres beantwortet werden, einerseits aus epistemischen Gründen, andererseits aufgrund der Ausdifferenzierung der Verantwortlichkeiten der Beteiligten. Es bedarf meist langwieriger Untersuchungen von Sachverständigen, bis geklärt werden kann, welche der Personen, die in komplexen arbeitsteiligen Zusammenhängen wie der Flugüberwachung tätig sind, Fehler gemacht haben, die in einer relevanten ursächlichen Beziehung zum Absturz stehen, und inwieweit diese Fehler ihnen auch als schuldhaftes Tun oder Unterlassen zuzurechnen sind. Auf der Grundlage dieser Gutachten werden dann strafrechtliche und zivilrechtliche Verfahren durchgeführt. Wenn nach *dem* Schuldigen im Sinne eines tadelbaren Verursachers des Übels gefragt wird, ist daher oft gar keine eindeutige Antwort möglich. Die Kriterien der Schuldermittlung und -bemessung variieren zudem je nachdem, ob es um eine moralische, eine strafrechtliche oder eine zivilrechtliche Beurteilung geht. Nicht jeder, der sich moralisch fragwürdig verhält – etwa von illegalen oder riskanten Praktiken weiß und diese duldet –, kann für diese moralische Komplizenschaft rechtlich zur Verantwortung gezogen werden. Mit der zivilrechtlichen Entschädigungsfrage und der Frage der Strafbarkeit sind wiederum verschiedene Rechtsabsichten verbunden, sodass auch unterschiedliche Kriterien der Relevanz der Tatsachen mit Blick auf die Beweisaufnahme und den Nachweis der Schuld gelten, wie bei den Aufsehen erregenden Prozessen gegen den amerikanischen Footballspieler O. J. Simpson, der für den Mord an seiner Ehefrau Nicole Simpson im Strafprozess freigesprochen, aber in einem nachfolgenden Zivilprozess verurteilt wurde.

Wenn man die Frage nach dem Verantwortlichen als Frage nach einer individuellen Person versteht, die als einzige oder in einer herausgehobenen Weise schuldig ist, dann geht sie im Rechtswesen einer modernen rechtsstaatlichen Industriegesellschaft von unrealistischen Voraussetzungen aus, wie Hans Lenk argumentiert hat:

> Herkömmlich spricht man von der Verantwortung oder ganzer Verantwortung, die jemand trägt oder zu tragen hat – besonders bei schuldhaften Handlungen oder Unterlassungen oder mangelnder Vorsicht (zum Beispiel Fahrlässigkeit). Man neigt dazu, genau eine Person verantwortlich zu machen, und fasst den Begriff der Verantwortung oder Verantwortlichkeit als einen geradezu unteilbaren einheitlichen Gesamtbegriff auf, der eben individuell oder auch von einer Kollektivität insgesamt übernommen werden muss. Dieser traditionelle Ansatz erweist sich in unseren hoch differenzierten Gesellschaften und handlungs- und arbeitsteiligen Gruppenzusammenhängen (zum Teil sehr vieler beteiligter Akteure und Betroffener) [...] als viel zu einfach, ja geradezu als *gefährlich* naiv.[1]

Das gilt auch für das Flugunglück von Überlingen. Wie erst nach langjährigen Ermittlungen offiziell geklärt wurde, hatte eine gan-

1 Hans Lenk, »Verantwortlichkeit und Verantwortungstypen: Arten und Polaritäten«, in: *Handbuch Verantwortung*, hg. v. Ludger Heidbrink, Claus Langbehn, Janina Loh, Wiesbaden (Springer) 2017, S. 58 (Hervorhebung im Originaltext).

ze Kette von Fehlern zu dem Zusammenstoß geführt. Ein einziger Fluglotse hatte unter technisch unzureichenden Bedingungen den nächtlichen Flugverkehr organisiert. Das Radarsystem, das optische Warnsystem und das Telefon waren aufgrund von Wartungsarbeiten zur Zeit des Unglücks außer Betrieb, und auch das Nottelefon funktionierte nicht, was dem Lotsen jedoch nur teilweise bekannt war. Dass der Lotse im Kontrollraum allein war, entsprach nicht den Regeln. Es war aber offenbar bei der für die Luftüberwachung zuständigen Schweizer Firma Skyguide zur Nachtzeit gängige Praxis, dass einer der beiden zuständigen Lotsen eine Ruhepause einlegte. Der arbeitende Lotse musste daher zwischen zwei Bildschirmen wechseln. Er konnte in der Zeit vor dem fatalen Zusammenprall den sich auf dem Bildschirm erkennbar gegenseitig nähernden Flugzeugen nicht die volle Aufmerksamkeit widmen, weil er an einem anderen Bildschirm vergeblich versuchte, einem dritten Flugzeug eine Landeerlaubnis zu verschaffen. Ein Mitarbeiter der deutschen Flugsicherung in Karlsruhe versuchte ihn davor zu warnen, dass sich zwei Maschinen auf gleicher Höhe näherten, erreichte ihn jedoch wegen des Telefonausfalls nicht. Als der Lotse erst 44 Sekunden vor dem Unglück die Lage bemerkte, gab er der russischen Passagiermaschine die Anweisung zum Sinkflug, um eine Kollision zu vermeiden. Diese Anweisung erwies sich im Ergebnis als fatal, da das Frachtflugzeug von seinem automatischen Kollisionsvermeidungssystem ebenfalls zum Sinkflug aufgefordert worden war und diese Anweisung befolgte. Der Kapitän der russischen Passagiermaschine hingegen war von dem Kollisionsvermeidungssystem zum Steigen aufgefordert worden und hätte sich nach den Regeln eigentlich an diese Anweisung halten sollen, befolgte jedoch die Anweisung des Fluglotsen.

Der Fluglotse und der Flugkapitän der russischen Maschine hatten also Fehler gemacht, jedoch unter widrigen Bedingungen, für die sie nicht verantwortlich waren. Aus juristischer Sicht stellte sich daher die Frage, wer in welchem Maß für die unzureichenden technischen und die anderen teilweise regelwidrigen nächtlichen Bedingungen verantwortlich war, unter denen der Flugverkehr geregelt wurde. Bis zum Prozess wies die Leitung von Skyguide eine Mitschuld an der Katastrophe stets zurück.[2] Im Strafprozess, der

2 »Skyguide-Mitarbeiter fühlen sich unschuldig an Überlingen-Unglück«, in: *Airliners.de* 15. 5. 2007, ⟨https://www.airliners.de/skyguide-mitarbeiter-fuhlen-sich-unschuldig-an-uberlingen-ungluck/11904⟩, letzter Zugriff 29. 7. 2023.

wegen der in solchen Fällen äußerst aufwendigen Beweisaufnahme erst 2007 – fünf Jahre nach dem Unglück – stattfinden konnte, wurden dann vier von acht angeklagten leitenden Angestellten von Skyguide wegen grober Fahrlässigkeit schuldig gesprochen. Hingegen wurde der Flutlotse, der zu diesem Zeitpunkt schon als der vermeintlich Schuldige getötet worden war, weitgehend entlastet. Mit Blick auf Schadensersatzansprüche gab ein Konstanzer Landgericht 2006 wiederum der Bundesrepublik Deutschland die alleinige Schuld an dem Unglück, da die Übertragung der Flugüberwachung im süddeutschen Raum an das Schweizer Unternehmen gegen Bundesrecht verstieß und somit unwirksam war. Der Fall ist also ein Paradebeispiel für die von Lenk angesprochene Zersplitterung der Verantwortung in modernen arbeitsteiligen Zusammenhängen und dementsprechend auch für die entsprechende Zersplitterung der Schuld.

Gleichwohl greift die Kritik von Lenk zu kurz. Wenn Angehörige von Unfallopfern die Frage nach *dem* Verantwortlichen stellen, tun sie dies aus einer anderen Perspektive als eine Gutachterin, die die komplexen, arbeitsteilig organisierten Abläufe untersucht, die zur Verursachung eines Unfalls zusammenwirken und in verschiedenen Rechtskreisen mit unterschiedlichen Rechtsfolgen verbunden sind. Die Frage kann in der Tat *gefährlich naiv* sein – hier beweist Lenk einen guten Riecher –, wenn sie aus dem Wunsch heraus gestellt wird, möglichst schnell einen Schuldigen oder einen Sündenbock zu finden, an dem man seine Wut auslassen kann. Lenk übersieht oder unterschätzt jedoch eine weitere Dimension der Verantwortung, die in vielen Gesellschaften nicht formell geregelt ist und die keine Fragen der Schuld betrifft: die eher auf die Zukunft gerichtete Verantwortung für die Reparatur der moralischen Wunden und anderer Folgeschäden solcher Katastrophen. Dass er diese Dimension ausblendet, ist kein Zufall. Die Vorstellung, in der Frage nach *dem* Verantwortlichen drücke sich nur Naivität und Inkompetenz aus, entspringt selbst einer Fehleinschätzung, die strukturell in den Sachzwängen angelegt ist, die sich in modernen Industriegesellschaften aus dem Rechts- und Versicherungswesen ergeben und die dazu führen, dass den Möglichkeiten symbolischer moralischer Reparaturmaßnehmen enge Grenzen gezogen sind; ich werde noch darauf zurückkommen. Die Bedeutung moralischer Reparaturmaßnahmen wird jedoch kulturübergreifend durch die

Praktiken bezeugt, mit denen Menschen auf menschengemachte Katastrophen reagieren und so Prozesse der sozialen und moralischen Heilung einleiten.

Wenn Menschen aufgrund des Verhaltens anderer Menschen zu Tode kommen, hat dies Schäden und Verletzungen auf verschiedenen Ebenen zur Folge, die auf unterschiedliche Weise ausgeglichen werden können. Insofern die Rechtsordnung verletzt wurde, verlangt sie eine Bestrafung der Schuldigen. Insofern ein materieller Schaden für die Angehörigen entstand, kann er durch eine Entschädigungszahlung kompensiert werden, die in der Regel von den Versicherungen angeboten oder zivilrechtlich eingeklagt wird. Ein Unglück wie das von Überlingen stellt jedoch vor allem auch eine persönliche Katastrophe für die Angehörigen dar, die ihre Lebenspartner oder ihre Kinder verloren haben – für viele Angehörige das Wichtigste in ihrem Leben, ihr ganzer Lebenssinn. Anders als im Fall eines Erdbebens oder anderer unabwendbarer Naturkatastrophen fügt ihnen ein schwerer Verlust, bei dem auf der Hand liegt, dass er durch eine sachgerechte Organisation und angemessene Sorgfalt hätte verhindert werden können, auch eine *moralische Wunde* zu: ein Gefühl der Ohnmacht gegenüber rücksichtslosen Individuen und Organisationen, denen das Leben der eigenen Familie oder anderer nahestehender Menschen nichts wert zu sein scheint. Wo Handlungen oder Unterlassungen tödliche Folgen haben können, wird zu Recht höchste Sorgfalt erwartet. Nachlässigkeit und fahrlässiges Verhalten, die zu Todesfällen führen, werden von den Angehörigen der Opfer als Ausdruck der Missachtung ihres Lebensrechts, ihres Wertes als Person empfunden und führen zu einem Vertrauensverlust, der sich in manchen Fällen nicht nur auf die betroffene Organisation selbst erstreckt, sondern sich auf das gesellschaftliche Vertrauen im Allgemeinen ausdehnt. Diese moralische Wunde kann nicht durch Entschädigungszahlungen geheilt werden. Wer nach dem Verantwortlichen fragt, erwartet auch eine überzeugende Geste des Respekts, die deutlich macht, dass die Verantwortlichen sich der Schwere des Verlusts bewusst sind, dass sie Verantwortung gegenüber den Betroffenen übernehmen, dass sie um die Opfer trauern und mit den Angehörigen mitfühlen.

Welche Form eine solche Entschuldigung annehmen sollte, damit sie als angemessener Ausdruck des Respekts empfunden werden kann, hängt allerdings von den jeweiligen normativen Erwartungen im kulturellen Kontext ab. In manchen Kulturen wird erwartet, dass der Schuldige oder ein Vertreter der Organisation, die für eine Gewalttat oder ein Unglück verantwortlich ist, vor den Angehörigen der Opfer niederkniet oder sich in den Staub wirft. Andernorts kann es ausreichen, verbal Verantwortung zu übernehmen, Trauer zu bekunden, den Angehörigen sein Beileid auszusprechen und Untersuchungen zur Aufdeckung von Fehlern anzukündigen. Diese symbolischen Gesten können ihre Funktion jedoch nur innerhalb eines bestimmten Zeitraums nach der Katastrophe erfüllen. Im Gegensatz zu einem Gerichtsverfahren können sie nicht aufgeschoben werden, bis alle juristisch relevanten Fakten ermittelt sind.

Die Verantwortung für Maßnahmen, die der moralischen Heilung der Opfer eines fahrlässig verursachten Unglücks oder ihrer Hinterbliebenen dienen, möchte ich im Unterschied zur strafrechtlichen Schuld und zur privatrechtlichen Haftung als *restaurative Verantwortung* bezeichnen. Wer nach dem Verantwortlichen fragt, der fragt auch nach der Instanz, die für moralische Reparaturmaßnahmen zuständig ist. Ich gehe davon aus, dass diese Frage in allen menschlichen Kontexten verstanden wird, in denen Menschen einander verletzen und diese Verletzungen als Missachtung empfinden. Mit Blick auf die *restaurative* Verantwortung ist es nun nicht entscheidend, ob es sich bei der Person, die offiziell die Verantwortung übernimmt, um die Hauptschuldige oder auch nur Mitschuldige an dem Unglück handelt. Restaurative Verantwortung kann allerdings auch nicht von *beliebigen* Personen übernommen werden. Da es darum geht, die empfundene Rücksichtslosigkeit und Missachtung zu entkräften, muss die Verantwortliche eine Person sein, die in einer relevanten Identitäts- beziehungsweise Repräsentationsbeziehung zu den Verursachern des Unglücks steht. Wer dafür in Frage kommt, hängt vom Anlass und Kontext ab. Handelt es sich um ein organisiertes Kollektiv wie ein Unternehmen, dann ist ein hoher Manager dafür *zuständig*, die ersten Schritte zu unternehmen.[3] Handelt es sich um ein Versagen staatlicher Stellen, dann ist eventuell die zuständige Ministerin oder gar die Staatspräsidentin

3 Zur Bedeutung von möglichst hohen Repräsentanten für die Praxis der Entschuldigung vgl. Nick Smith, »Political Apologies and Categorical Apologies«, in: Mihaela Mihai, Mathias Thaler (Hg.), *On the Uses and Abuses of Political Apologies*, London 2014, S. 32-51, hier S. 37.

gefragt, auch wenn sie sich selbst nicht das Geringste hat zuschulden kommen lassen.

Als am 28. Februar 2023 auf der Bahnstrecke Piräus – Platy bei Larissa ein IC frontal mit einem entgegenkommenden Güterzug zusammenstieß und 57 Menschen ums Leben kamen – das schwerste Zugunglück in der Geschichte Griechenlands –, reagierten die politisch Verantwortlichen sehr zeitnah, während vorher die vielen Beschwerden über die schlechten sicherheitstechnischen Verhältnisse im griechischen Bahnverkehr unbeachtet geblieben waren. Als Schuldiger wurde schnell der gerade erst ernannte Bahnhofsvorsteher von Larissa ausgemacht, der nach einer Kurzausbildung eingestellt worden war, obgleich es ihm an der persönlichen Eignung und den rechtlichen Voraussetzungen für diese Aufgabe fehlte; ihm drohte ein Verfahren wegen fahrlässiger Tötung. Angesichts der öffentlichen Empörung über die regelwidrige Einstellung[4] einer ungeeigneten Person in einer so verantwortungsvollen Position war den für den öffentlichen Verkehr Zuständigen jedoch bewusst, dass sie Verantwortung übernehmen und ihre Betroffenheit durch starke persönliche Gesten zeigen mussten. Es reichte nicht, dass der griechische Ministerpräsident Kyriakos Mitsotakis die Angehörigen der Opfer um Verzeihung bat, systemische Fehler eingestand und eine Besserung des Bahnverkehrs versprach. Schon kurz nach dem Unglück trat der griechische Verkehrsminister Karamanlis zurück. Wenn etwas so Tragisches passiere, so Karamanlis, könne man nicht einfach weitermachen, als wäre nichts geschehen. Er wolle die Verantwortung für die Fehler des griechischen Staates übernehmen und sehe es als seine Pflicht an zurückzutreten, »als grundlegendes Zeichen des Respekts für die Erinnerung an die Menschen, die so ungerecht gestorben sind«.[5] Der Rücktritt des ranghöchsten Verantwortlichen in diesem Fall war kein persönliches Schuldeingeständnis im strafrechtlichen Sinne, sondern hatte ausschließlich

4 Regelwidrig, da er aus Altersgründen zur Kurzausbildung für diese Position gar nicht hätte zugelassen werden dürfen; vgl. Moritz Pompl, »Zugunglück offenbart ›jahrelanges Versagen‹«, in: *Tagesschau*, 2. 3. 2023, 〈https://www.tagesschau.de/ausland/griechenland-zugunglueck-109.html〉, letzter Zugriff 29. 7. 2023.

5 »Griechischer Verkehrsminister tritt nach tödlichem Zugunglück zurück«, in: *Der Spiegel* 1. 3. 2023, 〈https://www.spiegel.de/ausland/griechenland-verkehrsminister-kostas-karamanlis-tritt-nach-zugunglueck-zurueck-a-c56f81b0-470c-4f48-8ffb-857855f8d068〉, letzter Zugriff 30. 7. 2023.

symbolische Bedeutung: Die Bereitschaft, einen hohen persönlichen Preis zu zahlen, sollte untermauern, dass es sich bei der Bekundung des Respekts gegenüber den Opfern und Hinterbliebenen der Katastrophe nicht um »bloße Worte« handelte.

Aus demselben Grund ist es in Japan üblich, dass sich nach menschenverursachten Katastrophen der Präsident des Unternehmens (oder ranghöchste Beamte, falls es um eine staatliche Institution geht) tief verbeugt und möglichst auch Tränen vergießt.[6] Die Respektsbekundungen gegenüber den Opfern und ihren Angehörigen werden kurzfristig durch Rücktrittsankündigungen, aber auch langfristig durch Entschädigungen und Unterstützung untermauert, wie das folgende Beispiel illustriert:

1985 stürzte ein Passagierflugzeug der Japan Airlines ab, weil das Seitenleitwerk abriss und dadurch das hydraulische Kontrollsystem zur Steuerung des Flugzeugs zerstört wurde. 520 Menschen an Bord fanden den Tod. Obgleich anzunehmen war, dass der Fehler beim Hersteller Boeing liegen musste, der auch für Reparaturen zuständig war, übernahm der Präsident der Fluglinie Yasumoto Takagi sofort die Verantwortung.

Er organisierte selbst eine Trauerveranstaltung, wo er den Angehörigen mit einer tiefen und langen Verbeugung gegenübertrat, sie mit zitternder Stimme um Vergebung bat und seinen Rücktritt ankündigte. Zugleich beauftragte er die Angestellten der Fluggesellschaft, die Angehörigen aufzusuchen, Beileid auszudrücken, an sämtlichen Begräbnissen und Gedenkfeiern teilzunehmen und ihnen bei allen entstandenen Schwierigkeiten zu helfen. Die emotionale Anstrengung, die mit dieser langjährigen Betreuung der Hinterbliebenen verbunden war, die bis heute andauert, führte unter den Angestellten zu mehreren Todesfällen.[7] Japan Airlines zahlte 7,6 Millionen US-Dollar an die Angehörigen der Opfer in Form von»Kondolenzgeldern«, ohne sich als schuldig und haftbar zu bekennen. Als Ursache des Absturzes wurde später eine sieben Jahre zurückliegende, den Regeln nicht entsprechende Reparatur des Druckschotts durch Mitarbeiter des Herstellers Boeing ermittelt.

6 Zu den apologetischen Traditionen Japans vgl. Hiroshi Wagatsuma, Arthur Rosett, »The Implications of Apology: Law and Culture in Japan and the United States«, in: *Law & Society Review* 4 (1986), S. 461-498.

7 Vgl. hierzu John Braithwaite, *Crime, Shame and Reintegration*, Cambridge 1989, S. 164.

Japanische Unternehmen wie Japan Airlines verstehen sich als moralische Akteure, die sowohl gegenüber der übergeordneten hierarchischen Instanz als auch gegenüber den Opfern verantwortlich sind, und beteiligen sich dementsprechend aktiv an Prozessen der moralischen Wiedergutmachung und Heilung. Üblich sind Gesten wie die Entschuldigung bei den Betroffenen und die Organisation sozialer Rituale des Respekts und der gemeinsamen Trauer, die der Würdigung der Opfer und der mitfühlenden Unterstützung der Angehörigen dienen, aber auch Entschädigungszahlungen und andere aktive Hilfen. Für die Unternehmensvertreter ist dies keine subjektive Gewissensfrage, sondern eine in der japanischen Kultur verankerte gesellschaftliche Pflicht, deren Nichterfüllung dem Ansehen des Unternehmens schaden würde. Freilich hat es auch in Japan Fälle gegeben, in denen Unternehmen ihre Verantwortung für Schäden an Mensch und Natur geleugnet haben, um Schadenersatzforderungen und Imageschäden zu entgehen, in der Hoffnung, ihre Verantwortung sei nicht nachweisbar. In Fällen, in denen ein Unternehmen offensichtlich an einem Unfall beteiligt war, würde es jedoch als öffentliche Schande empfunden werden und den Ruf des Unternehmens ruinieren, wenn es sich weigern würde, die Verantwortung für den Schaden zu übernehmen und sich auf das Recht berufen würde, jahrelang die technischen Untersuchungen und die Ergebnisse der Gerichtsverfahren abzuwarten. Die viel schwächere Bereitschaft japanischer Staatsoberhäupter, sich gegenüber früheren Kriegsgegnern zu entschuldigen, lässt sich möglicherweise darauf zurückführen, dass diese Kriegsgegner immer noch nicht als wirklich gleichwertig angesehen werden und dass man sich nicht gegenüber denen entschuldigt, die man als sozial niedriger betrachtet.[8] Die japanische Praxis, sich gegenüber den Mitbürgern und Mitbürgerinnen aus Gründen der sozialen Verantwortung und um die öffentliche Schande zu vermeiden, auch dann schuldig zu bekennen und Verantwortung zu übernehmen, wenn gar nicht klar ist, ob eine Schuld im juristischen Sinne oder im Sinne moralischer Vorwerfbarkeit vorliegt, zeigt, dass Schuldbekenntnisse hier eine prospektive moralische und soziale Funktion übernehmen, die von

8 Hier folge ich Aaron Lazare, *On Apology*, Oxford 2004, S. 34. Lazare führt zudem an, dass es als inakzeptabler Schuldvorwurf gegenüber den Vorfahren und dem Kaiser Hirohito gilt, sich für Kriegsverbrechen zu entschuldigen.

ganz anderer Art ist als die retrospektive Schuldzuschreibung. Auch wenn sich die Aussage »Es ist meine Schuld« dem Wortlaut nach auf ein vergangenes Fehlverhalten bezieht, geht es eigentlich um die auf die Gegenwart und Zukunft gerichtete Übernahme einer moralischen Verpflichtung, die ich restaurative Verantwortung genannt habe. Die Verpflichtung zur Übernahme restaurativer Verantwortung erscheint in einem modernen westlichen Kontext allerdings weniger selbstverständlich als im beschriebenen Fall. Jedenfalls ist in vielen westlichen Kulturen der Glaube weit verbreitet, dass eine Entschuldigung vor allem dann angebracht ist, wenn die Person, die sich entschuldigt, sich wirklich etwas vorzuwerfen hat. Diese Überzeugung entspricht jedoch auch in westlichen Kontexten nicht ganz der Praxis. Tatsächlich halten wir im Alltag eine Entschuldigung auch dann für angebracht, wenn wir anderen ohne böse Absicht oder ohne eigenes Verschulden einen belanglosen Schaden zugefügt haben – etwa wenn unsere Kinder etwas »angestellt« haben, wenn ein Ast von unserem Grundstück auf das des Nachbarn gefallen ist oder wenn wir in einer Notsituation die Nachbarin um Hilfe gebeten haben.[9] Es ist auch üblich, unbekannte Mitmenschen, deren Hilfe wir beispielsweise beim Suchen einer Straße benötigen, mit der Floskel »Ich bitte um Verzeihung, wären Sie so freundlich …« oder einfach mit »Verzeihung!« anzusprechen, womit wir uns von vornherein dafür entschuldigen, dass wir uneingeladen ihre Zeit in Anspruch nehmen. Es gilt als höflich, so zu tun, als würden wir sie schädigen – auch wenn wir davon ausgehen, dass dies nicht der Fall ist, weil die meisten Menschen die Gelegenheit begrüßen, jemandem zu helfen oder ihre Ortskundigkeit vorzuführen. Mit der Entschuldigung bringen wir zum Ausdruck, dass wir keineswegs glauben, sie ohne weiteres für unsere Interessen einspannen zu können, als wären sie unsere Diener, und dass wir ihnen mit Respekt und Dankbarkeit für ihr wohlwollendes Entgegenkommen begegnen.

Solche bewusst oder auch unbedacht und phrasenhaft formulierten Entschuldigungen sind ein soziales Schmiermittel, um die Hilfe anderer in Anspruch nehmen zu können, ohne respektlos zu wirken. Sie sind umso wichtiger, je irritierter oder beschädigter die sozialen Beziehungen sind. Nicht selten werden Entschuldigungs-

9 Vgl. hierzu Maria-Sibylla Lotter, *Scham, Schuld, Verantwortung. Über die kulturellen Grundlagen der Moral*, Berlin 2012, S. 139.144.

gesten aber auch in kulturellen Kontexten, in denen sie grundsätzlich gepflegt werden, durch andere kulturelle Faktoren konterkariert. So wird zwar in modernen westlichen Gesellschaften bei zwischenmenschlichen Konflikten – etwa in der Ehe oder unter Freunden – eine nicht nur floskelhafte Entschuldigung erwartet, wenn sich eine Seite offenkundig im Unrecht befindet. Gleichzeitig verhalten sich Unternehmen und Institutionen aus rechtlichen und versicherungstechnischen Gründen mit Blick auf Entschuldigungen geradezu »soziopathisch«, wie Nicholas Tavuchis es ausdrückt; der Fall Kalojew ist hierfür ein plastisches Beispiel.[10]

10 Vgl. Nicholas Tavuchis, *Mea Culpa. A Sociology of Apology and Reconciliation*, Stanford 1991, S. 43.

3. Wie eine verweigerte Entschuldigung einen Racheakt auslösen kann

Vitali Kalojew arbeitete als Bauingenieur an einem Bauprojekt in Barcelona und erwartete seine Familie zu einem Urlaubsbesuch am Flughafen, als er vom Absturz ihres Flugzeugs erfuhr. Er war der erste Angehörige der Opfer, der bei der Absturzstelle ankam. Die Rumpfteile der beiden Flugzeuge waren in unbewohntes Gebiet gestürzt, sodass am Boden niemand verletzt wurde. Die Bewohner der umliegenden Kleinstädte und Dörfer hatten das Gefühl, nur um Haaresbreite mit dem Leben davongekommen zu sein. In den Tagen nach dem Absturz versuchte ein großes Aufgebot von freiwilligen Helfern aus der Umgebung zusammen mit der Polizei und der Freiwilligen Feuerwehr, Leichenteile aus den weit verstreuten Trümmern zu bergen. Kalojew beteiligte sich daran und fand bei der Suche nach den sterblichen Überresten seiner Frau und seiner beiden Kinder den fast unversehrten Leichnam seiner Tochter und ihre zerrissene Perlenkette.[1] Später halfen die Bewohner der Region den Angehörigen der Opfer, eine gemeinsame Trauerfeier zu organisieren. Durch die gemeinsame Bergung der Toten und die gemeinsame Trauer entstanden bereits in den Tagen nach dem Unglück über alle Sprachbarrieren hinweg persönliche Beziehungen zwischen den Einheimischen und den aus Ossetien angereisten Russen, die noch lange Bestand hatten. Schon bald nach dem Unglück reisten einige Überlinger nach Russland, um an den dortigen Trauerfeierlichkeiten teilzunehmen. Dieses gemeinsame gesellschaftliche Erinnern hielt an. Am Waldrand von Brachenreuthe entstand im Mai 2004 ein Gedenkort, an dem 71 Birken und Eschen gepflanzt wurden, um an die 71 Toten des Unglücks zu

1 Ich orientiere mich hier weitgehend an den Berichten im *Spiegel* und in der *NZZ* zum Prozess: Jürgen Dahlkamp, Andrej Batrak, »Die letzte Katastrophe«, in: *Der Spiegel*, 23.10.2005, ⟨https://www.spiegel.de/panorama/die-letzte-katastrophe-a-1a55dd05-0002-0001-0000-000042813415⟩, letzter Zugriff 27.7.2023.; vgl. auch »Aus dem Obergericht. 8 Jahre Zuchthaus für Kalojew wegen vorsätzlicher Tötung«, in: *NZZ* 27.10.2005, ⟨https://www.nzz.ch/articled9nwr-ld.365550⟩, letzter Zugriff 16.10.2023; und »Geplanter Racheakt oder situationsabhängige Affekthandlung?«, in: *NZZ* 26.10.2005 ⟨https://www.nzz.ch/articleD9B3G-ld.365267⟩, letzter Zugriff 16.10.2023.

erinnern. Die Stahlbildhauerin Andrea Zaumseil schuf das Denkmal der zerrissenen Perlenkette. (Ein weiteres, verstecktes Denkmal erinnert an die Piloten der Frachtmaschine, von denen einige Bewohner des nächsten Dorfes glauben, sie hätten die Maschine absichtlich über unbewohntem Gebiet zum Absturz gebracht.) Alle fünf Jahre findet an der Absturzstelle eine Gedenkfeier statt, zu der auch Angehörige der russischen Opfer anreisen. Als Dank für die Hilfsbereitschaft der Überlinger Bevölkerung wurden 2017 zwanzig sibirische Zirbelkiefern am Denkmal gepflanzt.

Möglicherweise konnte die Anteilnahme der Überlinger Bevölkerung einige der Angehörigen darüber hinwegtrösten, dass die Verantwortlichen der Flugsicherung Skyguide es trotz verbaler Beileidsbekundungen tunlichst vermieden, die Verantwortung für das Unglück zu übernehmen, sich bei den Hinterbliebenen zu entschuldigen oder gar zurückzutreten. Kalojew kehrte nach der ersten Trauerfeier zunächst nach Hause zurück und errichtete auf dem Friedhof ein Denkmal für die Toten. Auch wenn seine Verwandten ihn davon abhalten konnten, ganz auf dem Friedhof zu leben, war ihm eine Rückkehr in den Alltag nicht möglich. Er arbeitete nicht mehr, rasierte sich nicht mehr und gestaltete seine Wohnung mit Erinnerungsstücken wie eine Gedenkstätte für die Toten. Am Jahrestag des Absturzes fand in Überlingen eine Gedenkfeier statt, an der auch Alain Rossier, der Chef von Skyguide, teilnahm. Kalojew wollte von ihm wissen, wer für das Unglück verantwortlich sei. Er erwartete, wie er es aus Ossetien gewohnt war, eine Bitte um Vergebung.[2] Stattdessen wurde er für den nächsten Tag nach Zürich eingeladen. Dort führte ihm die Geschäftsleitung von Skyguide eine Power-Point-Präsentation über den Unfallhergang vor. Auf die Frage, wer für die Katastrophe verantwortlich sei, wurde geantwortet, man müsse die Untersuchungen abwarten, die sich absehbar noch Jahre hinziehen würden. Das Verhalten der Skyguide-Manager kann als Ausdruck eines Mangels an individueller Moral oder einer persönlichen Unfähigkeit zur Empathie erscheinen. Es war aber wohl vor allem Ausdruck einer von finanziellen und juristischen Überlegungen geleiteten Unternehmenskultur, in der die Überlegungen von Versicherungen und Anwälten den Ton angaben. Als er Jahre später gefragt wurde, ob sich Skyguide nicht

2 Vgl. Georgy Boft, »Analysis & Opinion. Whose Crime?«, in: *Expat.ru* 21. 11. 2007, ⟨https://www.expat.ru/analitics.php?item=314⟩, letzter Zugriff 1. 8. 2023.

schon lange vor dem Prozess bei den Angehörigen der Opfer hätte entschuldigen sollen, antwortete Rossier: »Ich musste lernen, dass das, was das Herz möchte, der Verstand manchmal verbietet.«[3] Die Manager fühlten sich nicht zu einer symbolischen Verantwortungsübernahme und einem Eingeständnis von Fehlern berechtigt, weil die Versicherungen in solchen Fällen davon ausgehen, dass dies von der Gegenseite, als die die Angehörigen nun betrachtet wurden, als juristisches Schuldeingeständnis gewertet werden könnte. In solchen Situationen möchte meist niemand das Risiko eingehen, das eventuell zu einem Konflikt mit der Versicherung führen könnte. Kalojew folgerte aus der Power-Point-Präsentation über den Hergang des Unglücks und den ausweichenden Reaktionen der Manager, dass der Fluglotse an der Katastrophe schuld war. Er bat darum, diesen sprechen zu dürfen, was jedoch abgelehnt wurde.

Nach den Maßstäben seines Heimatlandes, wo man von den Verantwortlichen erwartet hätte, dass sie die vom Unglück Betroffenen mit einer Geste tiefer Demut um Verzeihung bitten, konnte Kalojew den Umgang des Managements mit ihm nur als Respektlosigkeit empfinden. Sein Unverständnis und sein zunehmender Groll wurden durch die Berichterstattung der russischen Medien verstärkt, die sich nicht für die komplizierten juristischen Untersuchungen interessierten, sondern eine schnelle und harte Bestrafung der Schuldigen erwarteten. Da kein Strafprozess stattfand – die Ermittlungen dauerten noch an – und niemand von der Leitung die Verantwortung übernahm, verbreitete sich in den russischen Medien schnell der Verdacht, dass das juristische Verfahren viel schneller in Gang gekommen wäre, wenn es sich bei den Opfern um europäische oder amerikanische Kinder gehandelt hätte.[4] Zu Kalojews wachsendem Zorn dürften auch die Vermutungen eines Opferanwalts beigetragen haben, der Skyguide unterstellte, mit einer eigenen Schadenersatzklage gegen eine amerikanische Firma, die eine defekte Telefonanlage geliefert hatte, aus der Katastrophe sogar noch finanziellen Profit schlagen zu wollen.

Gleichzeitig wurden die Hinterbliebenen durch einen Anwalt

3 Zitiert nach »Ex-Skyguide-Chef räumt Fehler ein«, in: *Der Spiegel*, 29.6.2007, ⟨https://www.spiegel.de/panorama/justiz/ueberlingen-unglueck-ex-skyguide-chef-raeumt-fehler-ein-a-491503.html⟩, letzter Zugriff 1.8.2023.

4 Vgl. Konstantin V. Kustanovich, *Russian and American Cultures: Two Worlds a World Apart*, Lanham, Maryland 2018, S. 86.

über die zu erwartende finanzielle Entschädigung informiert. Eine finanzielle Entschädigung der Angehörigen nach einem Todesfall ist aus zwei Gründen wichtig und angemessen: *Erstens* weil ein Todesfall auch einen oft hohen finanziellen Schaden verursacht, und *zweitens* weil die Bereitschaft, eine möglichst hohe Entschädigung zu zahlen, die Ernsthaftigkeit einer Entschuldigung untermauert. Wird sie allerdings ohne Entschuldigung angeboten, kann dies als weitere Missachtung verstanden werden, als symbolische Aussage, dass es den Angehörigen nur um Finanzielles geht. In der Tat wurde es von Kalojew als weitere Missachtung empfunden: Er äußerte seinen Ärger darüber, dass die Angehörigen der Opfer so behandelt würden, als ginge es ihnen nur ums Geld.

Ein Jahr später, im Februar 2004, reiste Kalojew erneut nach Zürich, kaufte sich ein Taschenmesser und suchte den Fluglotsen Peter Nielsen auf, von dessen Schuld er mittlerweile fest überzeugt war. Nach eigener Darstellung wollte Kalojew dem Lotsen nur die Bilder seiner toten Angehörigen zeigen, um ihm klarzumachen, was er angerichtet hatte, und ihn zu einer menschlichen Reaktion bewegen. Wie auch immer die Begegnung geplant war: Sie endete mit dem Tod des Lotsen durch eine Vielzahl von Stichwunden. Kalojew wurde vom Obergericht des Kantons Zürich zu nur acht Jahren Haft wegen Totschlags verurteilt, da ihm eine verminderte Schuldfähigkeit attestiert wurde. Nachdem diese Strafe (anscheinend nach verstärktem Lobbying der russischen Regierung) in einem Revisionsverfahren auf fünf Jahre reduziert wurde, konnte er schon im November 2007 nach Verbüßung von zwei Dritteln der reduzierten Strafe nach Russland zurückkehren.

Was dort geschah, war nicht nur Matthew Vasquez, dem Sänger von Delta Spirit, unbegreiflich: Kalojew wurde in Russland und seiner Heimat mit großem Jubel empfangen. Dem politisch gänzlich unerfahrenen Bauingenieur und ehemaligen Straftäter, der in der Zeit zwischen dem Flugzeugabsturz und dem Fluglotsenmord arbeitsunfähig gewesen war und einen verwirrten Eindruck gemacht hatte, gelang nach der Rückkehr eine erstaunliche Karriere und ein sozialer Aufstieg in die höchsten Gesellschaftskreise – nicht trotz, sondern wegen seines Rachemordes. Bald darauf wurde er zum stellvertretenden Bauminister ernannt und gründete erneut eine Familie. Seine Äußerungen lassen vermuten, dass er die Tötung Nielsens nie bereute.

Das ist nicht leicht zu verstehen und moralisch beunruhigend. Warum jubeln Menschen dem Mörder eines Familienvaters zu, der ohne eigenes Verschulden in einer unübersichtlichen Situation glücklos agierte und nach juristischen Maßstäben nahezu schuldlos war?

Mehrere Fragen stellen sich. Die *erste* bezieht sich auf die Beschreibung der Tatsachen, aus denen sich die Gründe für die Tötung des Lotsen ergeben (oder auch nicht). Die *zweite* betrifft die Frage, welche Motive und Gründe es überhaupt für einen Racheakt geben kann und was für ein Ziel – wenn überhaupt – damit verfolgt wird. Die *dritte* schließlich betrifft die moralische Bewertung der Handlung. Kann ein Racheakt jemals moralisch gerechtfertigt sein?

Mit Blick auf die erste Frage muss man Kalojews eigenes Verständnis, seine eigene Beschreibung der Tat berücksichtigen. Wir können wohl davon ausgehen, dass er und viele seiner Landsleute seine Tat anders verstanden haben, als ich sie oben beschrieben habe: jedenfalls nicht als Mord an einem Familienvater, der ohne eigenes Verschulden in einer unübersichtlichen Situation unglücklich gehandelt hat und nach juristischen Maßstäben nahezu schuldlos war. Für Kalojew stand vielmehr fest, dass sich der Fluglotse der fahrlässigen Tötung in einem Bereich schuldig gemacht hatte, der besondere Sorgfalt erforderte; dass er nicht bereit gewesen war, sich dafür bei ihm persönlich zu entschuldigen und damit seinen schweren Verlust anzuerkennen und den Toten Respekt zu erweisen. Für ihn bedeutete dies, dass er sie nicht als gleichwertige Menschen wahrnahm. Kalojew ging zudem offenbar davon aus, dass die Firma Skyguide ihren Lotsen nicht nur von der Öffentlichkeit abschirmte, sondern auch vor der Justiz schützte. Kalojew war vermutlich nicht mit den versicherungsrechtlichen Erwägungen vertraut, die das Ausbleiben einer Entschuldigung bedingten, sodass er das Verhalten der Verantwortlichen nicht auf Sachzwänge, Ängste und Ungeschicklichkeiten zurückführen, sondern nur als Missachtung empfinden konnte. Dass man weder den Schuldigen (schnell) bestrafte noch sich entschuldigte, konnte er sich nur damit erklären, dass die russischen Opfer in der Schweiz als Menschen zweiter Klasse betrachtet wurden. Aus dem vermeintlichen Versagen des Schweizer Rechtswesens leitete er für sich (und jeden Menschen in einer ähnlichen Situation) das Recht ab, »die Gerechtigkeit in seine eigenen Hände zu nehmen«.[5] Er hielt dies sogar für seine Pflicht: »Wenn der Staat nicht in der Lage ist, den Schutz des Lebens, der Gesundheit, des Eigentums, der Ehre und der Würde seiner Bürger zu gewährleisten, dann sollte sich ein Ehrenmann selbst darum kümmern«, äußerte er in einem Interview mit dem *Institute for War and Peace Reporting*.[6]

Man kann wohl davon ausgehen, dass Kalojews Einschätzung zu einem erheblichen Teil auf falschen Annahmen beruhte:[7] auf der irrigen Vorstellung, dass die juristische Schuldfrage im Zusammenhang mit dem Flugzeugabsturz schnell geklärt werden könne, wenn nur der Wille dazu vorhanden sei, und auf der Fehleinschätzung, dass die Schweizer Justiz anders gehandelt hätte, wenn die Opfer westeuropäische Kinder gewesen wären. Diese Missverständnisse wurden durch die Berichterstattung in der russischen Presse nahegelegt, die von der russischen Regierung möglicherweise auch zur Mobilisierung antiwestlicher Emotionen instrumentalisiert wurde.[8] Es spricht viel dafür, dass die Tat in Russland ganz anders verstanden und bewertet worden wäre, wenn sie dort und nicht in der Schweiz stattgefunden hätte und das Opfer der Rachetat ein Russe gewesen wäre; schließlich war sie auch nach russischem Recht illegal. Entscheidend war, dass sie sich gegen einen Einwohner eines westeuropäischen Landes richtete, der für den Tod vieler russischer Kinder verantwortlich gemacht wurde, ohne dass er sich dafür entschuldigte oder zur Rechenschaft gezogen wurde. Glaubten seine Landsleute also wie Kalojew selbst, dass von der Schweizer Justiz keine Gerechtigkeit zu erwarten sei? Wurde Kalojews Tat als gerechte Vergeltung für ein respektloses Verhalten gegenüber den Opfern und Hinterbliebenen als Russen empfunden? Bewunderte man Kalojews Bereitschaft, dafür eine Gefängnisstrafe in Kauf zu nehmen? All das dürfte eine Rolle gespielt haben. Jedenfalls hatte der Rache-

5 Hannelore Crolly, »Überlinger ›Fluglotsenmörder‹ bei Einreise gestoppt«, in: *Die Welt*, 30.6.2012, ⟨https://www.welt.de/vermischtes/article107612401/Ueberlinger-Fluglotsenmoerder-bei-Einreise-gestoppt.html⟩, letzter Zugriff 1. 8. 2023.

6 »Ossetian Revenge Killer Honoured«, in: *Institute for War and Peace Reporting* 29. 2. 2008, ⟨https://iwpr.net/global-voices/ossetian-revenge-killer-honoured-0⟩, letzter Zugriff 1. 8. 2023.

7 Vgl. hierzu Boft, »Analysis & Opinion. Whose Crime?« und Kustanovich, *Russian and American Cultures,* Kap. 8.

8 Vgl. Boft, »Analysis & Opinion. Whose Crime?«.

akt für viele Osseten eine positive symbolische Bedeutung, selbst für jene, die ihn moralisch fragwürdig fanden.

Was die zweite Frage angeht, so offenbarten die Reaktionen etwas, das für Westeuropäer alles andere als selbstverständlich ist: dass Rache als sinnvoll und gerecht empfunden werden kann. Auch unabhängig von der Frage, ob Kalojews Racheakt gänzlich oder teilweise auf Irrtümer über die Tatsachen und die juristischen Gepflogenheiten zurückgeht, stellt sich daher die grundsätzliche Frage, warum Menschen es für richtig halten können, Rache zu üben.

Eine evolutionspsychologische Antwort auf die Frage nach dem Warum lautet: aus Gründen der Abschreckung. Es erhöht die eigene Sicherheit, wenn potenzielle Angreifer wissen, dass ihnen für den Nutzen, den sie aus einer Gewalttat ziehen, Vergeltung droht. Aus evolutionspsychologischer Sicht hat der Mensch daher, seit er über entwickelte kognitive Systeme verfügt und Kosten-Nutzen-Rechnungen anstellen kann, soziale Rachesysteme entwickelt, die in modernen Staaten dann ganz durch das Strafrechtssystem ersetzt werden.[9]

Mit Kosten-Nutzen-Kalkülen lassen sich aber individuelle Motive für Rachehandlungen wie im Fall Kalojew nicht erfassen. Es ging ihm gewiss nicht um Abschreckung, und er war auch schwerlich in der Lage, Kosten und Nutzen seines Racheaktes zu kalkulieren. Generell gilt, dass ein Racheakt für die Ausführenden mit viel größeren Kosten als Nutzen verbunden ist – insbesondere dann, wenn er illegal ist. Die persönlichen Motive und Gründe für die Rache sind aus der evolutionspsychologischen Perspektive und überhaupt mit den Mitteln einer Kosten-Nutzen-Rechnung nicht zu erfassen – es sei denn, man findet die Vorstellung einer Steuerung durch unbewusste Motive, die der Rationalität einer weit zurückliegenden Vergangenheit entspringen, plausibel.

Zu fragen wäre also, was einzelne Menschen motiviert, sich zu rächen, und wie sie ihre Rachetat rechtfertigen. Welche Zwecke werden damit verfolgt? Und können diese nur in einer fremden Kultur mit ganz anderen Moralvorstellungen sinnvoll erscheinen?

9 Vgl. Michael E. McCullough, Robert Kurzban, Benjamin A. Tabak, »Cognitive systems for revenge and forgiveness«, in: *Behavioral and Brain Sciences* 36, 1 (2013), S. 1-15.

Oder ist die Rache Ausdruck einer universellen sozialen Logik? Um diese Fragen beantworten zu können, ist eine vorurteilsfreie Untersuchung der Rache nötig. Dabei sind einige semantische Hindernisse zu bewältigen.

4. Wie die kulturelle Abwertung der Rache ihr Verständnis erschwert

Nach dem Grimm'schen Wörterbuch von 1893 bezieht sich der Begriff der Rache ursprünglich auf einen altgermanischen Rechtsbegriff, der »die austreibung aus dem lande in folge angriffs auf den landfrieden«[1] bedeutet. Er umfasst darüber hinaus »das gewaltsame greifen auf einen übelthäter vorzugsweise seitens des höchsten göttlichen richters«, die »vergeltung eines unrechts durch menschen, unter göttlicher billigung und hilfe« sowie den »heute gewöhnliche[n] sinn von rache, welcher leidenschaftliche und unedle bewegtheit bei verfolgung eines unrechts in sich schliesst«.[2] Demnach hat der Begriff bis zum 19. Jahrhundert einen auffälligen Bedeutungswandel durchgemacht: von einem Begriff für gerechte Maßnahmen gegen Übeltäter durch göttliche und menschliche Instanzen, die für Recht und Ordnung sorgen, zu einem Begriff für lasterhafte emotionale Beweggründe bei der Verfolgung eines Unrechts, das vielleicht auch nur eingebildet ist. Auch die wenigen Beiträge der zeitgenössischen Philosophie gehen zumeist von der letztgenannten Bedeutung der Rache aus. Die Philosophin Trudy Govier führt als erstes Beispiel für Rache in ihrem Buch über Rache und Verzeihen den Fall von Javed Iqbal an, eines sadistischen Serienmörders, der über 100 Jungen ermordet, ihre Körper zerstückelt und in Säure aufgelöst hatte. Iqbal bezeichnete seine Mordserie als »Rache«, obgleich ihm die Jungen nichts getan hatten. Es sei Rache an der Polizei gewesen, weil sie sich geweigert hatte, seine Anzeige gegen zwei Bedienstete entgegenzunehmen, die ihn (offenbar aufgrund homosexueller Annäherungsversuche) verprügelt hatten; aber auch Rache »an der Welt, die ich hasste«, und an allen Müttern, denn »meine Mutter weinte um mich. Ich wollte, dass 100 Mütter um ihre Kinder weinen.«[3] Hier wird der Rachebegriff auf eine exzessive Gewalt angewendet, die vom Täter als Vergeltung ausgegeben wird, obwohl die Opfer der Gewalt in gar keiner Beziehung zu denen stehen, die

1 Jakob Grimm & Wilhelm Grimm, *Deutsches Wörterbuch*, München 1994, Bd. 14, S. 14.

2 Ebd., S. 15.

3 Trudy Govier, *Forgiveness and Revenge*, New York 2002, S. 1. (Übers. M.-S. L.)

dem Gewalttäter in der Vergangenheit wirklich oder vermeintlich Unrecht zugefügt haben. Er wird zum Label für illegitime, maßlose und unmoralische Formen von Aggression, die vom Täter als Reaktion auf irgendein eigenes Leid »legitimiert« werden. Auch wenn Iqbal einen Sonderfall darstellt, ist diese Unschärfe typisch für den heutigen Gebrauch des Rachebegriffs: Teils wird er synonym mit Vergeltung verwendet, teils in einem viel weiteren Sinne für Reaktionen, die durch negativ bewertete Gefühle wie Minderwertigkeitsgefühle, narzisstische Kränkungen, Wut und Neid veranlasst oder mit einer vermeintlichen Kränkung legitimiert werden. In diesem Zusammenhang wird der Rachebegriff heute vor allem als ein dichter moralischer Begriff verwendet, der sich speziell auf *fehlgeleitete* und *moralisch falsche* Reaktionen bezieht, wie wenn man sagt: Das ist Rache, nicht Gerechtigkeit.

Auch der Wunsch nach Rache ist im Deutschen begrifflich mit einer negativen Bewertung verbunden und semantisch verengt: Der Begriff »Rach*sucht*« bestimmt im Unterschied zum englischen Begriff »*vengefulness*« oder »*vindictiveness*« den Wunsch nach Rache als eine Sucht. Auch hier kommt das moderne Narrativ von der Rache als etwas psychisch Ungesundem und Selbstdestruktivem zum Ausdruck.

Angesichts dieser abwertenden Semantik ist es kein Wunder, dass mit Ausnahme einer bemerkenswerten neueren Studie von Fabian Bernhardt[4] in der praktischen Philosophie bis heute kaum eine Auseinandersetzung mit der Rache stattgefunden hat. Während die Zahl der philosophischen Artikel und Bücher zum Thema Verzeihen in den letzten Jahrzehnten geradezu explodiert ist, ist Rache mit ganz wenigen Ausnahmen[5] ein Randthema in der Al-

4 Fabian Bernhardt, *Rache. Über einen blinden Fleck der Moderne*, Berlin 2021.

5 So sucht man in der *Stanford Encyclopedia of Philosophy* vergeblich nach Einträgen zu »revenge« oder »vengeance«; es wird empfohlen, unter »retributive justice«, »transitional justice« und »forgiveness« nachzuschauen. Die *Internet Encyclopedia of Philosophy* bietet einem für die Suche die Theorie des gerechten Krieges an. Liegt es vielleicht daran, dass Rache und Vergeltung keine philosophischen Fachtermini sind? Das trifft jedoch auf viele andere Begriffe zu, die gleichwohl in der *Stanford Encyclopedia of Philosophy* aufgeführt werden, wie »race«, »negritude«, und »Latin American Feminism«. Es scheint in der analytischen Philosophie der Gegenwart schlichtweg kein Interesse an der Rache zu geben. Eine Ausnahme ist die positive Rekonstruktion der Rache als Tugend bei Peter A. French, *The Virtues of Vengeance*, Kansas 2001, und ihre Kritik bei Trudy Govier in ihrem Buch *Forgiveness*

tertumswissenschaft, der Ethnologie und der Literaturwissenschaft geblieben.[6] Diese extreme Vernachlässigung der Rache durch die Geisteswissenschaften – in der Psychologie sieht es etwas besser aus – steht in einem merkwürdigen Missverhältnis zur Rolle der Rache in Literatur und Film, wo sie fast so omnipräsent ist wie die Liebe – was vermuten lässt, dass sie im Leben ebenfalls eine bedeutende Rolle spielt, die den Drehbuchautoren und Schriftstellerinnen überall auf der Welt klar vor Augen steht, aber der Wissenschaft weitgehend entgeht.

In der Rache tritt ein schwer erträglicher Charakterzug menschlichen Handelns besonders auffällig hervor: Wer durch Rache versucht, Gerechtigkeit zu schaffen oder seine verletzte Ehre wiederherzustellen, wird schnell das rechte Maß überschreiten, Unschuldige verletzen oder andere Folgen auslösen, die weit schlimmer sein können, als sich mit seinen Verletzungen abzufinden. Dass menschliches Handeln unerwünschte und inakzeptable Folgen nach sich ziehen kann, ist allerdings eine Eigenschaft menschlichen Handelns schlechthin,[7] wie es Hannah Arendt so plastisch beschreibt: Dass Menschen nicht wirklich imstande sind, die

Last von Unwiderruflichkeit und Unvorhersehbarkeit, die gerade die eigentliche Kraft des Handelns ausmachen, auf sich zu nehmen, […] hat

and Revenge (2002). Mit Blick auf Rache*gefühle* wie Zorn oder Groll zeichnet sich in den letzten Jahrzehnten eine gewisse Neubewertung ab. Ausgehend von Peter Strawsons Rehabilitierung reaktiver moralischer Gefühle wie dem des Grolls in »Freedom and Resentment« haben einige Philosophen wie Robert Solomon (1994, 1999), Jeffrie Murphy (2000, 2003), Thomas Brudholm (2008) und Myisha Cherry (2021) in den letzten Jahrzehnten die positiven Seiten »negativer« Emotionen wie Zorn, Groll und Ärger wiederentdeckt. Während also die Vorstellung, dass auch vindiktive Emotionen in bestimmten Situationen gerechtfertigt und angemessen sein können, heute unter Philosophen eher akzeptiert wird, gilt dies weniger für die Praxis der Rache. Bemerkenswerte Ausnahmen sind neben den schon erwähnten Peter French (2001, 2016), Jeffrie Murphy (2000, 2003) und Fabian Bernhardt (2017) die Beiträge von Whitley Kaufman (2012, 2016) und Alice MacLachlan (2016).

6 Anders ist es bei der historisch orientierten Philosophie: Im deutschen *Historischen Wörterbuch der Philosophie* findet sich ein differenzierter und ausführlicher Artikel; vgl. Peter Probst, Gerhard Sprenger, *Historisches Wörterbuch der Philosophie*, Darmstadt 1992, s. v. Rache, Bd. 8, Sp. 1-6.

7 Zu diesem Handlungsverständnis vgl. Hannah Arendt, *Vita activa oder Vom tätigen Leben*, München 2002, S. 226 ff.

man immer gewußt. Gewußt, daß kein Mensch, wenn er handelt, wirklich weiß, was er tut: daß der Handelnde immer schuldig wird; daß er eine Schuld an Folgen auf sich nimmt, die er niemals beabsichtigte oder auch nur absehen konnte; daß, wie verhängnisvoll und unerwartet sich das, was er tat, auch auswirken mag, er niemals imstande sein wird, es wieder rückgängig zu machen.[8]

Wie schon das indische Epos *Mahabharata* (zu dem auch die *Bhagavad Gita* gehört), das *Nibelungenlied*, die *Ilias*, die *Odyssee* und die griechischen Tragödien bezeugen, wird die mangelnde Kontrollierbarkeit und Vorhersehbarkeit der Folgen menschlichen Handelns in der Mythologie und der Literaturgeschichte besonders oft mit der Rache in Verbindung gebracht. Das maßlose Ausufern des Vergeltungsbedürfnisses ist schon Thema im ältesten europäischen Epos, der *Ilias*, in dem Achilles zunächst als Rache für eine Demütigung dem Kampf fernbleibt, dadurch indirekt den Tod seines Freundes Patroklos verschuldet und sich dafür auf so blutige und maßlose Weise rächt, dass sogar die Götter eingreifen müssen.

Man kann also davon ausgehen, dass die Blutrache schon immer als riskant betrachtet wurde, auch dort, wo sie als Pflicht galt. Aber erst im Zusammenhang der Entwicklung des modernen Staates und seiner zunehmenden Aneignung legitimer Gewaltformen wurde die ambivalente Wahrnehmung der Rache in ein rein negatives Bild der Rache transformiert. Im 13. Jahrhundert unterschied Thomas von Aquin noch zwischen gerechter und ungerechter Rache und bezeichnete den nach Vergeltung strebenden Zorn als gerecht, wenn es sich um eine (maßvolle) Vergeltung für ein Unrecht handelt.[9] Erst die politische Philosophie des 17. Jahrhunderts reduzierte die Rache auf eine »ungezähmte Justiz«, die in Konkurrenz zum Recht tritt und von diesem ausgemerzt werden muss.[10] Diese auf die Blutrache zielende Verurteilung der Rache schlechthin wurde dann prägend für die moderne Verwendung des Rachebegriffs überhaupt:

8 Ebd., S. 297.

9 Vgl. Thomas von Aquin, *Quaestiones Disputatae.* Vollständige Ausgabe der Quaestionen in deutscher Übersetzung. Band 12/Teilband 2, Rolf Schönberger (Hg.), Hamburg 2010, S. 111, 118 f.

10 So beginnt Francis Bacon seinen berühmten Essay über die Rache; vgl. Francis Bacon, *Essays*, S. 21 f., Hamburg 2012, S. 21. Vgl. Fabian Bernhardt, *Rache. Über einen blinden Fleck der Moderne*, Berlin 2021, S. 16.

Rache oder Vergeltung ist dann gleichbedeutend damit, das Recht an sich zu reißen und damit das Recht des Staates zu untergraben, das die Sicherheit der Bürger gewährleisten und diejenigen bestrafen soll, die gegen seine Normen verstoßen. Unter diesen Bedingungen kann Rache nur in Ausnahmefällen verboten oder geduldet werden, sie kann nicht als Recht und noch weniger als Pflicht beansprucht werden.[11]

Dies erschwert jedoch nicht nur das Verständnis für andere Gesellschaftsformen und Kulturen, sondern auch für die Rolle, die Rache und ihre Formen der Verschleierung und Transformation in modernen westlichen Gesellschaften spielen. In seiner Studie über die Rache als »blinden Fleck der Moderne« beschreibt Fabian Bernhardt, wie die Verurteilung der Rache durch die moderne Philosophie zu einem Verlust des Verständnisses für die Rolle der Rache auch im modernen Leben geführt hat:

Unter dem Zeichen des modernen Rechtsstaates wird die Rache mit einem negativen Index versehen, der keine Ausnahme und keine weiteren Differenzierungen mehr zulässt. [...] Mit der einhelligen Verurteilung der Rache geht Stück für Stück auch eine theoretische Verdunkelung einher. Zu ihren Effekten gehört, dass sich in der Moderne der Blick auf eine bestimmte Form der Rache verengt: die wilde und willkürliche Rache, die Rache als zügelloser Ausbruch einer maßlosen, potenziell infiniten Gewalt, die man in der Folge für ihre allgemeine und einzige Form hält. Diese Verwechslung führt dazu, dass andere Formen der Rache, die subtiler und weniger aufsehenerregend sind, Formen, die sich nicht notwendig im Medium der Gewalt oder der Zone der Illegalität bewegen, überhaupt nicht mehr als Racheakte wahrgenommen oder so bezeichnet werden.[12]

Bernhardt bezeichnet diese Verdunkelung des Rachespektrums sehr treffend als das »moderne Inkognito der Rache«.[13] Denn der negative moderne Rachebegriff verdeckt durch seine Verengung, dass die soziale Praxis der Vergeltung von Übergriffen durch das Opfer selbst oder durch ihm nahestehende Personen aus der Phantasie und Praxis moderner westlicher Gesellschaften ebenso wenig wegzudenken ist wie aus vielen segmentären Gesellschaften. Die Praxis, Übergriffe, Unrecht und Demütigungen zu vergelten, tritt in allen

11 Raymond Verdier, »Le système vindicatoire«, in: Raymond Verdier (Hg.), *La vengeance*, Bd. 1, *La vengeance dans les sociétés extra-occidentales*, Paris 1980, S. 15 (Übers. M.-S. L.).

12 Bernhardt, *Rache*, S. 8.

13 Ebd.

Gesellschaften in vielfältigen Formen auf, von sehr milden bis zu extrem harten. Je nach Kontext unterscheiden sich verschiedene Typen von Vergeltungsmaßnahmen durch das Opfer oder sein Kollektiv hinsichtlich ihres rechtlichen Status und ihrer moralischen Legitimation.

In den modernen westlichen Gesellschaften hat der Staat zwar das Monopol zur Bestrafung schwerer Verbrechen übernommen, und das Verbot der Blutrache ist zudem stark internalisiert, weswegen sie selten vorkommt. Die Rechtsinstitutionen waren jedoch nie für die Bestrafung der vielen alltäglichen kleinen Übergriffe, Demütigungen und Beleidigungen zuständig, die bei den Betroffenen Verunsicherung, Ressentiments und Empörung auslösen. Selbst seinen Unmut kundzutun und auf das Ausbleiben einer Klarstellung oder Entschuldigung mit einer »kleinen Rache« zu reagieren, kann der Aufrechterhaltung zivilisierter und respektvoller Beziehungen förderlich sein.[14] Hier gibt es ein weites Spektrum von »negativen Geschenken«, das heißt dosierten Missachtungen, das sich von Kommunikationseinschränkungen oder Verweigerungen – kurz angebunden sein, jemanden ignorieren, nicht mehr grüßen – über mehr oder weniger subtile Distanzierungen bis zu öffentlichen Anprangerungen erstreckt. Eltern und Kinder, Freunde und Arbeitskolleginnen rächen sich für vermeinte Lieblosigkeiten und kleine Demütigungen durch anweisende Reaktionen und mehr oder weniger subtile Anspielungen oder Gesten der Geringschätzung. Das soziale Leben vibriert von solchen mehr oder weniger bewusst vorgenommenen sozialen und kommunikativen (Mikro-)Vergeltungsmaßnahmen. Wer im Alltag seinen Widersachern in kleinen Dosen Leid als Antwort auf eine (in den eigenen Augen) unverdiente Demütigung oder rücksichtslose Interessenverletzung zufügt, begreift dieses Verhalten jedoch nicht immer in der Terminologie von Rache und Vergeltung. Wer glaubt, von Rachsucht frei sein zu müssen, wird solche Reaktionen vielleicht mit weniger anstößigen Begriffen als »Zurechtweisung« oder »soziale Sanktion« beschreiben.[15] Solche Bezeichnungen lassen Bestrafungen als etwas

14 Vgl. hierzu Peter French, »Virtuous Avengers in Commonplace Cases«, in: *Philosophia* 44 (2016), S. 381-393, hier S. 381 f.

15 Die Frage, ob man soziale Zurechtweisungen als Bestrafungen verstehen kann, wird allerdings von denen verneint, die Bestrafung ausschließlich nach dem Muster rechtlicher Bestrafungen verstehen; vgl. Linda Radzik u. a., *The Ethics of Social*

anderes denn als Racheakte erscheinen, weil sie mit anderen Rechtfertigungen assoziiert werden. Wer statt von Rache von sozialer Strafe beziehungsweise sozialer Sanktion spricht, rechtfertigt das Leid, das er einem anderen zufügt, nicht als Vergeltung, sondern als erzieherische Maßnahme oder als Mittel der Abschreckung. Demnach geht es nicht um Vergeltung, sondern darum, der Übeltäterin zu zeigen, dass sie im Unrecht ist, und sie davon abzuhalten, sich in Zukunft gegenüber anderen Mitmenschen in derselben Weise zu verhalten. Die Zufügung von Leid wird also mit dem *altruistischen* Ziel der allgemeinen Abschreckung zum Schutz auch möglicher anderer Opfer vor ähnlichen Rücksichtslosigkeiten und/oder der Vermittlung von Normen gerechtfertigt. Wenn dies die Ziele sind, dann wäre *soziale Sanktion* in der Tat auch von der Sache her etwas anderes als Vergeltung.

Es spricht jedoch einiges dafür, dass es auch den Mitgliedern moderner westlicher Gesellschaften häufiger um Vergeltung geht, als sich manche aus weltanschaulichen Gründen zubilligen würden; und dass sie ihre Vergeltungsmaßnahmen darüber hinaus auch nicht als Laster, sondern als legitim betrachten. Ob jemand Vergeltung übt, ist in der Praxis von einer Abschreckungsmaßnahme allerdings nicht so leicht zu unterscheiden, denn »jede Bestrafung [...] erfüllt sowohl das Ziel der Abschreckung als auch das der Vergeltung, weil sie eine Normverletzung und die Existenz von Menschen, die zur Bestrafung bereit sind, kommuniziert (beides kann künftige Normverletzungen verringern), und sie fügt dem Normverletzer Schaden zu (was das Ziel der Vergeltung erfüllt)«.[16] Gleichwohl ist es möglich, das Motiv der Vergeltung unter experimentellen Bedingungen zu isolieren. Die Sozialpsychologen Molly J. Crockett, Yagiz Özdemir und Ernst Fehr haben in einem solchen Experiment untersucht, wie viel die Probanden auch dann in eine Bestrafung investieren, wenn sie wissen, dass die bestrafte Person nie von der Bestrafung erfahren wird und somit auch keine erzieherische oder abschreckende Wirkung damit erzielt werden kann. Sie

Punishment: The Enforcement of Morality in Everyday Life, Cambridge 2020, S. 13, 18. Das entspricht jedoch nicht dem weiteren alltäglichen Gebrauch des Begriffs, an den auch Linda Radzik anknüpft.

16 Molly J. Crockett u. a., »The Value of Vengeance and the Demand for Deterrence«, in: *Journal of Experimental Psychology* 143 (2014), S. 2279-2286, hier S. 2279 (Übers. M.-S. L.).

fanden heraus, dass eine solche »versteckte« Bestrafung sowohl von Opfern als auch von Beobachtern von Normverstößen häufig angewandt wurde. Demnach unternehmen Menschen erhebliche Anstrengungen, um diejenigen zu bestrafen, die gegen soziale Normen verstoßen, auch wenn dies nicht die abschreckende Wirkung haben kann, die üblicherweise als Ziel von Strafe angegeben wird. Das ist ein deutliches Indiz dafür, »dass Vergeltungsmotive die Entscheidungen bezüglich der Bestrafung unabhängig von Abschreckungszielen bestimmen«.[17] Die experimentellen Ergebnisse zeigen nach Crockett, Özdemir und Fehr deutlich eine Präferenz für Vergeltung ohne jeden sozialen Nutzen.[18] Gleichzeitig enthüllen sie eine verbreitete Selbsttäuschung, denn die Selbstaussagen der Probanden über ihre Motive passten nicht zu den Ergebnissen hinsichtlich der Vergeltung: Sie gaben viel häufiger Abschreckung als Ziel der Bestrafung an, als mit ihrem tatsächlichen Handeln übereinstimmte.[19] Darüber hinaus wurde experimentell bestätigt, was man ohnehin vermuten kann: dass eine stärkere Tendenz zur Bestrafung besteht, wenn man selbst von unfairem Verhalten betroffen ist, als wenn man dies aus der Perspektive Dritter beobachtet.[20] Könnte es sein, dass die Probanden nicht nur wollen, dass Unrecht als solches vergolten wird, sondern dass sie auch besonders motiviert sind, diese Vergeltung in die eigene Hand zu nehmen – oder dies sogar als eine Sache der Selbstachtung und Ehre betrachten? Jedenfalls sieht es ganz so aus, als würde man auch in modernen westlichen Gesellschaften viel mehr in Kategorien der Vergeltung fühlen und handeln, als man sich selbst eingesteht. Wenn es um ein Verhalten geht, das wir als ungerecht und unfair empfinden, scheinen wir Rache in der Praxis für legitim und angemessen zu halten, auch wenn wir in der Theorie andere Rechtfertigungsgründe angeben.[21]

17 Ebd.

18 Vgl. ebd., S. 2280.

19 Ebd., S. 2279.

20 Ebd., S. 2284.

21 Auch andere Studien legen nahe, dass der Wunsch nach Vergeltung tief in der menschlichen Psyche verwurzelt ist. So zeigen neurologische Messungen, dass die Bestrafung von ungerechtem Verhalten eine unmittelbare Befriedigung im Gehirn auslöst. Vgl. Ernst Fehr, Urs Fischbacher, »Die Natur des menschlichen Altruismus«, in: *Nature* 425 (2003), S. 785-791.

5. Rache und Vergeltung

Ich möchte nun auf die Frage nach den Unterschieden und Gemeinsamkeiten von Rache- und Vergeltungspraktiken zurückkommen. Wenn Rache oder Vergeltung als sinnvoll und (unter bestimmten Gesichtspunkten) legitim erachtet wird, ist sie an soziale Erwartungen, etablierte Praktiken und moralische Vorstellungen gebunden, die ihr diesen Sinn und diese Legitimität verleihen. Lassen sich die Elemente, die der Rache Sinn und Legitimität verleihen, überhaupt kulturübergreifend formulieren? Hier wäre zunächst zu überlegen, welche Merkmale bei der Suche nach einer Definition oder Beschreibung im Vordergrund stehen sollten, die kulturübergreifend anwendbar, aber auch geeignet ist, dem Wandel beziehungsweise der Variation von Rachemotiven und Rachefunktionen in unterschiedlichen kulturellen und sozialen Kontexten Rechnung zu tragen.

Bisher habe ich den Begriff der Rache nahezu synonym mit dem der Vergeltung verwendet. Dies entspricht der mitunter nahezu synonymen Verwendung der Begriffe im heutigen Sprachgebrauch. Allerdings überschneiden sich die Begriffe Rache und Vergeltung im deskriptiven Gebrauch nur teilweise und sind auch nicht mit den gleichen Wertungen verbunden. Der Begriff der Vergeltung hat historisch die Grundbedeutung von »zurückerstatten, zurückzahlen«, wobei es sich auch um eine »leistung von gegendiensten für empfangene wolthat oder im üblen sinne für übelthat (strafe)« handeln kann.[1] Im strafrechtlichen Kontext steht er heute für ein Verständnis von Strafgerechtigkeit, dem zufolge ein Übergriff gegen andere Menschen allein deshalb bestraft werden soll, weil er Unrecht war, und nicht etwa, weil es sozial nützlich ist, andere Menschen von solchen Übergriffen abzuhalten, oder weil es den Täter zu einem besseren Menschen machen könnte, ihn im Gefängnis einer Therapie zu unterziehen (General- und Spezialprävention). Er kann *sowohl* auf strafende Reaktionen des Opfers oder seiner Angehörigen (zweite Partei) *als auch* auf strafende Reaktionen neutraler Rechtsinstanzen (dritte Partei) angewendet werden.

1 Jakob Grimm & Wilhelm Grimm, *Deutsches Wörterbuch*, Bd. 15, S. 407, 411.

Im Unterschied hierzu wird der Rachebegriff mehr auf strafende Reaktionen des Opfers oder seiner Angehörigen beziehungsweise seiner Gruppe (zweite Partei) angewendet. Er wird zudem in einem *engeren* Sinne gebraucht, der subjektive und emotionale Aspekte einschließt und oft in den Fokus rückt. Dieses Verständnis findet sich aber auch schon in der griechischen Antike bei Aristoteles, der in seiner Rhetorik den *Zorn* als das Motiv der Rache beschreibt: Unter Zorn versteht er »ein mit Schmerz verbundenes Streben nach einer vermeintlichen Vergeltung [...] für eine vermeintliche Herabsetzung einem selbst oder einem der Seinigen gegenüber von solchen, denen eine Herabsetzung nicht zusteht«.[2] Zornig, so fährt Aristoteles fort, kann man immer nur auf Einzelne sein, nicht auf die Menschheit im Allgemeinen, und »zwar weil der Betreffende einem selbst oder einem der Seinigen etwas getan hat oder etwas tun wollte«.[3]

Zorn entspringt nach Aristoteles also der Wahrnehmung einer Missetat, die gegen die eigene Person oder einem nahestehende Personen gerichtet und mit einer Herabsetzung verbunden ist. Aber auch die Beziehung zu der Täterin spielt eine entscheidende Rolle; nicht jede Misssetat beliebiger Personen ruft Zorn hervor. So ist es zwar denkbar und kommt vielleicht auch gelegentlich vor, dass eine gestresste Mutter, deren Kleinkind im Tantrum wütend einen Teller zerschmettert hat, in Zorn gerät. Diesen Zorn zur treibenden emotionalen Kraft einer Rachehandlung werden zu lassen, stünde jedoch im Widerspruch zu ihrer Rolle als Mutter, weswegen sie, insoweit sie sich emotional unter Kontrolle hat, den Zorn zähmen wird. Sie nimmt die Beziehung zu dem Kind nicht als eine Beziehung zwischen sozial Gleichen und gleichermaßen Zurechnungsfähigen wahr und den Wutausbruch nicht als eine Respektlosigkeit. Wenn sie ihr Kind ausschimpft, dann in der (richtigen oder falschen) Vorstellung, es angemessen zu erziehen, nicht um sich zu rächen. Ein solcher Wunsch entsteht nur in einer Beziehung zwischen Gleichen, die mit entsprechenden Verhaltenserwartungen verbunden ist, und entspringt der Empfindung von ungerechtfertigter Erniedrigung.[4] Da Aristoteles unter dem Zorn keinen ziel-

2 Aristoteles, *Rhetorik*, 1. Halbband, 1378a 31-32, übers. von Christof Rapp, Darmstadt 2002, S. 73.

3 Ebd., 1378a36-1378b2, S. 73.

4 Da die *Ilias* zu Aristoteles' Zeiten immer noch das Epos darstellte, das jeder kannte

losen Affekt versteht, sondern eine zielgerichtete handlungsmotivierende Emotion, schreibt er der damit verbundenen Antizipation des Handlungsvollzuges auch eine gewisse Lust zu, »welche aus der Hoffnung auf Vergeltung herrührt; denn es ist angenehm zu meinen, dass man das erreichen wird, wonach man strebt«.[5] Die Lust am antizipierten Leiden des anderen ist aber nicht mit Sadismus zu verwechseln; es handelt sich um die Lust an der imaginierten Erreichung eines Handlungsziels.

Kurz: Aristoteles führt in seiner Analyse des Zorns Merkmale ein, die typisch für den Rachedurst sind, von denen aber anzunehmen ist, dass sie nicht auf alle Formen von Vergeltung zutreffen und somit für ein *engeres* Verständnis von Rache stehen: die emotionalen Faktoren des *Zorns* und der *antizipierten Lust* an der Erfüllung der Rache – wobei der Zorn der *subjektiven* Einschätzung eines Vorfalls als einer Untat und einer Herabsetzung entspringt, nicht einer neutralen, nach objektiven Maßstäben vorgenommenen Einschätzung.

Die neuzeitliche Philosophie hat diesen engeren Rachebegriff mit den drei Merkmalen der Subjektivität, des Zorns und der Rachelust noch weiter eingeengt und mit einer negativen Wertung versehen, indem sie den Faktor der antizipierten Lust an der verwirklichten Rache als ein Streben nach Lust bereitender Schmerzzufügung interpretierte, das wild und maßlos sei. Dieses negative Bild diente dazu, die Rache möglichst stark von der Strafe durch staatliche Institutionen abzugrenzen. Diese Merkmale werden auch in der Unterscheidung des Philosophen Robert Nozick zwischen Rache und Vergeltung aufgegriffen, an der sich bis heute viele Philosophen und Geisteswissenschaftler insbesondere in der englischsprachigen Welt orientieren. Nozick kannte die Studien der französischen Ethnologen um Raymond Verdier noch nicht, die fast zeitgleich mit der Veröffentlichung von Nozicks *Philosophical Explanations* nacheinander in vier Bänden zu erscheinen begannen.[6]

und auf das sich jeder bezog, liegt die Vermutung nahe, dass Aristoteles hier exemplarisch den Zorn und Groll des Achilles über die öffentliche Demütigung durch Agamemnon vor Augen hatte. Jay David Konstan,»Vengeance and Emotion«, in: Fabian Bernhardt u. a. (Hg.), *Revenge Revisited*, Frankfurt/M. (i. E.).

5 Aristoteles, *Rhetorik*, 1378b2-3, S. 73.

6 Der erste Band erschien 1980; vgl. Raymond Verdier (Hg.), *La vengeance*, Vol. 1, *La vengeance dans les sociétés extra-occidentales*, Paris 1980.

Das ist jedoch nicht der einzige Grund, warum Nozick – auf eine durchaus differenzierte Weise – das moderne Stereotyp von Rache reproduzierte. Er verfolgte bei seiner Unterscheidung zwischen Rache und Vergeltung (Retribution) gar nicht das Ziel, eine allgemeine Beschreibung zu finden, die auf alle Phänomene von Rache und Vergeltung in verschiedenen kulturellen Kontexten anwendbar ist. Vielmehr wollte er die Vergeltungstheorie der Strafe von dem Verdacht befreien, eigentlich ginge es denjenigen, die Strafe als Vergeltung verstehen, um nichts als Rache – wobei Rache von denen, die diesen Verdacht äußerten, als etwas »Primitives« und moralisch Abzulehnendes verstanden wurde.[7] Daher war er bemüht, Vergeltung als etwas ganz anderes als die übel beleumundete Rache zu definieren, über einander teilweise ausschließende Merkmale. Da es ihm speziell um die Legitimierung des Vergeltungselements beim staatlichen Strafen ging, setzte er zudem Vergeltung allgemein mit solchen Formen der Vergeltung gleich, die nicht vom Opfer oder seinen Angehörigen, sondern von neutralen Rechts- und Strafvollzugsinstanzen verhängt und vollzogen werden. Nozick definierte Rache und Vergeltung über Merkmale, die sich auf den Anlass, das Ausmaß, das persönliche Motiv, die emotionale Färbung, auf die ausführende Instanz und den Anspruch auf allgemeine Gültigkeit beziehen:

(1) Anlass der Reaktion: »Vergeltung wird für ein Unrecht geübt, während Rache für eine Verletzung, einen Schaden oder eine Beleidigung geübt werden kann und nicht unbedingt für ein Unrecht.«[8]
(2) Maßlosigkeit der Rache im Kontrast zur Vergeltung: »Die Vergeltung setzt der Strafe eine innere Grenze, die der Schwere des Unrechts entspricht. […] Die Rache [dagegen] braucht ihrer Natur nach keine Grenzen zu setzen, auch wenn der Rächer aus äußeren Gründen das, was er zufügt, begrenzen kann.«[9]
(3) Persönliches Motiv der Rache im Kontrast zum unpersönlichen Motiv: »Die Rache ist persönlich: Sie erfolgt aufgrund dessen, was man mir […] (selbst, dem Vater, der Gruppe usw.) angetan hat. Der Vergeltende braucht dagegen keine besondere oder per-

7 Robert Nozick, *Philosophical Explanations*, Oxford 1981, S. 368.
8 Ebd., S. 366f. (Übers. M.-S. L.).
9 Ebd., S. 367 (Übers. M.-S. L.).

sönliche Beziehung zum Opfer des Unrechts zu haben, für das er Vergeltung übt.«[10]

(4) Freude am Leiden eines anderen im Gegensatz zu emotionaler Gleichgültigkeit oder Freude an der Ausübung von Gerechtigkeit: »Die Rache ist mit einem bestimmten emotionalen Ton verbunden, nämlich der Freude am Leiden eines anderen, während die Vergeltung entweder keinen emotionalen Ton braucht oder einen anderen mit sich bringt, nämlich die Freude darüber, dass Gerechtigkeit ausgeübt wird. Daher wird derjenige, der nach Rache dürstet, oft die Situation, in der das Racheopfer leidet, miterleben (sehen, dabei sein) wollen, während es bei der Vergeltung keinen besonderen Sinn hat, dabei zu sein.«[11]

(5) Subjektive Willkür der Rache im Gegensatz zur Orientierung der Vergeltung an allgemeinen Regeln: »Die Rache erhebt keinen Anspruch auf Allgemeingültigkeit. Der Rächer ist nicht nur nicht verpflichtet, jede gleichartige Tat zu rächen, die einem anderen angetan worden ist; er ist auch nicht verpflichtet, alles zu rächen, was ihm selbst angetan worden ist. Ob er sich rächen will oder dies für angemessen hält, hängt davon ab, wie er sich zum Zeitpunkt der Verletzung fühlt. Derjenige hingegen, der Vergeltung übt, indem er eine verdiente Strafe für ein Unrecht verhängt, ist an (das Vorhandensein einiger) allgemeiner Grundsätze (prima facie) gebunden, die eine Bestrafung unter anderen, ähnlichen Umständen vorschreiben. Darüber hinaus werden diese allgemeinen Normen, wenn möglich, im Prozess der Vergeltung bekannt und deutlich gemacht; selbst diejenigen, die in Vergeltung gegen die schuldigen Agenten einer Folterdiktatur vorgehen und ihre eigene Identität geheim halten, werden die Prinzipien bekannt machen.«[12]

Betrachtet man jedoch die Vergeltungspraktiken in segmentären Gesellschaften, die von der Gruppe um Verdicr als *»système vindicatoire«* (gesellschaftliches Rachesystem) bezeichnet wurden, dann zeigt sich, dass sie weder Nozicks Kriterien für Vergeltung entsprechen, weil sie nicht von neutralen Rechtsinstitutionen verhängt und vollstreckt werden, noch seinen Kriterien für Rache, weil sie

10 Ebd. (Übers. M.-S. L.).

11 Ebd. (Übers. M.-S. L.).

12 Ebd., S. 368 (Übers. M.-S. L.).

eine rechtliche Form haben, persönliche Gefühle als Motive keine entscheidende Rolle spielen und auch nicht zur Maßlosigkeit tendieren.

6. Vergeltung im Kontext segmentärer Gesellschaften

Die Funktion von Vergeltungspraktiken in fremden kulturellen und sozialen Kontexten zu betrachten, hilft, den Blick auf Merkmale zu lenken, die uns durch unser eigenes kulturelles Selbstverständnis verstellt sind, das einerseits durch die moderne Rechtsphilosophie, andererseits durch das Bild der Rache in den Mythen und ihre Dramatisierung in der Literaturgeschichte geprägt ist. Friedrich Nietzsche nannte eine solche Betrachtung der Gegenwart aus der Perspektive vergangener oder fremder Werte eine *unzeitgemäße Betrachtung*. Sie kann vor allem dort hilfreich sein, wo ein vorherrschendes Selbstverständnis verhindert, dass die Frage überhaupt denkbar wird, ob wir nicht blind für einiges sind, was wir mit anderen Kulturen gemeinsam haben, weil wir glauben, es im Namen des moralischen Fortschritts überwunden zu haben.[1]

Werfen wir daher einen Blick auf das *système vindicatoire*, das von der Gruppe um Verdier untersuchte System der Vergeltungspraktiken im Kontext von Gesellschaften, die aus gleichrangigen Kollektiven (Clans oder Lineages) bestehen, wo kein Staat existiert oder der Staat im Verhältnis zu den Segmenten relativ schwach ist.[2] Verdier wollte mit seinen Untersuchungen die damals und bis heute verbreitete Vorstellung von der kulturellen Fremdheit und Primitivität der Rache widerlegen, wie sie in der eingangs zitierten Reaktion des *Spiegel* auf Kalojews Rachemord zum Ausdruck kommt: Die Vorstellung, dass in sogenannten primitiven Kulturen Vergeltungsreaktionen auf Unrecht durch leidenschaftlichen Zorn motiviert seien, der zur Maßlosigkeit und Destruktivität neigt und daher zu endlosen Fehden führt, die die Gesellschaft destabilisieren, während moderne Staaten über ein Rechtssystem mit einem

1 Vgl. hierzu Bernard Williams' Kritik des modernen Fortschrittsglaubens in Bernard Williams, *Scham, Schuld und Notwendigkeit. Eine Wiederbelebung antiker Begriffe der Moral*, Berlin 2000, S. 4ff.

2 Vgl. hierzu Raymond Verdier, »Le système vindicatoire«, in: Raymond Verdier (Hg.), *La vengeance*, Bd. 1, *La vengeance dans les sociétés extra-occidentales*, Paris 1980.

ethisch viel höheren Verständnis von Gerechtigkeit verfügten.[3] Wie in der Rechtsethnologie üblich, gingen Verdier und andere von einem weiten Rechtsbegriff aus, der Recht nicht auf modernes oder staatliches Recht auf der Grundlage eines gesetzlichen Kodexes reduziert, sondern auch andere traditionelle Formen der geregelten Konfliktlösung einschließt.[4]

Wenn Menschen in segmentären Gesellschaften verletzt oder getötet werden, ist die Reaktion abhängig von den Beziehungen zwischen Täter und Opfer, das heißt, sie ist von ganz anderer Art, je nachdem, ob es sich um einen Vorfall innerhalb einer sozialen Einheit (Familie, Clan, Lineage) handelt, ob er sich zwischen zwei Gruppen ereignet, die miteinander in sozialen Beziehungen stehen, oder ob vollkommen Fremde involviert sind. Die Option der Blutrache ist beschränkt auf solche sozialen Beziehungen, in denen die beiden Parteien Mitglieder verschiedener sozialer Einheiten sind. Dann erzeugt ein Übergriff oder Gewaltakt eine Schuld gegenüber dem Kollektiv des Angegriffenen, die verhandelt und vergolten werden muss, wobei es im Falle von Tötungen der Lineage, dem Clan oder der Familie des Opfers obliegt, Rache zu üben. Gehören dagegen Täter und Opfer derselben Einheit an, dann bestraft die Gruppe den Täter,[5] da seine Tat gegen das von allen anerkannte und sanktionierte Wertesystem verstößt und somit die Einheit und den Zusammenhalt der Gruppe gefährdet:[6]

3 Zu dieser Auseinandersetzung, die sich auch gegen die Thesen von René Girard richtet, vgl. auch Raymund Schwager, »Rache – Gerechtigkeit – Religion: Überlegungen zu einer interdisziplinären Forschungsarbeit«, in: *Zeitschrift für katholische Theologie* 3 (1988), S. 284-299.

4 In der Rechtswissenschaft und der Ethnologie ist es bis heute nicht gelungen, eine Definition von »Recht« zu finden, die auf alle Gesellschaftstypen anwendbar wäre. Manche gehen von einem Verständnis des Rechts aus, das eine zentrale und gegenüber den Parteien neutrale Autorität voraussetzt, die Recht setzt, andere verwenden den Begriff in einem weiten Sinne, der alle sozialen Formen der Konflikt- und Problemregelung umfasst, die dabei objektiven Gerechtigkeitsmaßstäben verpflichtet sind und bestimmten festgelegten Verfahrensordnungen folgen. Einen Überblick findet man bei Uwe Wesel, *Frühformen des Rechts in vorstaatlichen Gesellschaften*, Frankfurt/M. 1985, S. 224 ff.

5 Freilich gibt es nicht überall hierfür fest geregelte Verfahrensweisen; vgl. hierzu Günther Schlee, »Revenge in the Context of Collective Identification« in: Fabian Bernhardt u. a. (Hg.), *Revenge Revisited*, Frankfurt/M. (i. E.).

6 Vgl. Verdier, »Le système vindicatoire«, S. 15. (Übers. M.-S. L.)

Die Pflicht zur Rache nach außen ist das Gegenstück zum Verbot der Rache nach innen: Pflicht und Verbot drücken die beiden Seiten der Solidarität aus, die äußere und die innere; man kann sich nicht an denen rächen, die zu rächen man gerade die Pflicht hat; die Rache darf nicht die Einheit der Gruppe brechen, die sie nach außen hin fördern und bewahren soll.[7]

Da die Reaktion in solchen Fällen von bestimmten Mitgliedern des vom Gewaltakt betroffenen Kollektivs und nicht von einer neutralen staatlichen Instanz ausgeht, würde sie nach Nozicks Aufteilung unter den Begriff Rache fallen. Racheakte aus Leidenschaft werden in solchen Gesellschaften jedoch gar nicht akzeptiert. Die Rache ist vielmehr Teil der geregelten Verfahren, durch die Gewalttaten zwischen Clans und Lineages geahndet werden. Sie unterliegt strengen Regeln.[8] Das moderne Bild der generell wilden, regellosen und emotionsgeleiteten Rache ist auf solche Kontexte nicht anwendbar. Dasselbe gilt auch oft für kulturelle Kontexte im rechtlichen Pluralismus von Staaten, wo sich alte Traditionen trotz des staatlichen Rechts erhalten haben.

Auch dass die Rache in solchen Gesellschaften die Tendenz zur Maßlosigkeit hat und in Fehden ausufert, die das Weiterbestehen der Gesellschaft gefährden, wird von den Ethnologen um Verdier und vielen anderen bestritten. Sie verstehen Rache als eine Vergeltung, die nicht von neutralen Rechtsinstanzen ausgeht und den Regeln und Normen des Geschenkaustauschs zwischen ethnischen Gruppen oder Clans unterliegt, wie sie schon Marcel Mauss in seiner berühmten Studie *Die Gabe* untersucht hatte. Der Austausch von Geschenken, wie er überall auf der Welt zwischen den Vertretern von Kollektiven zu beobachten ist, dient demnach der Herstellung sozialer Beziehungen. Fabian Bernhardt hat in Anlehnung an Marcel Hénaff darauf hingewiesen, dass der Austausch von Geschenken zwischen Ethnien oder Clans nicht in erster Linie als ein Tauschhandel im rein ökonomischen Sinne zu verstehen ist. Das Geschenk sei vor allem eine symbolische Gabe, die eine soziale Beziehung zwischen Gruppen und damit auch oft eine persönliche

7 »Le devoir de vengeance au-dehors est la contrepartie de l'interdit de vengeance au-dedans: devoir et interdit expriment les deux faces, externe et interne, de la solidarité; on ne peut se venger sur ceux que l'on a précisement le devoir de venger; la vengeance ne doit pas romper l'unité du groupe que'elle est appellée à promouvoir et preserver vis-à-vis de l'exterieur.« Ebd., S. 21. (Übers. M.-S. L.)

8 Ebd., S. 24.

Beziehung zwischen ihren Repräsentanten einleitet. Dadurch entsteht eine nichthierarchische soziale Beziehung zwischen unabhängigen Gruppen, die sich wechselseitig als gleich anerkennen:

> Entscheidend ist nicht der materielle Wert der ausgetauschten Güter und Dienste, sondern der Umstand, dass etwas vom Geber selbst in die gegebene Sache einfließt und dass dieser vermittels der ausgetauschten Güter seine Absicht zum Ausdruck bringt, den Anderen als prinzipiell gleichen anzuerkennen und eine Beziehung mit ihm einzugehen.[9]

Die Gabe ist also die ursprüngliche Form, Anerkennungsbeziehungen unter Gleichen zu etablieren. Sie dient nicht primär der Verteilung von Gütern, sondern verfolgt einen immateriellen Zweck: Sie soll die Beschenkten zu einer späteren Gegengabe veranlassen, mit der man sich gegenseitig Wertschätzung bezeugt und die Fortsetzung der Beziehung bekräftigt. Auf der Grundlage dieser gegenseitigen Anerkennung entstehen auch gewisse normative Erwartungen. Sie sind jedoch anders als in einem Rechtswesen, wo sich die normativen Erwartungen der Mitglieder bezüglich des Wohlverhaltens ihrer Mitmenschen an dem vom Staat auferlegten Recht orientieren und durch die Rechtsinstitutionen erzwungen werden können. Während die Macht, Gewalt auszuüben und die Regeln ändern zu können, in einem modernen Rechtswesen beim Staat bzw. seinen Institutionen liegt, sind es in einer segmentären Gesellschaft die Gruppen selbst, die durch ihren sozialen Umgang ein stets veränderliches Machtgleichgewicht aufrechterhalten. Dabei spielt das Prinzip der sozialen Gleichheit zwischen unabhängigen Einheiten eine zentrale Rolle, der auch Motiv und Zweck der Vergeltungsmaßnahmen entspringen: Finden Gewaltakte zwischen Mitgliedern unabhängiger Gruppen statt, dann wird das nicht als Verletzung eines gemeinsamen Normensystems analog zum Gesetz in modernen Staaten wahrgenommen, sondern als eine Verletzung und Demütigung der anderen Gruppe, welche die vormals bestehende Anerkennungsbeziehung unter Gleichen in Frage stellt oder abrupt beendet – denn diese wird nicht durch eine unabhängige Institution, sondern nur durch die Art des wechselseitigen Umgangs bestätigt. Wer jemandem Gewalt oder Zwang antut, sendet damit auch die Botschaft, dass er dies mit dem Betreffenden ma-

9 Fabian Bernhardt, *Rache. Über einen blinden Fleck der Moderne*, Berlin 2021, S. 169.

chen kann, dass dieser also unter ihm steht. Wenn die Gruppe des Täters nicht bereit ist, diese Botschaft auf friedliche Weise zu annullieren – durch Wiedergutmachungsmaßnahmen, die die symbolische Botschaft einer Entschuldigung senden –, ist ein bedingungsloses Verzeihen keine Option. Dadurch würde ja eine Botschaft kommuniziert, die nicht im Interesse der Gruppe des Opfers liegen kann, weil sie dadurch ihr soziales Ansehen verlöre: mit uns kann man das machen. Das Opfer beziehungsweise seine Angehörigen müssen also zeigen, dass sie ihre Herabsetzung nicht akzeptieren und bereit sind, persönliche Risiken einzugehen, bis die *Beziehung der Gleichheit wiederhergestellt* ist.

Nicht nur in der Gabe, auch in der Vergeltung artikuliert sich demnach ein Anerkennungsverhältnis zwischen Gleichen, wie es auch der Soziologe Axel T. Paul in Anlehnung an Georg Simmel formuliert. Da die Anerkennungsbeziehung durch Geschenke ausgedrückt wird, wird die Vergeltung entsprechend als negatives Geschenk in Reaktion auf ein negatives Geschenk verstanden, womit die Verletzung umgekehrt und die Rollen von Täter und Opfer vertauscht werden.[10] Regeln von der Art des Talionsprinzips, das Vergeltung als eine proportionale Gegengabe regelt, werden als Beleg genommen, dass es um das Ziel der *Wiederherstellung von Gleichheit* und nicht etwa um die Vernichtung des anderen geht.[11] Wer Vergeltung übt, betrachtet die anderen demnach nicht als zu vernichtende Feinde, sondern zielt darauf, Beziehungen des Respekts wiederherzustellen. Das liegt zu einem gewissen Grad in der eigenen Macht und ist, anders als Liebe und Freundschaft, auch durch negative Geschenke erzwingbar. Dabei kommt es allerdings entscheidend darauf an, nicht neue Ungleichheit durch übermäßige Rache zu erzeugen. Altertumswissenschaftler verstehen das Talionsprinzip und andere Prinzipien, die die Proportionalität der Vergeltung vorschreiben, historisch als Versuche, unverhältnismäßige Vergeltungsmaßnahmen zu unterbinden. Raymund Schwager vermutet angesichts der vielen klassischen Mythen, die von ausufernden Fehden handeln, dass die segmentären Gesellschaften sich

10 Vgl. Verdier, »Le système vindicatoire«, S. 14; Gérard Courtois, »La Vengeance, du désir aux institutions«, in: Gérard Courtois (Hg.), *La Vengeance*, Bd. 4, *La vengeance dans la pensée occidentale*, Paris 1984, S. 15.

11 Axel T. Paul, »Die Rache und das Rätsel der Gabe«, in: *Leviathan* 2 (2005), S. 247.

der Möglichkeit bewusst waren, dass Rache ausarten kann, und ihre Regelsysteme als Gegenmittel dazu entwickelt haben.[12]

Ausgehend vom Verständnis der Rache als Vergeltung mit Gleichem (und nicht mit mehr) zeigen sich auch Gemeinsamkeiten mit dem modernen Recht. Georg Wilhelm Friedrich Hegel hat diese formale Grundstruktur der Vergeltung als Ausdruck einer universalen menschlichen Vernunft bezeichnet.[13] Aus ihr wird der allgemeine Maßstab abgeleitet, an dem die Rechtmäßigkeit aller Formen der Vergeltung gemessen wird: »Die Aufhebung des Verbrechens ist insofern Wiedervergeltung, als sie dem Begriffe nach Verletzung der Verletzung ist und [...] einen bestimmten qualitativen und quantitativen Umfang [...] hat.«[14]

Hegel erklärte die Rache jedoch aus strukturellen Gründen für ungeeignet, Konflikte zu lösen. Der Grund: Die Perspektiven des Rächers und des Racheopfers können nicht übereinstimmen, weil sie subjektiv sind. Jeder wird das Gefühl haben, stärker verletzt worden zu sein als der andere und sich für diesen Unterschied rächen zu müssen. Aus diesem Mangel an Unparteilichkeit der rächenden Partei folgert Hegel, dass die Rache unendlich weitergehen muss:

> Das Aufheben des Verbrechens ist in dieser Sphäre der Unmittelbarkeit des Rechts zunächst Rache, dem Inhalte nach gerecht, insofern sie Wiedervergeltung ist. Aber der Form nach ist sie die Handlung eines subjektiven Willens, der in jede geschehene Verletzung seine Unendlichkeit legen kann und dessen Gerechtigkeit daher überhaupt zufällig, so wie er auch für den anderen nur als besonderer ist. Die Rache wird hierdurch, daß sie als positive Handlung eines besonderen Willens ist, eine neue Verletzung: sie verfällt als dieser Widerspruch in den Progreß ins Unendliche und erbt sich von Geschlechtern zu Geschlechtern ins Unbegrenzte fort.[15]

Diese Sichtweise wird auch von dem einflussreichen Kulturanthropologen und Religionswissenschaftler René Girard geteilt. Für ihn ist das Prinzip der Vergeltung in den sogenannten primitiven Gesellschaften und in den modernen Rechtssystemen dasselbe. »Es gibt im Strafwesen kein Rechtsprinzip, das vom Racheprinzip

12 Vgl. Raymund Schwager, »Rache – Gerechtigkeit – Religion«, S. 289 f.

13 Georg Wilhelm Friedrich Hegel, »Grundlinien der Philosophie des Rechts«, in: *Hauptwerke in sechs Bänden*, Bd. 5, Hamburg 2015, § 101, S. 93.

14 Ebd.

15 Ebd., § 102, S. 95.

wirklich verschieden ist. Es ist das gleiche Prinzip, das in beiden Fällen am Werk ist, nämlich jenes der gewalttätigen Reziprozität, der Vergeltung.«[16] Während sich also das moderne Recht und das Recht segmentärer Gesellschaften im Hinblick auf das Gerechtigkeitsprinzip gar nicht unterscheiden, hält Girard nur das moderne Recht – oder zumindest ein Recht, das auf dem Gewaltmonopol des Staates beruht – für geeignet, Konflikte zu beenden.[17] Kraft des Gewaltmonopols gelinge es dem Gerichtswesen »normalerweise, die Rache im Keim zu ersticken, sie also nicht zu reizen, zu verbreiten und zu vervielfachen, was bei einem analogen Vorgehen in der primitiven Gesellschaft unweigerlich der Fall wäre. Gerichtswesen und Opfer haben also letztlich die gleiche Funktion, aber das Gerichtswesen ist unendlich viel effizienter.«[18] Im Gegensatz zum Strafprozess, der ein definitives Ende hat, müsse man sich die Rache als einen endlosen Prozess vorstellen: »Jeder will in Bezug auf die Gewalt das letzte Wort haben, und so geht man von Vergeltungsschlag zu Vergeltungsschlag, ohne daß je ein wahrer Schlußpunkt gesetzt werden könnte.«[19]

Betrachtet man Rache nur als abstrakte »subjektive Form« und nicht in ihrer konkreten empirischen Einbettung in gesellschaftliche Erwartungen und Sitten und unterstellt man ihr zudem als generelles Motiv eine »mörderische Wut«,[20] die zwangsläufig zur Maßlosigkeit neigt, so erscheint diese Einschätzung in der Tat naheliegend. Sie wird jedoch durch die empirische Forschung nicht gestützt. Ethnologen, die im Kontrast zu Girard empirisch arbeiten, wie die Gruppe um Verdier, gegenwärtig auch Günther Schlee und Bertram Turner, haben jedoch darauf hingewiesen, dass die von der Gruppe des Opfers ausgehende Gegengewalt in den bekannten segmentären Gesellschaften oder Gesellschaften mit pluralen Rechtssystemen gewöhnlich keine Eskalationsspirale der Gewalt auslöst, sondern der Gewalteindämmung dient.[21] Zwar gab es in der Kul-

16 René Girard, *Das Heilige und die Gewalt*, Frankfurt/M. 1994, S. 29.

17 Ebd., S. 29, 38.

18 Ebd., S. 39.

19 Ebd., S. 43.

20 Ebd., S. 51.

21 »Im Bereich der alltäglichen Streitigkeiten, die sich in Zeit und Raum abspielen, hat Vergeltung nicht zu mehr Gewalt geführt, sondern eher zu deren Eindämmung beigetragen. Dies gilt sogar für soziale Situationen, in denen Vergeltung

turgeschichte bis heute auch Gesellschaften mit lang andauernden Fehden und selbstzerstörerischen Tendenzen, aber dies gilt bei weitem nicht für alle Gesellschaften, in denen die Menschen als Mitglieder von Kollektiven die Vergeltung und andere Maßnahmen der Konfliktlösung in die eigene Hand zu nehmen pflegen, sondern erscheint eher als Sonderfall.[22] Wie stark sich jedoch auch Vertreter empirischer Wissenschaften wie der Geschichtsschreibung von den abstrakten Ideen Hegels und Girards über die Rache leiten lassen, bis dahin, dass sie die wenigen bekannten Sonderfälle zur Regel erheben und das, was dagegen spricht, als Beweis für ihre Annahme uminterpretieren, illustriert die Argumentation des Althistorikers Egon Flaig:

> Für Historiker ist es *a priori unzweifelhaft*, dass solche sozialen Selbstzerstörungen in der Geschichte der Menschheit viele tausend Male passierten, ohne die geringsten Spuren zu hinterlassen. Denn es lassen sich nur Gesellschaften ethnologisch erforschen, die überdauert haben. Und sie überdauerten – wenn man von anderen Faktoren absieht – nur, weil sie nicht zuließen, dass die überbietende Rache zur gängigen Praxis wurde.[23]

Flaig ist vermutlich nicht der Einzige, der dies für *a priori unzweifelhaft* hält. Sehr viele Altertumswissenschaftler sind Girard gefolgt. Seine Schwäche liegt jedoch darin, dass er nicht, wie die näher an der Empirie arbeitenden Altertumswissenschaftler, Ethnologen und Kulturwissenschaftler um Verdier, zwischen der durch Zorn und Hass motivierten Rache (dem vindicatif) und der Rache im *système vindicatoire* (als sozialer Pflicht, die aber durch andere Maßnahmen ersetzt werden konnte) unterschieden hat.

Wenn man die Rache als eine Reaktion auf ein vermeintes Unrecht versteht, die idealtypisch durch Zorn geleitet ist und daher zur Maßlosigkeit neigt, und alles außer dem von Hegel und Girard

als gleichbedeutend mit Gewalt angesehen wird.« Bertram Turner, »Introduction. On Retaliation: Conceptual Plurality, Transdisciplinary Research, Rifts, Blurrings and Translations« in: Günther Schlee, Bertram Turner (Hg.), *On Retaliation. Towards an Interdisciplinary Understanding of a Basic Human Condition*, New York 2017, S. 1-25, hier S. 15. (Übers. M.-S. L.)

22 Egon Flaig nennt die Abchasier im Kaukasus, die Massa in Nordkamerun und die brasilianischen Kaingang. Vgl. Egon Flaig, »Rache«, in: Nadine Grotkamp, Anna Seelentag (Hg.), *Konfliktlösung in der Antike*, Band 1 der Reihe *Handbuch zur Geschichte der Konfliktlösung in Europa,* Berlin 2021, S. 27-36, hier S. 29 ff.

23 Ebd., S. 30.

beschriebenen Reaktionsmechanismus ausblendet, scheint eine unendliche Fehde unvermeidlich. Wenn man die Rache jedoch nicht als Idee, sondern als empirische Realität betrachtet, vollzieht sie sich nie in einem leeren Raum, in dem es nur Aktion und Reaktion gibt. Sie entspringt nicht primär den Emotionen einer einzelnen Person, wenn überhaupt, und ist in das Regelsystem und die Praktiken eines sozialen Systems eingebettet, in dem der Fall erörtert und nach der besten Lösung gesucht wird. In diesem System gibt es in der Regel Alternativen zur gewaltförmigen Reaktion.[24] Auch wenn man davon ausgehen kann, dass beide Parteien eine unterschiedliche Sicht der Dinge haben und somit einen Anlass zur Wiedervergeltung der Vergeltung, folgt daraus in der empirischen Wirklichkeit kein Zustand permanenter Gewalt oder Gewaltdrohung à la Hobbes. Ist etwas geschehen, das nach Vergeltung verlangt, dann treten beide Seiten in der Regel in Verhandlungen ein, die sich mitunter auch über Jahrzehnte ergebnislos hinziehen können, während deren sie mehr oder weniger freundliche und kooperative Beziehungen unterhalten können.[25] Wenn dann doch ein Racheakt erfolgt, dann entspringt er nicht der wilden Wut, sondern einem Beschluss in der Gruppe, in der die Lage, die Beziehungen zu der anderen Gruppe, mögliche Alternativen der Rache und mögliche Konsequenzen erwogen wurden. Es kann aber auch eine Vielzahl alternativer Reaktionen geben, mit denen das soziale Gleichgewicht wiederhergestellt und der Frieden gefördert werden kann, zu denen in manchen Kontexten auch Adoptionen und Heiraten mit Mitgliedern der anderen Gruppe gehören. Das wirft die Fragen auf, welche Funktion die Rache im *système vindicatoire* erfüllt, wie der Rächer überhaupt motiviert ist, wenn nicht durch die nach Girard stets maßlose Wut, und warum die Rache in vielen Fällen auch durch nicht gewaltförmige Reaktionen auf Übergriffe und sogar neue Verbindungen ersetzt werden kann.

Der durch das Talionsprinzip ausgedrückte Gedanke der ausgleichenden Gerechtigkeit verlangt in seinen realen historischen und kulturellen Ausformungen normalerweise keine Reaktion in

24 Vgl. Gérard Courtois, »La Vengeance, du désir aux institutions«, S. 25 f.

25 Vgl. hierzu Günther Schlee, Bertram Turner, »Einleitung: Wirkungskontexte des Vergeltungsprinzips in der Konfliktregulierung«, in: Günther Schlee, Bertram Turner (Hg.), *Vergeltung. Eine interdisziplinäre Betrachtung der Rechtfertigung und Regulation von Gewalt*, Frankfurt/M., New York 2008, S. 7-48.

genau der gleichen Form. Wie die Ethnologie gezeigt hat, muss die gewaltförmige Vergeltung – die Blutrache – in den meisten segmentären Gesellschaften gar nicht ausgeführt werden. Da Vergeltung als Ausgleich und Bezahlung einer Schuld verstanden wird, kann sie in solchen Gesellschaften meist auch in Gestalt einer Entschädigung geleistet werden.[26] Wenn Hénaff und Bernhardt Recht haben, wird die Verletzung oder Tötung einer Person in segmentären Gesellschaften jedoch nicht als eine rein ökonomische Angelegenheit betrachtet, die allein durch Zahlung einer Summe beglichen werden kann. Die Schuld muss nicht nur materiell, sondern auch symbolisch getilgt werden. Das leuchtet ein, denn Gewalttaten werden nirgendwo nur als Erzeugung eines Schadens, sondern vor allem auch als eine *Demütigung* der betroffenen Personen wahrgenommen[27] – und in segmentären Gesellschaften bedeutet dies auch: als Demütigung ihres Kollektivs. Entsprechend müssen die geeigneten Schritte unternommen werden, um diese *Missachtung zu annullieren* und damit in den Augen der Gesamtgesellschaft die *soziale Gleichheit wiederherzustellen*. Dies kann ohne Zwang und Gewalt, ausgehend von der Gruppe des Täters, geschehen, etwa durch eine den sozialen Wert der Person aufwiegende materielle Entschädigung, die zugleich als symbolische Entschuldigung dient oder mit einer solchen verbunden wird (wo ein institutionalisiertes System der Rechtsdurchsetzung fehlt, ist die im Raum stehende Drohung gewaltförmiger Vergeltung – und die Bereitschaft, sie in die Tat umzusetzen – allerdings notwendig, um eine Entschädigung durchzusetzen). Die Gleichheit kann aber auch zwangsweise durch Vergeltung, ausgehend von der Gruppe des Opfers, wiederhergestellt werden.

Geht man von diesen kulturanthropologischen Befunden aus, wird verständlich, warum die von der Opfergruppe ausgehende Drohung und eventuelle Ausführung von Gegengewalt (oder die durch diese Drohung erzwungene Wiedergutmachung) in vielen nichtmodernen Kontexten nicht als Zerstörung von Ordnung und moralischer Integrität, sondern im Gegenteil als notwendiges Mittel zur Wiederherstellung der Respektsbeziehungen und der Rechtsordnung unter Gleichen angesehen wurde. Selbstorganisierte Vergeltung, so der Jurist und Kenner der alt-isländischen

26 Vgl. Verdier, »Le système vindicatoire«, S. 17.

27 Vgl. Wesel, *Frühformen des Rechts*, S. 130 f., 321.

Rechtsnormen und Mythen William Ian Miller, hat zum Ziel, »die richtige Ordnung wiederherzustellen, ein früheres vermeintliches Gleichgewicht wiederherzustellen, das durch eine unrechtmäßige Handlung oder eine geschuldete, aber nicht beglichene Schuld gestört worden war«.[28] Sie stand nicht wie in unserem modernen Wertesystem in einem exklusiven Gegensatz zum Verzeihen. Vielmehr war – und ist – die Bereitschaft, Rache zu üben, ebenso wie die Bereitschaft zu verzeihen, in vielen Gesellschaftstypen ein unverzichtbarer Bestandteil von Prozessen der Konfliktlösung, der Wiederherstellung sozialer Beziehungen und der Heilung von Demütigungen.[29] In dieser Praxis verkörpert sich die Überzeugung, dass ein Frieden, »der nicht den Ausgleich von Rechnungen und die Wiederherstellung des Gleichgewichts beinhaltet, kein Frieden unter Gleichen ist«.[30]

Wenn wir von diesen ethnologischen und altertumswissenschaftlichen Befunden ausgehen, dann scheint die selbstorganisierte Vergeltung in den segmentären Gesellschaften zwei Ziele zu verfolgen: die Vergeltung einer Schädigung sowie die Zurücknahme einer Demütigung, durch die Beziehungen zwischen Gleichen ins Ungleichgewicht geraten waren. Hingegen scheinen persönliche Gefühle als Motive hier keine ausschlaggebende Rolle zu spielen, im Unterschied zum *vindicatif*, der Rache aus Leidenschaft, die Girard allgemein unterstellt und die in dem aristotelischen Verständnis der Verbindung von Rache mit Zorn artikuliert wird. Im *système vindicatoire* wird die Rache »kalt« verübt.[31] Nicht diejenigen, die emotional am stärksten von einem Tötungsdelikt betroffen sind – dies wird häufig die Ehefrau sein –, sondern diejenigen, die eine bestimmte Position im Verwandtschaftssystem einnehmen, sind zum Rächer bestimmt. Sie stehen nicht notwendigerweise in einer engen persönlichen Beziehung zu der zu rächenden Person und hegen auch nicht unbedingt freundschaftliche Gefühle für sie.

28 William Ian Miller, *Eye for an Eye,* Cambridge 2006, S. 4. (Übers. M.-S. L.)

29 Auch im *Alten Testament* bezog sich der Begriff für Rache »*nqmh*« auf die moralische Heilung. Er bedeutete ursprünglich »Wiederherstellung der Ganzheit oder des Heils einer Gemeinschaft«. In diesem Sinne wurde auch von der Rache Gottes gesprochen. Vgl. Peter Probst, Gerhard Sprenger, *Historisches Wörterbuch der Philosophie,* Darmstadt 1992, s. v. Rache, Bd. 8, Sp. 1-6.

30 Miller, *Eye for an Eye*, S. 15.

31 Courtois, »La Vengeance, du désir aux institutions«, S 15.

Wer sich zu blutiger Vergeltung gezwungen sieht, weil ein entfernter Verwandter, den er kaum kannte oder nur als unangenehmen Streithahn erlebt hat, in einem eskalierenden Streit getötet wurde, wird schwerlich wilde Wut empfinden, sondern eher über die lästige und gefährliche Pflicht seufzen. Wenn die Gegenseite nicht zu einer angemessenen Entschädigung bereit ist, wird er dennoch das Notwendige tun müssen, um den Eindruck von Schwäche zu vermeiden. Er wird sich dann in vielen kulturellen Kontexten auch nicht bevorzugt am individuellen Täter rächen, sondern sein Opfer eher nach dessen sozialer und materieller Bedeutung für das andere Kollektiv auswählen, um den Verlust des eigenen Mitglieds zu kompensieren.[32] Auch heute noch wird in segmentären Gesellschaften die Vergeltung für die eigene Lineage als eine solche soziale Pflicht vollzogen, wie der Ethnologe Günther Schlee mit Blick auf Vergeltungspraktiken zwischen Lineages und Clans in verschiedenen zeitgenössischen afrikanischen Kontexten berichtet, wo sich die Rachemorde fast nie gegen den Täter des ursprünglichen Verbrechens richten. Ein entfernter Verwandter oder jemand, der einfach Mitglied desselben Clans oder einer anderen großen Gruppe ist, reicht aus. Das Opfer wird nach anderen Kriterien als der Nähe zur Tat oder zum Täter ausgewählt, insbesondere nach wirtschaftlichen und sozialen Kriterien. Wenn es sich um Rache für einen Mord handelt, darf die Person für ihre Gemeinschaft nicht weniger wert sein als das ursprüngliche Opfer. Sie muss ebenso wohlhabend und angesehen sein oder, wenn sie jung ist und aus guter Familie stammt, ebenso begabt und vielversprechend. Hier liegt nicht der geringste Zorn geschweige denn Hass gegen das Opfer eines Rachemordes vor. Der Schaden wird seinem Kollektiv zugefügt.[33]

Auch in der mittelalterlichen nordischen Welt entsprang die Blutrache nicht dem Zorn und wurde auch wohl nur in Ausnahmefällen als eine willkommene Gelegenheit zur lustvollen Befriedigung grausamer Neigungen wahrgenommen. Im Normalfall bedeutete sie wohl eher eine mühsame Pflicht.[34] Miller vermutet, dass die Praxis der Vergeltung in solchen segmentären Gesellschaften ein hohes Maß an Disziplin und Selbstüberwindung erforderte: »Ein Mensch,

32 Vgl. Schlee, »Revenge in the Context of Collective Identification«.

33 Vgl. ebd.

34 Vgl. Hans-Joachim Gehrke, »Die Griechen und die Rache. Ein Versuch in historischer Psychologie«, in: *Saeculum* 38 (1987), S. 121-149, hier S. 130.

der zur Rache verpflichtet ist, muss allen Arten von Versuchungen zum Vergeben und Vergessen widerstehen.«[35] Da wir nicht davon ausgehen können, dass Menschen in segmentären Gesellschaften generell mehr zu »selbstlosem Handeln aus Pflicht« neigen als wir, können wir mit Blick auf die subjektiven Motive wohl davon ausgehen, dass die Ausführung einer Pflicht zur Vergeltung jeweils durch die Sorge motiviert ist, andernfalls unter den Verwandten, aber auch in der Öffentlichkeit als Feigling zu gelten. Die Angst, verachtet zu werden, kann auch ängstliche Menschen dazu bewegen, ihr eigenes Leben zu riskieren. Oder wie Miller es ausdrückt: »Der Kerngedanke der meisten Rachekulturen ist, dass der Mensch von Natur aus eher ein Huhn als ein Wolf ist. Daher sind Rachekulturen ausnahmslos Schamkulturen.«[36] Die Motivation zur Rache entspringt also auf der subjektiven Seite der sozialen Wurzel des Selbstwertgefühls: der Ehre, die an den Respekt der anderen gebunden ist und deren Verlust auch einen Verlust an Status und Macht bedeutet:

> Wenn jemand zu Unrecht verletzt (oder sogar beleidigt) wurde, ist seine Ehre in Frage gestellt. Wenn man in einer traditionellen Ehrenkultur aus Feigheit nicht auf diese Verletzung reagiert, offenbart man sein unehrenhaftes Wesen. Bei der Rache geht es also nicht darum, dem Übeltäter Schaden zuzufügen, sondern vielmehr darum, die eigene Bereitschaft zu demonstrieren, in einer Konfrontation mit dem Übeltäter zu riskieren, selbst verletzt zu werden. [...] Die richtige Analogie ist die zur Selbstverteidigung; Rache zu nehmen bedeutet, die eigene Ehre gegen eine Beleidigung zu verteidigen. Es geht darum, die eigene Würde so gut wie möglich wiederherzustellen, indem man sich gegen die ständige Unterstellung der Entehrung verteidigt.[37]

Vergeltung ist in solchen Kontexten als ein *kommunikativer* Akt in einem konfliktreichen Prozess zu verstehen, in dem ein Anspruch auf Ehre und Status geltend gemacht wird, die durch den Übergriff und die ausgebliebene Wiedergutmachung in Frage gestellt wurden. Dies betrifft auch die Person, die gerächt wird: Durch die Rache stellt der Rächer die Ehre des ursprünglich Verletzten wieder her, auch wenn dieser tot ist.[38] Ein Toter konnte in der alt-

35 Miller, *Eye for an Eye,* S. 96.

36 Ebd.

37 Whitley R. P. Kaufman, »Revenge as the Dark Double of Retributive Punishment«, in: *Philosophia* 44 (2016), S. 317-325, hier S. 323. (Übers. M.-S. L.)

38 Gehrke, »Die Griechen und die Rache«, S. 136.

nordischen Welt sogar mehr Ehre erlangen als zu Lebzeiten, wenn er auf sehr aufwendige Weise gerächt wurde. Miller berichtet in seiner Studie über die altnordische Rache vom Rächer Thorstein, der von Island bis nach Byzanz reiste, um den alten Isländer Grettir zu rächen. Damit gab Thorstein allen Zuhörern dieser vielerzählten Geschichte zu verstehen, dass Grettir »etwas Besonderes gewesen sein muss, da Thorstein sich so weit von zu Hause entfernt hat, um ihn zu rächen«.[39] Mit dem Akt der Vergeltung drückte der Rächer unwiderlegbar seine Wertschätzung für seine Angehörigen oder Freunde aus. Wie solche Fälle zeigen, sind an der Vergeltung jedoch bei weitem nicht nur das Racheopfer und der Rächer selbst beteiligt. Sie richtet sich vor allem an die Mitglieder der Gemeinschaft, deren soziale Anerkennung in Fragen der Ehre zählt.

Auf dem gesellschaftlichen Wissen um die enorme Bedeutung von Anerkennung, Ehre und Status für alle Beteiligten beruht auch die abschreckende Wirkung der Rache, da sie eine gewisse Wahrscheinlichkeit mit sich bringt, für eine Missetat büßen zu müssen. Dies bedeutet nicht, dass in Gesellschaften, in denen Blutrache zur Rechtspraxis gehört, die Fähigkeit zur Beendigung von Feindseligkeiten, die wir mit den Begriffen »Verzeihen« und »Vergeben« verbinden, unbekannt ist oder geringgeschätzt wird. Ohne die Bereitschaft, Alternativen zur Rache zu suchen, wären Konflikte auch in solchen Gesellschaften nicht zu beenden. In solchen Kulturen versteht man unter dem Verzeihen jedoch etwas anderes als in den modernen westlichen Gesellschaften, in denen die Ideen, die sich mit dem Begriff verbinden, durch die Tradition der christlichen Westkirche geprägt sind. »Verzeihen« ist kein singulärer Begriff, der überall dasselbe bedeutet; er bezieht seine Bedeutung mancherorts aus einer Praxis der Konfliktlösung, an anderen Orten vor allem aus einer Konstellation von ethischen Ideen, die dann auf die Praxis angewendet werden. In den Gesellschaften, in denen die Rache zu den sozialen Reaktionen auf Übergriffe gehört, wird darunter keine besonders tugendhafte moralische Reaktion verstanden, die das moralische Gegenteil der Rache darstellt, sondern die vernünftige Bereitschaft, nach angemessener Wiedergutmachung oder nach erfolgter Rache den Konflikt zu beenden. In Kontexten ohne staatliches Recht oder mit schwachen Rechtsinstanzen steht die Bereitschaft zu

39 Miller, *Eye for an Eye*, S. 100.

verzeihen nicht im Gegensatz zur Rache, sondern gehört mit ihr zusammen zu den Elementen der Konfliktlösung. Die Rachedrohung hat hier vor allem die Funktion, die beleidigende Partei zu motivieren, die Beleidigung zurückzunehmen und über Entschädigungen zu verhandeln. Umgekehrt wird von den Betroffenen erwartet, zu verzeihen, wenn die Gegenseite unter dem Druck der Rachedrohung eine angemessene Wiedergutmachung geleistet und damit die verletzte Partei auch symbolisch wieder als sozial gleichwertig anerkannt hat. Verzeihen kann in solchen Kontexten nicht als ein bedingungsloses Geschenk verstanden werden, wie es etwa Derridas Verständnis des eigentlichen Verzeihens entspricht, noch wird es als Ausdruck einer anderen, der Rache überlegenen Denk- und Handlungslogik angesehen. Vielmehr gehört es wie die Rache zu den sozial erwarteten Reaktionen auf von Menschen verursachte Übel und Gewalttaten. Der Schritt von der Androhung zum Vollzug der Rache kann aber dort notwendig werden, wo die sich als übermächtig verstehende Täterseite kein Interesse daran hat, die gewaltsam gestörten sozialen Beziehungen wieder ins Gleichgewicht zu bringen. Die Bereitschaft zur Vergeltung ist daher ebenso wie die Bereitschaft zur Vergebung unverzichtbar für die Wiederherstellung verletzter sozialer Beziehungen und verletzter Ehre. Sie sind keine sich ausschließenden Gegensätze, sondern bedingen einander. Die Vorstellung, dass es moralisch besser wäre, eine Gewalttat bedingungslos zu vergeben, würde in segmentären Gesellschaften – und nicht nur dort – auf moralisches Befremden stoßen. Bedingungsloses Verzeihen würde als Demütigung und Beleidigung empfunden werden, weil es signalisiert, dass man nicht als sozial gleich wahrgenommen wird: Nur wer den anderen als gleichwertig wahrnimmt (und nicht etwa als Ausgestoßenen oder als unzurechnungsfähig), nimmt seine Kränkungen ernst. So berichtet Pierre Bourdieu in seiner Studie über die Kabylen von einem Mann, dem in einer extrem ehrbewussten Gesellschaft, in der eigentlich auf jede Kränkung reagiert werden muss, um die eigene Ehre zu schützen, scheinbar jeder Übergriff und jede Unverschämtheit verziehen wird. Das demonstriert jedoch weder Großmut noch Angst auf der Seite der Verzeihenden; es zeigt vielmehr allen, dass diese Person schlichtweg nicht ernst zu nehmen, sondern als unzurechnungsfähig und ehrlos zu betrachten ist.[40]

40 Zu dieser Figur des Ahmabul vgl. Pierre Bourdieu, *Entwurf einer Theorie der*

Welche Schlussfolgerungen lassen sich aus der Diskussion selbstorganisierter Vergeltungspraktiken in segmentären Gesellschaften im Hinblick auf ein Verständnis von Rache und Vergeltung ziehen, das interkulturelle Vergleiche erlaubt, aber auch Unterschiede berücksichtigt? Das von Verdier beschriebene Rachesystem (*système vindicatoire*), das aus sehr vielen Gesellschaften weltweit bekannt ist, fällt weder unter Nozicks Begriff der Rache noch unter dessen Begriff der Vergeltung. Nozick weist selbst darauf hin, dass die soziale Realität seiner begrifflichen Unterscheidung nicht eindeutig entspricht, dass es Mischfälle gibt und dass Menschen von gemischten Gefühlen motiviert sein können.[41] Das ist zweifellos richtig. Es spricht aber wenig dafür, einem Schema zu folgen, das uns zwingt, alle kulturell fremden Kontexte als Sonderfälle zu behandeln, weil es Vergeltung auf staatliche Strafe reduziert und von einem sehr engen Rachebegriff ausgeht, der durch individuelle Affekte motivierten Rache (*vindicatif*), was dem abwertenden Rachebegriff der modernen Staatsphilosophie entspricht. Realitätsnäher und weniger eurozentrisch wäre eine wertneutrale Unterscheidung verschiedener Rachetypen anhand unterschiedlicher Kombinationen von Nozicks Merkmalen.

Rache und Vergeltung folgen ganz allgemein einer Logik des Ausgleichs.[42] Sie sind Formen der Reziprozität, die der Wiederherstellung eines gestörten Gleichgewichts zwischen Personen oder Gruppen dienen. Rache,[43] Vergeltung und strafrechtliche Sanktionen haben zudem gemeinsam, dass sie Leid zufügen. Die Begriffe sind auf ein weites Spektrum von unterschiedlichen reaktiven Handlungen anwendbar, in denen die von Nozick erwähnten Elemente unterschiedliche Kombinationen eingehen. Da diese Kombinationen wesentlich vielfältiger sind, als es durch unterschied-

Praxis auf der ethnologischen Grundlage der kabylischen Gesellschaft, Frankfurt/M. 1976, S. 11 f.

41 Robert Nozick, *Philosophical Explanations*, Oxford 1981, S. 368.

42 Vgl. Turner, »Introduction. On Retaliation«, S. 9. Auch Fabian Bernhardt geht vom Prinzip des Ausgleichs als des übergreifenden Prinzips aus (siehe Bernhardt, *Rache*, S. 59 f.).

43 Ich begrenze den Begriff hier auf die direkt nach außen wirkende Rache. Wir verwenden den Rachebegriff auch in einem weiteren Sinne, der Formen von Rache einschließt, die nicht aggressiv sind, sondern darin bestehen, dass der Rächer sich selbst verändert, um es dem anderen »zu zeigen«; aber von diesen wird bei einer anderen Gelegenheit die Rede sein.

liche weitere Definitionen der drei Begriffe erfasst werden könnte, scheint es mir am sinnvollsten, sie im Sinne Wittgensteins als ›Familienähnlichkeiten‹ zu verstehen.

Den Begriff der Familienähnlichkeit hat Wittgenstein in seinen *Philosophischen Untersuchungen* von 1953 entwickelt, um essentialistischen Definitionen der Sprache entgegenzuwirken:

> Statt etwas anzugeben, was allem, was wir Sprache nennen, gemeinsam ist, sage ich, es ist diesen Erscheinungen gar nicht Eines gemeinsam, weswegen wir für alle das gleiche Wort verwenden, – sondern sie sind mit einander in vielen verschiedenen Weisen verwandt. [...] Ich kann diese Ähnlichkeiten nicht besser charakterisieren als durch das Wort »Familienähnlichkeiten«; denn so übergreifen und kreuzen sich die verschiedenen Ähnlichkeiten, die zwischen den Gliedern einer Familie bestehen: Wuchs, Gesichtszüge, Augenfarbe, Gang, Temperament, etc., etc.[44]

Wittgenstein erläutert dies am Beispiel der Spiele: Es gibt kein Merkmal von Spielen, das bei allen auftritt, auch wenn Karten-, Brett- und Ballspiele einige gemeinsame Merkmale aufweisen. Es gibt also weder unverzichtbare Merkmale noch eine Liste hinreichender Merkmale, die allen Spielen gemeinsam sind und sie als Spiele definieren. Dass der Begriff »Spiel« trotz dieser Unschärfe verwendet wird und verstanden werden kann, liegt daran, dass alle Spiele Elemente aufweisen, die sich ähneln und überlappende Ähnlichkeitsnetze bilden.

Mit Blick auf die vielen kulturellen Kontexte von Rache, Strafe und Vergeltung gibt es viel mehr Kombinationen von Merkmalen, als Nozicks Schema zulässt. *Diese Merkmale betreffen verschiedene Fragen.*

Erstens stellt sich die Frage, *wer* dazu *autorisiert* ist, Vergeltung zu üben: Das Opfer oder nahestehende Personen? Ein Kollektiv – Familie, Clan, Lineage –, wie in vielen segmentären Gesellschaften? Oder ein neutrales Gericht?

Zweitens unterscheiden sich die möglichen Reaktionen mit Blick auf die Frage, *was* Vergeltung erfordert: Geht es um einen materiellen Schaden, ein Unrecht oder eine Demütigung – oder eine *Verbindung von diesen Aspekten*? Oder handelt es sich um eine Re-

44 Ludwig Wittgenstein, *Philosophische Untersuchungen*, §§ 65, 67, in: *Schriften 1*, Frankfurt/M. 1980, S. 324 f.

aktion *zweiter Stufe*, nämlich eine Reaktion auf das Ausbleiben oder Scheitern von Wiedergutmachungsmaßnahmen?

Drittens wäre zu klären, welches *Ziel* die Vergeltung verfolgt: Geht es um Gerechtigkeit, um den Schutz der Rechtsordnung, die Wiederherstellung eines Machtgleichgewichts, die Wiederherstellung der Ehre?

Viertens wäre zu fragen, was als eine *angemessene* Reaktion gilt und welcher *Maßstab* (beispielsweise die *lex talionis*) der Angemessenheit anzuwenden ist. Dies hängt nicht nur vom Anlass der Rache ab, sondern auch von seiner kulturellen Bedeutung für die soziale Situation der Betroffenen.

Fünftens kann die Ausführung der Vergeltung aus unterschiedlichen *Motiven* erfolgen. Dazu gehört der von Aristoteles analysierte Zorn, aber auch die von Miller angesprochene Angst vor öffentlicher Beschämung, das Gefühl der moralischen Verpflichtung gegenüber dem Opfer oder der Gruppe, der Wunsch, dem Opfer seine besondere Wertschätzung zu zeigen, und das Pflichtbewusstsein von *neutralen Staatsvertretern in der Ausübung ihrer Aufgabe.*

Sechstens kann mit der Vergeltung ein Anspruch auf Allgemeingültigkeit verbunden sein, wie in einem staatlichen Rechtssystem, der Anspruch kann sich aber auch nur auf normative Erwartungen zwischen den betroffenen Parteien beziehen.

Und *siebtens* stellt sich die Frage des *moralischen Werts* der Vergeltung: Ist sie *prima facie* moralisch erlaubt oder gar geboten? Oder gilt sie als wertneutral oder moralisch falsch?

Möchte man diesen Differenzen gerecht werden, dann empfiehlt es sich, den Begriff der Vergeltung im Unterschied zu Nozick als einen Oberbegriff zu verwenden, der *alle* möglichen Kombinationen dieser Elemente umfasst, und den Begriff der Rache im Unterschied zur Strafe als einen etwas engeren Sammelbegriff für alle *vom Opfer oder nahestehenden Personen ausgeführten Vergeltungshandlungen* zu gebrauchen.

7. Rache und Demütigung

Auch wenn wir berücksichtigen, dass Rache in verschiedenen kulturellen Kontexten mit Blick auf die angeführten Kriterien variiert, gibt es eine Motivation zur Rache, die wohl in allen menschlichen Gesellschaften bekannt ist, weil sie Gefühlen entspringt, zu denen Menschen als soziale Wesen veranlagt sind – auch der eingangs beschriebene Fall Kalojew fällt darunter. Man könnte sie als die aristotelische Rache bezeichnen, denn wie Aristoteles in seiner schon erwähnten Analyse des Zorns annimmt, entspringt der Wunsch nach Rache oft der Empfindung, ungerecht behandelt und gedemütigt worden zu sein. Dann richtet sich die Rache auf das Ziel, diese Demütigung zu annullieren. Daraus ergeben sich zwei Fragen, eine empirische und eine normative: Warum führen Demütigungen zu Rachewünschen – welche Bedeutung haben sie für Menschen im Allgemeinen und in speziellen kulturellen Kontexten? Und welche Bedeutung *sollten* Menschen Demütigungen einräumen beziehungsweise nicht einräumen? Die erste Frage betrifft die sozialpsychologischen Ursachen und Funktionen dieser Rache, die zweite ihre Legitimität und ihren moralischen (Un-)Wert.

Mit Blick auf Gesellschaften, in denen die persönliche Ehre einen hohen Stellenwert hat, bedarf es wohl kaum einer Erklärung, warum Menschen, die durch andere in ihrer Ehre verletzt werden, danach streben, ihre Ehre wiederherzustellen. Zorn und Rachegelüste sind aber auch im Kontext einer modernen bürgerlichen Gesellschaft alles andere als unbekannt und als Motiv in der populären Kunst auch moderner westlicher Gesellschaften geradezu omnipräsent. Gleichzeitig wird die Frage, ob es angemessen und legitim ist, sich für eine Demütigung zu rächen, im Kontext moderner westlicher Gesellschaften eher verneint. Die Soziologen Bradley Campbell und Jason Manning haben das Selbstverständnis, das dieser Vorstellung von der Unangemessenheit der Rache zugrunde liegt, eine »Kultur der Würde« genannt. Eine solche unterscheidet sich von einer Kultur der Ehre dadurch, dass Würde als etwas Inneres angesehen wird, das von außen eigentlich nicht verletzt werden kann. Zu den Verhaltensweisen, die eine solche Kultur von klassischen Rachegesellschaften unterscheiden, gehört, dass man die Bestrafung von Gewalt dem Staat überlässt und bei kleineren Übergriffen die eigene Empfindlichkeit zügelt.[1] In der Tat wird der Zorn, von dem Aristoteles keineswegs abwertend spricht, heute von nicht wenigen als Ausdruck einer Ehrpusseligkeit wahrgenommen, die typisch für archaische Ehrenkulturen sein mag, die ein moderner Mensch jedoch aus moralischen Gründen überwinden sollte.

Dies gilt auch weitgehend für die philosophische Auseinandersetzung mit der Rache. So erhebt Martha Nussbaum mehrere Einwände gegen Aristoteles' Ableitung des zornigen Rachedurstes aus einer gefühlten Demütigung.[2] Auf ihre Überlegungen möchte ich hier etwas näher eingehen, weil sie mir exemplarisch für eine zu pauschale Ablehnung der vindiktiven Gefühle und Reaktionen zu sein scheinen, die durch hohe moralische Ansprüche motiviert ist.

Zum einen bestreitet Nussbaum, dass nur eine gefühlte Demütigung die zornige Rachbegierde auslösen kann, wie es Aristoteles anzunehmen scheint. Sie wendet ein, hier werde die Wichtigkeit von Demütigungen im Sozialleben überschätzt. Zorn, so Nussbaum, könne auch durch die Beschädigung von Dingen oder die Behinderung von Vorhaben, die dem Betroffenen wertvoll erscheinen, ausgelöst werden, ohne dass damit eine Demütigung verbunden sein müsse.[3] Zum anderen ist sie der Ansicht, dass selbst dann, wenn zweifelsfrei eine Demütigung Anlass zum Zorn und zur Rache gibt, diese Reaktion eigentlich nicht durch den sozialen Akt der Demütigung ausgelöst wird, sondern durch die vorschnelle und übertriebene Bereitschaft des Opfers, sich gedemütigt und gekränkt zu fühlen: »Die Menschen sind heute wie damals ungemein besorgt um ihr Ansehen und haben eine endlose Bereitschaft, sich durch Handlungen, die sie dem Anschein nach darin bedrohen, in Zorn versetzen zu lassen.«[4] Entsprechend führt sie den Zorn nicht auf eine Affektdisposition zurück, in der sich eine menschliche Grunddisposition der sozialen Verletzlichkeit ausdrückt, sondern auf ein spezifisch »narzisstisch-statusfokussiertes«[5] Denken, das

1 Bradley Campbell, Jason Manning, *The Rise of Victimhood Culture. Microaggressions, Safe Spaces, and the New Culture Wars*, London 2018, S. 14 f.

2 Vgl. Martha Nussbaum, *Zorn und Vergebung. Plädoyer für eine Kultur der Gelassenheit*, Darmstadt 2016, S. 35.

3 Ebd.

4 Ebd., S. 37.

5 Ebd., S. 44.

überwunden werden kann – und sollte. In Nussbaums Beschreibung erscheint das, was ich als gefühlte Demütigung bezeichnet habe, als Verdruss über eine »Statusminderung« im *Wettkampf* um Status: »Viele Gesellschaften leisten einem Denken Vorschub, dem zufolge jegliche Verletzung im Grunde genommen der Person gilt und auf ihre relative soziale Stellung zielt. Zum Leben gehöre die ständige Statusangst, und alles, was geschieht, lasse einen in der Rangordnung entweder steigen oder fallen.«[6] Sie führt den Wunsch nach Rache auf den Wunsch nach einem möglichst hohen sozialen Status zurück, der zwangsläufig zu Statuskonkurrenzen führt und moralisch abzulehnen ist. Entsprechend bewertet sie den mit der Rache verbundenen normativen Anspruch nicht als (angemessenen) Anspruch auf Wiederherstellung einer sozialen Gleichheit, die der andere willkürlich negiert hat, sondern als (unangemessenen) Anspruch auf Überlegenheit. Nussbaum empfiehlt ihrerseits, eine Verletzung der eigenen Interessen nicht als persönliche Demütigung, sondern als einen zufälligerweise mich betreffenden Fall allgemeiner Ungerechtigkeit zu betrachten. Auch aus ihrer Sicht kann es zwar richtig sein, einen Übeltäter bestrafen zu wollen, aber nur um zu verhindern, dass anderen in Zukunft ähnliches Unrecht widerfährt.[7]

Wer an die irritierende menschliche Neigung denkt, sich allzu schnell beleidigt zu fühlen, wird Nussbaums Aufforderung zustimmen, die Dinge nicht so persönlich zu nehmen. Auch mit ihrer moralischen Forderung, dass Menschen ihre Ehrpusseligkeit nach Möglichkeit dämpfen sollten, kann man nur sympathisieren. Trotzdem möchte ich zwei Einwände erheben, einen anthropologischen und einen ethischen: *Erstens* ist die menschliche Verletzlichkeit durch Missachtung ein universell zu beobachtendes Faktum, das weder mit den speziellen Idealen bestimmter Ehrenkulturen noch mit der zornmütigen Überempfindlichkeit eines Narzissten verwechselt werden darf, der sich nicht ausreichend gewürdigt fühlt. *Zweitens* können Situationen eintreten, in denen es auch aus moralischen Gründen falsch ist, sich Demütigungen gefallen zu lassen, und wo der Antrieb des Zorns hilfreich sein kann, um sich zu wehren – auch dann, wenn es nicht nur darum geht zu verhindern, dass anderen zukünftig ähnliches Unrecht widerfährt.

6 Ebd., S. 47.
7 Vgl. ebd., S. 51.

Mir scheint, dass Nussbaum ihre grundsätzliche und ausnahmslose Ablehnung von Vergeltung als solcher (Strafen, die zukünftigem Unrecht vorbeugen sollen, zählen nicht dazu) auf der Vision einer Gemeinschaft aufbaut, in der die Menschen die Neigung überwunden haben, Übergriffe anderer Menschen persönlich zu nehmen; negative Gefühle, die zu verletzenden Handlungen führen können, haben dort keinen Platz. In dieser Gesellschaft wird Unrecht von neutralen Gerichten geahndet, und wo dies nicht möglich ist, versetzen sich die Betroffenen quasi in die Perspektive dieser Richter und neutralisieren ihre persönlichen Gefühle.

Ausgehend von einer solchen – vermeintlich paradiesischen – Vision, die letztlich verlangt, dass wir das, was andere uns antun, allein unter dem selbstlosen Gesichtspunkt beurteilen, ob es eine allgemeine Norm verletzt und ob in der Zukunft weitere Personen von solchen Normverletzungen betroffen sein könnten, erscheinen die Maßnahmen, die Menschen in ihren nichtidealen Gesellschaften seit jeher entwickelt haben, um sich gegen Demütigungen und Übergriffe zu wehren, falsch.

Mit ihrer mangelnden Bereitschaft, die allgemeine menschliche Verletzlichkeit durch Demütigungen als eine Tatsache zu akzeptieren, die wir nicht durch moralische Forderungen aus der Welt schaffen können, steht Nussbaum in einer langen Tradition, die von der Stoa bis zu Kant reicht. Das von der Stoa geprägte moderne Ideal der moralischen Autonomie beruht auf der Vorstellung, dass unser Wert als Person und damit unsere Selbstachtung letztlich in unserer eigenen Macht liegt. Das Ansehen, das wir in den Augen anderer genießen, scheint dabei keine Rolle zu spielen; was zählt, ist unser eigenes Urteil darüber, ob wir richtig oder falsch gehandelt haben, wobei wir uns nur für das verantwortlich fühlen müssen, was in unserer eigenen Macht stand. Wenn also unsere Selbstachtung durch öffentliche Beschämung oder Demütigung verletzt wird, dann deshalb, weil wir selbst die Vorwürfe oder Sanktionen für gerechtfertigt halten. Wäre dies nicht der Fall, könnte die Selbstachtung nicht verletzt werden, was natürlich nicht ausschließt, dass die Demütigung soziale Ängste und andere (in den Augen Kants) moralisch irrelevante Gefühle auslöst. Gestützt auf dieses kulturelle Selbstverständnis, hat sich die Vorstellung einer tiefen Kluft zwischen dem modernen »Wir«, das sich für hochzivilisiert hält, und solchen Kulturen entwickelt, die der sozialen Ehre einen hohen

Stellenwert beimessen.[8] Dieses Selbstbild ist jedoch alles andere als stabil. Einerseits ist die allgemeine Vorstellung verbreitet, dass unsere Selbstachtung eigentlich nur durch das beeinträchtigt werden kann, wofür wir selbst moralisch verantwortlich sind, andererseits gehen wir mit Blick auf konkrete Situationen durchaus davon aus, dass unsere Selbstachtung auch von der Haltung anderer abhängt. Wenn wir von anderen öffentlich gedemütigt werden, hat diese Demütigung eine expressive Kraft, der wir uns ebenso wenig entziehen können wie die Mitglieder von sogenannten Ehrengesellschaften.

Avishai Margalit beschreibt dieses Selbstbild in seinem Buch *Politik der Würde* als ein Paradoxon.[9] Dabei führt er unter anderem das historische Beispiel einer Gruppe von Juden in Wien an, die von SS-Leuten gezwungen wurden, mit Zahnbürsten den Gehsteig zu reinigen. Wer wirklich der Meinung wäre, dass die Selbstachtung allein von der moralischen Selbsteinschätzung abhängt, müsste annehmen, dass nicht diese Opfer einer öffentlichen Demütigung, sondern die Täter Grund hätten, sich in ihrer Selbstachtung verletzt zu fühlen; denn schließlich waren sie es, die ihre Unzivilisiertheit und ihren Sadismus öffentlich zur Schau stellten.[10] Es wird aber wohl den meisten von uns klar sein, dass unsere Selbstachtung, wenn wir das Unglück hätten, in eine Situation wie die Wiener Juden zu geraten, durchaus Schaden nehmen könnte – aus gutem Grund. Derartige Demütigungen exponieren uns in der Situation eines extremen Nichtkönnens, einer Unfähigkeit, sich zu wehren. Das ist exemplarisch für die symbolische Botschaft der Demütigung: Du bist mir nicht gleichgestellt, sondern ein Niemand, mit dir kann ich alles tun. Auch wenn Menschen diese Botschaft theoretisch nicht verinnerlichen müssen, können sie sich ihr in der Praxis schwer entziehen;[11] daher können Gefühle der Demütigung und

8 Diese Überlegung wird weiter ausgeführt in: Maria-Sibylla Lotter, *Scham, Schuld, Verantwortung. Über die kulturellen Grundlagen der Moral*, Berlin 2012, Kap. IV, Abschn. 3: »Das moderne Paradox der Demütigung«, S. 106 ff.

9 Vgl. Avishai Margalit, *Politik der Würde. Über Achtung und Verachtung*, Frankfurt/M. 1999, S. 143 ff.

10 Vgl. hierzu Maria-Sibylla Lotter, *Scham, Schuld, Verantwortung*, S. 109.

11 René Majer unterscheidet zwischen kausalen und begrifflichen Zusammenhängen von Anerkennung und Selbstachtung. Es gibt keine begrifflichen Gründe, auszuschließen, dass jemand, der von anderen missachtet wird, sich selber achtet. Die Selbstachtung wird aber beeinflusst durch die Anerkennung, die man bekommt und auf die man sich einlässt. Vgl. René Majer, *Scham, Schuld und Aner-*

Scham die Selbstachtung sogar stärker verletzen als Schuldgefühle. Während Schuldgefühle sich vor allem auf ein Tun oder Lassen beziehen, das man bereut, gerade weil es in der eigenen Macht stand, scheint es sich bei Erfahrungen der Scham und der Demütigung umgekehrt zu verhalten. Was uns demütigt, ist nicht das Gefühl, etwas falsch gemacht zu haben, sondern vor allem die Ohnmacht, wie Fabian Bernhardt in seiner Studie über die Rache hervorhebt:

> Jemanden zum Opfer machen heißt, sich symbolisch über ihn stellen. Das englische *humiliation* (dt. »Demütigung«) geht auf das lateinische *humus* (dt. »Boden, Erde«) zurück. Und auch in zahlreichen deutschen Ausdrücken – wie Erniedrigung, Herablassung, Über- und Unterlegenheit usw. – klingt die vertikale Asymmetrie an, die in die Beziehung zwischen Handeln und Erleiden eingeschrieben ist. Eine paradigmatische Szene dieser Asymmetrie ist das Bild des Opfers, das verletzt am Boden liegt, während der Täter über ihm steht und triumphiert.[12]

Ein Hund, der den Machtkampf mit einem anderen verloren hat, auf dem Rücken liegt und den Blick abwendet, während der andere über ihm thront, springt froh davon, sobald der andere von ihm abgelassen hat – er genießt es sichtbar, nicht mehr bedroht zu sein. Was wir als Demütigung empfinden würden, scheint er nicht zu kennen. Die menschliche Selbstachtung hingegen ist nicht immun gegen Erniedrigungen. Durch Rache versuchen wir, diese Erniedrigung wieder auszugleichen, wie Nico Frijda schreibt:

> Wer einen anderen vorsätzlich schädigt, hat offensichtlich die Macht, dies zu tun, und der andere hat nicht die Macht, dies zu verhindern oder das Gleiche zu tun. Es besteht ein Machtgefälle. […] Der Täter konnte mit dir machen, was er wollte, mit dir umgehen, über dich hinweggehen, dich für seine Zwecke benutzen. Er ist der Akteur, du bist das Objekt; er war der Herr, du warst der Sklave. […] Die Ungleichheit der Macht wird durch die Rache effektiv vermindert oder annulliert. Man ist nicht mehr der Unterlegene, derjenige, dem etwas angetan werden kann. […] Durch Rache wird man selbst zur Macht.[13]

kennung. Zur Fragwürdigkeit moralischer Gefühle. Berlin/Boston 2013, S. 59 f. Dies gilt insbesondere in Situationen der Ohnmacht wie der oben beschriebenen.

12 Fabian Bernhardt, *Rache. Über einen blinden Fleck der Moderne*, Berlin 2021, S. 77.

13 Nico Frijda, »The Lex Talionis. On Vengeance«, in: Stephanie van Goozen,

Menschen können Demütigungen in der Regel weder ignorieren, noch können sie sie – anders als Engel oder reine Vernunftwesen – aus einer rein unpersönlichen Perspektive wahrnehmen, wie es Nussbaum empfiehlt. Damit will ich weder bestreiten, dass es Situationen gibt, in denen eine solche Haltung angebracht wäre, noch dass es Ausnahmemenschen gibt, denen es aufgrund einer besonderen psychologischen Veranlagung leichtfallen mag, Demütigungen zu ignorieren oder sie nicht persönlich zu nehmen (und dass es andere vielleicht mit viel Übung bis zu einem gewissen Grad erlernen können). Und wer sich in einer sozial relativ unangreifbaren Position befindet, wird einen gezielten Angriff auf die eigene Position oft gar nicht als Demütigung wahrnehmen. Für die meisten Menschen gilt jedoch, dass sie ihr eigenes Leben nur in Ausnahmesituationen wie ein Richter betrachten können, der von einem neutralen Standpunkt aus über das Fehlverhalten anderer urteilt. Aber auch wenn es ihnen bei einiger Anstrengung möglich wäre, das Verhalten anderer ihnen gegenüber nicht mehr persönlich zu nehmen, stellt sich die Frage, ob dies wirklich erstrebenswert wäre. Ohne die Neigung, die Art und Weise, wie wir von anderen behandelt werden, persönlich zu nehmen, sähe unser emotionales und soziales Leben ganz anders aus, wie Peter Strawson in seinem berühmten Essay »Freedom and Resentment« ausführt.[14] Demnach entspringen reaktive Gefühle wie Zorn, Groll, Scham oder Dankbarkeit unmittelbar unseren Annahmen und Vermutungen über die Absichten oder die Einschätzungen unserer Mitmenschen uns gegenüber. Sie werden nicht allein ausgelöst, weil die anderen etwas tun, was unseren Interessen schadet, wie Nussbaum anzunehmen scheint, sondern *weil wir diese Verletzung unserer Interessen persönlich nehmen*: weil wir annehmen, dass dieses Verhalten eine Geringschätzung uns gegenüber ausdrückt und uns in den Augen der anderen demütigt.

Dass diese Einschätzung und nicht die bloße Schädigung Anlass des Zorns ist, zeigen die emotionalen Reaktionen, die sich einstellen, sobald Grund besteht, die Einschätzung, dass der andere

Nanne van de Poll, Joseph Sergeant (Hg.), *Emotions. Essays on Emotion Theory*, New Jersey 1994, S. 263-289, hier S. 275. (Übers. M.-S. L.)

14 Vgl. Peter Strawson, »Freedom and Resentment«, in: Gary Watson (Hg.), *Free Will*, Oxford 1982, S. 72-93.

sich geringschätzig (rücksichtlos, etc.) uns gegenüber verhält, zu revidieren. Wenn sich herausstellt, dass das Verhalten einer Person, die unsere Interessen verletzt hat, gar keine Rücksichtslosigkeit oder Missachtung uns gegenüber zum Ausdruck bringt, versiegt auch das reaktive Gefühl des Zorns: etwa wenn zutage tritt, dass sie gar nicht wissen konnte, dass ihr Verhalten uns in Mitleidenschaft ziehen würde, wenn uns klar wird, dass sie sich nicht freiwillig so verhielt oder dass sie für ihr schädigendes Verhalten einen guten Grund hatte, den wir selbst vollkommen akzeptabel, legitim und wichtiger als unser Interesse finden. Mit anderen Worten: Handlungen oder Unterlassungen von anderen Menschen, die uns schädigen, lösen nur dann den zornigen Wunsch nach Rache aus, wenn sie auch (zu Recht oder zu Unrecht) als Missachtung unseres legitimen Anspruchs auf Rücksicht oder gar als gewollte Demütigung empfunden werden. Während also eine empfundene Missachtung eine *notwendige* Bedingung für die Entwicklung des zornigen Wunsches nach Rache ist, muss sie nicht notwendig mit der Überzeugung verbunden sein, man sei materiell geschädigt worden; Menschen erleben es oft schon als Geringschätzung, wenn der Nachbar seinen Hund nicht davon abhält, auf ihr Grundstück zu laufen und ein wertloses altes Spielzeug zu zerbeißen. Solche Rücksichtslosigkeiten werden als Ausdruck mangelnder Achtung und Rücksicht empfunden, was oft viel schmerzlicher ist als der Schaden.

Aus diesen Gründen erscheint mir der empirische Einwand Nussbaums gegen die aristotelische Verkoppelung von zornigem Rachedurst mit gefühlter Demütigung nicht stichhaltig. Der Wunsch nach Vergeltung wird unverständlich, wenn man ihn auf einen Wettkampf um Status in besonders kompetitiven Gesellschaften zurückführt und dabei das viel verbreitetere Phänomen der emotionalen Reaktionen auf Verletzungen des Respekts *unter Gleichen* ausblendet, die auch in weniger kompetitiven Kontexten schmerzlich gefühlt werden.

Das ist wohl auch der Grund, warum Nussbaum keinen rationalen Grund für Vergeltungsmaßnahmen erkennen kann. Da sie das zugrunde liegende Moment der Missachtung aus der Definition des Zorns herausnimmt, reduziert er sich auf »eine nach Vergeltung strebende und mit Hoffnungen verbundene Bewegung nach außen, die auf das Leid des Angreifers aus ist, *zum Zwecke und als Möglichkeit der Linderung des eigenen Schmerzes oder der Ent-*

schädigung dafür«.[15] Das aber ergibt, wie Nussbaum folgerichtig feststellt, keinen rechten Sinn: »Die Frage ist nunmehr: warum? Warum würde eine intelligente Person die Ansicht vertreten, dass es ihren eigenen Schmerz lindert oder beendet, wenn dem Angreifer Schmerz zugefügt wird? Es scheint, als sei hier eine Art magisches Denken am Werk.«[16] Wenn es aber kein magisches Denken ist, dann kann man sich unter dem Motiv der Rache letztlich nur das »Vergnügen am Leiden eines anderen«,[17] also einen Sadismus vorstellen, der sich als Vergeltung gebärdet, um einen Anschein von Legitimität zu erlangen. Diese Interpretation hat Tradition: Schon die stoisch-christliche Tradition, die bis heute unsere Einstellung zu diesen Gefühlen prägt, hat rachsüchtige Affekte generell als irrational und bösartig interpretiert: als einen Wunsch, andere leiden zu lassen.[18] Das Bedürfnis nach Rache, das Menschen entwickeln, wenn sich andere ihnen gegenüber (oder gegenüber ihnen nahestehenden Menschen) respektlos benehmen und eine Entschuldigung ausbleibt, ist jedoch etwas anderes als Sadismus, auch wenn es sich damit verbinden kann. Auch Aristoteles setzte den Rachedurst nicht mit Sadismus gleich, als er ihn mit der Antizipation von Lust in Verbindung brachte und diese Lust auf das Ziel bezog, den Täter seinerseits leiden zu lassen. Hier ging es um die Lust am Erreichen des Handlungsziels mittels der Leidzufügung, nicht um die Lust am Leiden als solchem. Man kann sich jemanden vorstellen, der sich nach Rache sehnt und sie in Gedanken vorfreudig auskostet, aber dann bei der Ausführung in seiner Freude dadurch beeinträchtigt wird, dass er es schwer aushält, andere leiden zu sehen – oder dessen Freude gar ganz dadurch verdorben wird. Vielleicht ist das sogar der häufigste Fall.

Wenn ich nun die Frage aufwerfe, ob es angemessen sein kann,

15 Nussbaum, *Zorn und Vergebung*, S. 42.

16 Ebd.

17 Nozick, *Philosophical Explanations*, Oxford 1981, S. 367.

18 Vgl. hierzu Kit R. Christensen, *Revenge and Social Conflict*, Cambridge 2016, S. 122: »Rache ist die absichtliche Zufügung von Vergeltungsschaden an anderen, damit sich die Rächer […] selbst besser fühlen können. Das heißt, die Racheaktion zielt darauf ab, auf Seiten derjenigen, die sich als Opfer einer unrechtmäßigen Schädigung fühlen, ein Gefühl der Befriedigung zu erreichen […], indem sie den Tätern im Gegenzug Leid zufügen.« (Übers. M.-S. L.) Ganz ähnlich interpretiert auch Trudy Govier das Rachebedürfnis; vgl. Trudy Govier, *Forgiveness and Revenge*, New York 2002.

nach Vergeltung zu streben, beziehe ich mich nicht auf Gefühle und Praktiken, die in einer idealen Gesellschaft von idealen Wesen (etwa den reinen Vernunftwesen Kants) rational wären, in der jede Person selbstlos danach strebt, den anderen bei der Verwirklichung ihrer legitimen Interessen zu helfen. Die Frage ergibt nur Sinn in Bezug auf nichtideale Gesellschaften von Menschen, so wie wir sie kennen. Die Mitglieder dieser nichtidealen Gesellschaften sind immer wieder in Machtkämpfe und Anerkennungskonflikte verstrickt, und sie verfolgen ihre Interessen und Ambitionen mehr oder weniger bewusst auf Kosten anderer. Entsprechend entwickeln sie neben Gefühlsregungen wie Großzügigkeit, Sympathie und Liebe auch solche wie Neid, Zorn und Hass. Diese Gefühle können richtigen oder falschen Einschätzungen der Situation entspringen, und sie können mit Blick auf den Anlass angemessen oder unangemessen sein, was noch nicht automatisch bedeutet, sie auch für moralisch gut oder schlecht zu halten.

Justin D'Arms und Daniel Jakobson haben darauf aufmerksam gemacht, dass die Frage, ob ein Gefühl einer Situation angemessen ist, nicht auf dasselbe zielt wie die Frage, ob es moralisch gut ist, so zu fühlen.[19] Ein Gefühl kann auch dann angemessen sein, wenn es moralisch falsch ist, so zu empfinden. Verwechselt man diese beiden Ebenen, dann begeht man einen Kategorienfehler, den D'Arms und Jakobson als *moralistischen Fehlschluss* bezeichnen. So kann etwa ein Neidgefühl dann unpassend sein, wenn es dem Irrtum entspringt, eine andere Person sei einem in einer bestimmten Hinsicht überlegen. Es wäre unpassend, eine Person um etwas zu beneiden, was man selbst im Überfluss hat. Das Gefühl passt dann nicht auf die soziale Realität. Dagegen wäre es ein passender Anlass für Neid, wenn die andere Person etwas Wertvolles – Reichtum, Talente usw. – besitzt, das einem selbst fehlt.[20] Wenn wir verstehen, dass jemand in einer solchen Situation neidisch wird, weil das Gefühl auf die Situation passt, folgt daraus jedoch nicht, dass wir Neid für moralisch gut halten und gar nicht erst versuchen sollten, solche Gefühle abzubauen oder zu mäßigen. Aber in einer nichtidealen Welt wird es klug sein, in Situationen eines bestimmten Typs *damit*

19 Justin D'Arms, Daniel Jakobson, »The Moralistic Fallacy: On the »Appropriateness« of Emotions«, in: *Philosophy and Phenomenological Research* 1 (2000), S. 65-90.

20 Vgl. ebd., S. 65.

zu rechnen, dass Neid aufkommt; und es ist auch moralisch geboten, solche Realitäten nicht zu ignorieren, weil man nur dann die Menschen in ihren Gefühlen verstehen kann, statt sie für monströs zu halten, und auch nur dann Maßnahmen ergreifen kann, diesen Neid nicht allzu destruktiv werden zu lassen.

Analog kann man zwischen passenden und unpassenden Anlässen zum Zorn im aristotelischen Sinn von Rachedurst unterscheiden. Rachegefühle können aufgrund der menschlichen Empfindlichkeit auch verzerrten Einschätzungen der Situation entspringen. So wäre es doppelt unpassend, wenn ein Erwachsener einen Rachedurst gegenüber einem Kind entwickeln würde, das ihm versehentlich seinen Kakao auf die Hose gegossen hat, denn ein solches Unglück ist nicht demütigend, noch spielt sich der Anlass unter Gleichen ab. Zorn wäre hingegen ein passendes Gefühl, wenn es sich um eine unprovozierte öffentliche Provokation durch eine Konkurrentin handelte, um ihn der Lächerlichkeit preiszugeben und damit sein Ansehen zu schädigen. Von der Frage, ob ein Wunsch nach Rache passend ist, wäre die Frage zu unterscheiden, ob die Rache *prima facie* moralisch legitim ist. Da Rache in der Regel mit einer Leidzufügung verbunden ist (wenn wir den Begriff nicht ironisch verwenden), hängt die Antwort auf diese Frage davon ab, ob eine Leidzufügung legitim sein kann – ob es also so etwas wie »verdientes Leid« gibt. Dies ist heute durchaus nicht unumstritten, betrifft aber nicht weniger die staatliche Strafe als die Rache.[21] Wenn wir die Möglichkeit von verdientem Leid bejahen, kann die Rache *prima facie* legitim sein. Darüber hinaus wäre zwischen der Angemessenheit und Legitimität des Rache*wunsches* und der Angemessenheit, Legitimität sowie der Klugheit der Rache*tat* zu unterscheiden. Welche Reaktion klug erscheint, hängt vom Kontext ab, insbesondere von der richtigen Einschätzung der Konfliktgeschichte, vom Spielraum an Reaktionsmöglichkeiten und vom wohlverstandenen Eigeninteresse. Wenn die öffentliche Beleidigung beispielweise Kulminationspunkt eines Konfliktes ist, an dem man selbst nicht ganz unschuldig war, kann eine großzügige oder (auf nicht demütigende Weise) humorvolle Reaktion angebrachter und auch besser geeignet sein, die erlittene Demütigung

21 Zu den unterschiedlichen philosophischen Positionen vgl. Leo Zaibert, »The Ethics of Hostility«, in: Zachary Goldberg, *Reflections on Ethics and Responsibility. Essays in Honor of Peter A. French*, München 2017, S. 184-195.

zu neutralisieren, und darüber hinaus vielleicht sogar dazu beitragen, die sozialen Beziehungen zwischen den betroffenen Personen nachhaltig zu verbessern.

Zudem ist zu berücksichtigen, dass Rachewünsche und -phantasien für das Opfer eine Funktion erfüllen können, die gar nicht davon abhängt, dass die Rache auch ausgeführt wird. So hat Jan Philipp Reemtsma, der selbst Opfer einer Entführung wurde, darauf hingewiesen, dass es für Opfer solcher Gewalttaten sogar existentiell wichtig sein kann, solche Wünsche und Phantasien zu entwickeln, um sich auch nach einer besonders erniedrigenden Erfahrung klarzumachen, dass man die Erniedrigung nicht verdient hat, dass einem Unrecht widerfahren ist. Rachegefühle nicht empfinden zu können, sei hingegen eine Pathologie.[22] Nichtsdestotrotz ist Reemtsma der Auffassung, solche Rachewünsche dürften nicht ausgeführt werden, wobei er die Rachewünsche offenbar als Wünsche nach illegalen Gewalthandlungen versteht. Auch Jeffrie Murphy und Charles Griswold weisen darauf hin, dass Gefühle des Zorns und Grolls für die Selbstachtung wichtig sind, da sie zum Ausdruck bringen, dass das Opfer eines Übergriffs die damit verbundene herabsetzende Botschaft nicht akzeptiert. Auf diese Weise schützen die vermeintlich untugendhaften Gefühle von Zorn und Groll das Selbstwertgefühl und die Selbstachtung.[23] Zorn und Rachephantasien zuzulassen oder sogar gezielt zu fördern, bedeutet also keineswegs, auch beliebige Ausführungen der Rache gutzuheißen. Man kann den eigenen Wunsch nach Rache für gerechtfertigt, aber gleichzeitig die Ausführung der Rache für falsch halten[24] – nicht nur, wenn sie illegal wäre, sondern auch, wenn sie – unter allen relevanten Gesichtspunkten betrachtet – *insgesamt moralisch falsch* wäre.

Aber nicht immer liegen zwingende Gründe vor, sich *nicht* zu rächen. Eine Form von Rache, die das rechte Maß nicht über-

22 Vgl. Andreas Lebert, Katrin Zeug, »Ich bin sehr für Rache, sie darf nur nicht sein« [Interview mit Jan Philipp Reemtsma], in: *Die Zeit* 7.6.2016, ⟨https://www.zeit.de/zeit-wissen/2016/03/jan-philipp-reemtsma-gewalt-menschen-grenzen-waffen-krieg⟩, letzter Zugriff 3.8.2023.

23 Jeffrie G. Murphy, *Getting Even. Forgiveness and its Limits*, Oxford 2003, S.77; vgl. Auch Charles L. Griswold, »The Nature and Ethics of Vengeful Anger«, in: Hilge Landweer, Fabian Bernhardt (Hg.), *Recht und Emotion II. Sphären der Verletzlichkeit*, Freiburg 2017, S.145-195, hier S.168.

24 Vgl. hierzu ebd., S.194.

schreitet, kann durchaus angemessen sein, wenn sie den eigenen Anspruch auf Rücksicht als gleichberechtigtes Mitglied der Gesellschaft und die eigenen Interessen gegen einen illegitimen Angriff von einer Seite verteidigt, von der eine andere Lösung nicht zu erwarten ist. In dem Wunsch, kein passives Opfer zu sein und seine soziale Position selbst verteidigen zu können, drückt sich die Selbstachtung von Menschen aus, die um ihre soziale Verletzlichkeit wissen. Peter French geht sogar noch einen Schritt weiter und erklärt die Überwindung der Passivität zu einer Voraussetzung der Moral.[25] Denn über die Perspektive des betroffenen Individuums hinaus hat die Weigerung, sich Demütigungen und Unrecht gefallen zu lassen, auch soziale Funktionen, die nicht ohne Weiteres ersetzt werden können. Moralische Normen setzen sich nicht von selbst durch, sondern nur in dem Maße, in dem Menschen bereit sind, auf Regelverletzungen mit Tadel und Sanktionen zu reagieren. Wenn es jedoch zu Verstößen kommt, dann meist in Kontexten ungleicher Machtverhältnisse, in denen die Täterseite einen solchen Widerstand für unwahrscheinlich hält. French zieht daraus den Schluss, dass »Moral zu lehren nicht nur bedeutet, Freundlichkeit und eine Reihe von Verboten zu lehren, sondern auch zu lehren, wann, wie und auf wen man wütend sein sollte«.[26] Zorn und Groll können Opfer motivieren, sich gegen Ungerechtigkeiten zur Wehr zu setzen, auch wenn Nichtstun für sie einfacher und weniger gefährlich wäre. Wenn hingegen Normverletzungen und Missachtungen geduldet oder allzu großzügig verziehen werden, besteht die Gefahr, dass die Normen und die Ansprüche auf Respekt ihre verpflichtende Kraft verlieren, womit auch die weniger Mächtigen ihren Schutz verlieren.

25 Vgl. Peter A. French, *The Virtues of Vengeance,* S. x-xi.
26 Ebd., S. 111.

8. Die Entmachtung des Opfers durch das moderne Recht

Die Vergeltung im Fall von besonders verletzenden und demütigenden Übergriffen wie Vergewaltigung, Körperverletzung, Raub oder Totschlag, die die persönliche Integrität betreffen, in die eigenen Hände zu nehmen, ist in modernen Staaten durch das staatliche Strafmonopol ausgeschlossen und wäre auch aus anderen Gründen nicht wünschenswert. Es liegt daher nahe, Vergeltungswünsche auf den Staat zu übertragen und die vom Staat verhängte Strafe als stellvertretende Vergeltung dessen zu verstehen, was dem Opfer angetan wurde. Aber auch wenn die von staatlichen Gerichten verhängte Strafe teilweise als eine Form von Vergeltung verstanden werden kann,[1] deckt sich die Perspektive der modernen Rechtsinstitutionen aus strukturellen Gründen nicht mit der der Opfer.

Das heutige Strafrecht hat nicht in erster Linie die Aufgabe, den Opfern von Übergriffen Genugtuung für erlittene Demütigungen zu verschaffen und respektvolle Beziehungen wiederherzustellen. Es soll vielmehr durch die Bestrafung des Täters der Rechtsordnung Geltung verschaffen und kann nur in diesem Rahmen das Ziel der Gerechtigkeit verfolgen.[2] Nur auf der Grundlage einer solchen Rechtsordnung ist nach heutigem Verständnis wahre Gerechtigkeit möglich. Sie setzt die Übertragung der Gewalt auf einen Souverän und die Übertragung der Rechtsprechung auf unparteiische Richter voraus. Diese Assoziation von Gerechtigkeit mit einem unparteiischen Rechtswesen ist in modernen Gesellschaften selbstverständlich geworden. Daher herrscht die Vorstellung vor, das moderne Strafrecht sei nicht nur anders als das azephaler Gesellschaften, son-

1 Whitley Kaufmann vertritt sogar die Auffassung, dass es hier keinen wesentlichen Unterschied gebe; vgl. hierzu das fünfte Kapitel in Whitley Kaufmann, *Honor and Revenge: A Theory of Punishment*, Dordrecht 2012. Oliver Hallich unterscheidet zwischen dem Verstehen und der Rechtfertigung von Strafe; Strafe könne als Vergeltung verstanden, aber nur als Prävention gerechtfertigt werden. Vgl. Oliver Hallich, *Strafe. Grundthemen Philosophie*, Berlin 2021, S. 3.

2 Vgl. hierzu meinen Vergleich des modernen Rechts mit den Formen der Verhandlung in traditionellen afrikanischen Gesellschaften in Lotter, *Scham, Schuld, Verantwortung*, insbes. S. 270-272, 283-286.

dern verdiene überhaupt erst seinen Namen, weil es ein menschliches Bedürfnis nach (unparteiisch verstandener) Gerechtigkeit zu befriedigen vermag, das in anderen Rechtsformen nicht befriedigt werden kann. Entsprechend erscheint das Recht in azephalen Gesellschaften aus dieser von Hobbes geprägten Perspektive als ein hölzernes Eisen: als ein nur scheinbares Recht, das in Wahrheit einen Naturzustand des Krieges aller gegen alle verdeckt, in dem es unmöglich ist, Konflikte anders als durch Gewalt zu lösen, weil jeder als Richter in eigener Sache handelt und daher auch beim besten Willen nicht in der Lage ist, den Fall unparteiisch zu betrachten und zu entscheiden.[3] Und umgekehrt scheint es nicht mehr zur Aufgabe des Rechts zu gehören, Missachtungen zu anullieren. Auch wenn in die öffentliche Wahrnehmung der Schuldfrage bei Strafrechtsprozessen noch viel von dem Ressentiment potenzieller Opfer eingehen mag, hat sich der moderne strafrechtliche Schuldbegriff abgelöst von dem Gedanken der Missachtung von Personen. *Erstens* geht es nicht mehr um einen Konflikt *zwischen* mehreren Parteien, sondern um die Handlung einer Partei in der Rolle des Rechtsbrechers. *Zweitens* wird diese Handlung nicht primär als Vergehen an anderen Personen betrachtet, sondern als Verstoß gegen die Rechtsordnung. Und *drittens* richtet sich die Aufmerksamkeit nicht auf die Auswirkung der Tat auf die Beziehungen zwischen Individuen und Gruppen, sondern auf den Rechtsverstoß als solchen. Das moderne Strafrecht leitet die Legitimität der Bestrafung aus einer subjektiv verstandenen persönlichen Schuld des Täters her, nicht aus der Auswirkung der Tat auf das Opfer. Da Betrug, Gewalttaten und andere schwerwiegende Verletzungen von Personen als strafrechtliche Delikte behandelt werden, ist die Verstaatlichung des Rechts damit verbunden, dass gerade die Opfer von besonders demütigenden gewalttätigen Übergriffen weitgehend von der Rechtsdurchsetzung ausgeschlossen werden.[4] Obgleich sie auf zivilrechtlichem Wege eine materielle Entschädigung fordern können, bietet ihnen ein Strafrechtsverfahren kaum eine Möglichkeit, den

3 Zu einem auf Verhandlungen zwischen den Parteien aufbauenden Recht vgl. ebd., Kap. VIII.

4 Zu dieser Entwicklung vgl. Klaus Günther, »Die symbolisch-expressive Bedeutung der Strafe. Eine neue Straftheorie jenseits von Vergeltung und Prävention?«, in: *Festschrift für Klaus Lüderssen*, hg. von Cornelius Prittwitz u. a., Baden-Baden 2002, S. 212.

Täter direkt zu konfrontieren[5] und Genugtuung für die mit Gewaltdelikten verbundene extreme Demütigung zu bekommen.[6] Ihr Bedürfnis nach Genugtuung ist zu etwas Privatem geworden, das aus dem eigentlichen Rechtskonflikt herausgehalten werden muss; während sich im modernen Strafverfahren die ganze Aufmerksamkeit auf den Täter richtet, spielt das Opfer nur indirekt eine Rolle bei der Bestimmung der Tat und ihrer Auswirkungen.

In der griechischen Antike war dies anders. So wird die Einführung eines neutralen staatlichen Rechtswesens in den *Eumeniden* von Aischylos im fünften Jahrhundert vor Christus als eine erfolgreiche Zähmung und Integration der wilden und maßlosen Rache dargestellt, die allen Seiten gerecht wird und verhindert, dass sich Konfliktparteien in Fehden aufreiben.[7] Eine Anklage vor Gericht wurde in Athen auch als eine der Möglichkeiten für die Opfer und seine Angehörigen verstanden, sich Genugtuung zu verschaffen. Das galt auch für die feudalen Gesellschaften des Mittelalters, änderte sich jedoch im Lauf der neuzeitlichen europäischen Staatenbildung.

5 Die zunehmende Kritik an der mangelnden Berücksichtigung der Opfer im Strafrechtsverfahren hat freilich schon seit einigen Jahrzehnten Überlegungen veranlasst, ob die Strafe (neben der Maßregel) auch durch eine Wiedergutmachung ergänzt oder ersetzt werden könnte (Täter-Opfer-Ausgleich). In einzelnen Rechtsbereichen ist dies in Grenzen schon möglich (zum deutschen Strafrecht vgl. Claus Roxin, *Strafrecht. Allgemeiner Teil*, Bd. 1: *Grundlagen. Aufbau der Verbrechenslehre*, München 1997, S. 67 f.). Allerdings war bei der Einführung dieser Möglichkeit, wie es Klaus Günther einschätzt, wohl weniger die Rücksicht auf die Opfer entscheidend als »die administrativen Gesetzmäßigkeiten des Erledigungsdruckes, der auf den Gerichten lastet«, da »mit dem Täter-Opfer-Ausgleich ein aufwendiges formales Strafverfahren verkürzt werden konnte. Abgesehen davon blieb die Zahl der Ausgleichsverfahren relativ gering – und sie haben nicht zu einer öffentlichen Aufwertung des Opferstatus geführt.« (Klaus Günther, »Ein Modell legitimen Scheiterns«, S. 209 f.) Zu einer Rekonstruktion der Strafe als Retribution auf der Grundlage einer Rekonstruktion des Verbrechens als Verbrechen gegen das Opfer vgl. Randy E. Barnett, »Restitution. A New Paradigm of Criminal Justice«, in: Michael J. Gorr (Hg.), *Crime and Punishment. Philosophic Explorations*, Boston, London 1995, S. 392. Vgl. auch die Überlegungen von Margaret R. Holmgren, ebd., S. 402-407.

6 Vgl. die kritische Rekonstruktion dieser Opferposition bei Günther, »Die symbolisch-expressive Bedeutung der Strafe«, S. 212. ff.

7 Vgl. Aischylos, *Die Eumeniden*, in: Oskar Werner (Hg.), *Tragödien und Fragmente*, München, Zürich 1988.

Der Strafrechtler Klaus Günther beschreibt die neuzeitliche Rechtsgeschichte als eine Geschichte der Entmachtung des Opfers – oder genauer: des mächtigen Opfers, das über eigene Gewaltmittel und Einfluss verfügt und seine Ansprüche auf dem Wege der Selbsthilfe erfolgreich durchsetzen kann.[8] Diese Entmachtung vollzieht sich in mehreren Schritten.[9] Anfangs wurde dem Opfer das Recht entzogen, die Vergeltung eines Unrechts in die eigene Hand zu nehmen. (In speziellen Fällen wie dem Duell innerhalb der Adelsschicht fand dies erst später statt.) Die vom Staat verhängte Strafe wurde aber zunächst noch als Vergeltung für die Entehrung und Schädigung des Betroffenen verstanden, die nun stellvertretend vom König ausgeübt wurde. In einem zweiten Schritt wurde die Forderung nach einer Vergeltung der Missachtung nicht mehr öffentlich anerkannt, sondern als eine Privatangelegenheit behandelt. Man war sich aber durchaus bewusst, dass das in den privaten Bereich verbannte Bedürfnis nach einer symbolischen Zurücknahme der erlittenen oder vermeinten Demütigung weiter bestand und jederzeit »gefährlich« werden konnte – wie es der Fall Kalojew ja auch heute noch zeigt. In einem dritten und letzten Schritt bemühte man sich daher darum, die Interpretation des Verbrechens als Missachtung der betroffenen Person ganz zu beseitigen, um dem Bedürfnis nach Ausgleich der Missachtung die Grundlage zu entziehen. Es wurde nun zur *Rechtsgutverletzung* umgedeutet, so als hätte gar kein Verbrechen an einem Menschen, sondern nur eines am Staat stattgefunden. Nach dem heute vorherrschenden Verständnis hat das moderne Strafrecht nicht mehr die Aufgabe, den Opfern von Übergriffen Genugtuung für erlittene Demütigungen und Leiden zu verschaffen; es soll vielmehr der Rechtsordnung durch die Bestrafung von Gesetzesbrüchen Geltung verschaffen. So wurden das Opfer beziehungsweise seine Angehörigen »Schritt für Schritt von der Rechtdurchsetzung ausgeschlossen. Der Akteur der Rechtsdurchsetzung verwandelt sich in einen passiven Beobachter, der allenfalls noch als Zeuge am Strafverfahren teilnimmt.«[10] Im Gegenzug verpflichtet sich der Staat, »alle Rechtsverletzungen gleich zu behandeln und jedes Opfer unter seinen Strafanspruch

8 Zu dieser Differenzierung vgl. Klaus Günther, »Ein Modell legitimen Scheiterns«, S. 196.

9 Klaus Günther, »Die symbolisch-expressive Bedeutung der Strafe«, S. 205-219.

10 Ebd., S. 213 f.

zu stellen«.[11] Im Verlauf dieses Prozesses, in dem sich der Staat die Verbrechen gegenüber Menschen als gegen die Rechtsordnung gerichtete Straftaten aneignete, wurde die Beleidigung zu einem besonderen Ehrverletzungsdelikt, das bis heute im deutschen Strafrecht und im Strafrecht einiger anderer europäischer Staaten verankert ist: Die persönliche Beleidigung durch Schimpfwörter ist strafbar. Alle anderen Straftaten verlieren dagegen formal ihren Beleidigungscharakter für das Opfer.

Dass sich der dritte Schritt in der offiziellen Rechtsauslegung durchgesetzt hat, bedeutet jedoch nicht, dass sich auch das Empfinden der Menschen entsprechend vollkommen verändert hat. Nicht anders als in vormodernen Gesellschaften werden auch in modernen westlichen Gesellschaften Angriffe auf Leib, Leben und Eigentum von den Betroffenen oft als schwere Demütigungen und Missachtungen der eigenen Rechte empfunden, die schwerer wiegen als der Schaden. Der Zorn über die empfundene Missachtung kann in modernen Rechtsstaaten jedoch nicht mehr legitim als Wunsch nach persönlicher Vergeltung ausgedrückt werden. Daher nimmt das Bedürfnis nach Vergeltung in den Fällen, in denen es sich um Straftaten handelt, die Form des Wunsches nach Bestrafung des Täters durch den Staat an.

Wie der folgende Fall auf exemplarische Weise verdeutlicht, kann das Strafrecht die Funktion der Rücknahme solcher Missachtungen jedoch gar nicht übernehmen. Im Berliner Grunewald stürzte 2019 ein riesiger, durch und durch morscher Spitzahorn auf ein Auto und tötete die Fahrerin. Ihr Mann verklagte den Revierförster wegen fahrlässiger Tötung mit der Begründung, er hätte die von dem morschen Baum ausgehende Gefahr erkennen müssen, wenn er den Zustand der Bäume regelmäßig untersucht hätte, wie es seine Pflicht war. »Das bin ich ihr schuldig«, meinte er. Drei Jahre später entschied das Gericht auf Freispruch, weil dem Förster eine Pflichtverletzung nicht zweifelsfrei nachgewiesen werden konnte. Das war nur folgerichtig, denn das Schuldprinzip des Strafrechts verlangt den Nachweis eines vermeidbaren und bewussten Fehlverhaltens. Damit schützt es den Angeklagten vor unverhältnismäßigen Strafen, an denen der Staat aus Präventionsgründen ein Interesse haben könnte. In diesem Fall war der Förster auch noch

11 Klaus Günther, »Ein Modell legitimen Scheiterns«, S. 196.

nicht lange im Amt gewesen. Aus der Perspektive des fassungslosen Witwers erschien der Freispruch jedoch wie eine gerichtliche Duldung oder gar Legitimierung der fahrlässigen Gefährdung von Menschenleben: »Schon traurig, was ein Menschenleben wert ist.«[12]

In solchen Fällen zeigt sich die Kluft zwischen der jeweils individuellen Perspektive des Opfers und seiner jeweils subjektiven Missachtungserfahrung auf der einen Seite und der Vorstellung auf der anderen Seite, dass das dem Opfer widerfahrene Unrecht verallgemeinert und als »Verletzung des allgemeinen und gleichen Rechts in einem individuellen Fall« [13] behandelt werden kann: Das Opfer bzw. seine Angehörigen werden zwar als gleichberechtigte Rechtssubjekte anerkannt, die sich bei Übergriffen jederzeit an den Staat wenden können, sie können von diesem jedoch nur als allgemeine und gleiche Rechtssubjekte wahrgenommen werden, nicht als Individuen, die auf je einzigartige Weise von der mangelnden Rücksicht anderer und den Tücken des Schicksals betroffen sind. Wo soziale Traditionen wie in Japan fehlen, die dazu dienen, den Opfern Genugtuung widerfahren zu lassen, werden sie mit ihren je besonderen Verletzungen alleingelassen.

12 Vgl. Wiebke Ramm, »Tödlicher Unfall im Grunewald. ›Schon traurig, was ein Menschenleben wert ist‹«, in: *Der Spiegel* 16.12.2022, ⟨https://www.spiegel.de/panorama/justiz/berlin-warum-ein-foerster-nicht-fuer-einen-toedlicher-unfall-im-grunewald-verantwortlich-ist-a-448fc76a-0306-4a95-beba-a849f6109d38⟩, letzter Zugriff 3.8.2023.

13 Klaus Günther, »Ein Modell legitimen Scheiterns«, S. 200.

9. Zusammenfassung und Schluss

In diesem Teil ging es darum, Rache als Element eines Kampfes um Anerkennung zu rekonstruieren, der auf die Wiederherstellung von Respektbeziehungen zwischen Gleichen abzielt. Ausgehend vom Fall Kalojew und von Gesellschaften, in denen die Wiederherstellung von Recht und Ordnung untrennbar mit der Wiederherstellung von Respektbeziehungen zwischen Gruppen verbunden ist, wurde das in der modernen Philosophie vorherrschende Verständnis von Rache als irrationaler und destruktiver Reaktion, das historisch der Legitimation des staatlichen Gewaltmonopols gedient hat, als unzureichend kritisiert. Wenn Rache nicht aus aggressiven Impulsen, sondern aus dem Ziel der Wiederherstellung von Gleichheit erklärt wird, richtet sich die Aufmerksamkeit auf die kulturellen Alternativen, dieses Ziel zu erreichen. Aus dieser Perspektive erscheint Rache nicht als unmittelbare Reaktion auf Ungerechtigkeit und Missachtung, sondern als Reaktion auf das Ausbleiben geeigneter Maßnahmen der moralischen Wiedergutmachung wie einer Entschuldigung. Auch die historische Überwindung des gesellschaftlichen Zustandes, der aus der Perspektive des staatlichen Gewaltmonopols als Naturzustand erscheint, erscheint so gesehen nicht nur als Übergang von der latenten und manifesten Bedrohung durch mächtige Individuen und Gruppen zu einem Rechtssystem, das den Schutz aller gleichermaßen sichert. Es ist zugleich der Übergang von einem System, das auf die Vergeltung von Unrecht und Demütigungen sowohl mit gewaltförmigen als auch gewaltlosen Mitteln ausgerichtet ist, zu einem System, das primär auf die Sicherung staatlicher Normen durch Strafe in Form von Leidzufügung ausgerichtet ist.[1] Mit dieser Beschreibung will ich nicht zu einer Romantisierung segmentärer Gesellschaften und vormoderner Rechtsformen beitragen, die ganz andere Nachteile haben: Der Einzelne kann sich dort etwa praktisch nur dann gegen Unrecht wehren, wenn er einer mächtigen Gruppe angehört. Der Vergleich dient hier vielmehr dazu, auf Lücken in unserer ge-

1 Zum Kontrast dieser Rechtstypen vgl. Didier Fassin, *Der Wille zum Strafen*, Berlin 2018, S. 71.

sellschaftlichen Praxis aufmerksam zu machen. Denn mit der Verdrängung der Rache durch das Gewaltmonopol des Staates geraten sowohl die zweite Funktion der Vergeltung – die Rücknahme von Missachtung – als auch die Alternativen zur gewaltförmigen Vergeltung aus dem Blick, die in segmentären Gesellschaften kultiviert werden.

Auch die durch Zorn motivierte Rache wie im Fall Kalojew wurde hier nicht als direkte Reaktion auf das vermeinte Unrecht interpretiert, sondern als Reaktion auf ein *Ausbleiben* der erwarteten sozialen Maßnahmen zur Heilung moralischer Verletzungen. Kalojews Rache ist ein Fall von »wilder Rache«, das heißt von Rache in einem staatlichen System, das die Rache verbietet. Wer vom Recht Vergeltung erwartet, wird eine solche Rache als Selbstjustiz in Folge einer (zu Recht oder Unrecht unterstellten) Dysfunktionalität des Rechtswesens (beispielsweise Korruption) deuten, das seine Aufgabe der Rechtsdurchsetzung nicht erfüllen kann. Ich habe den Fall hingegen als Reaktion auf unzureichende soziale Praktiken zur Heilung moralischer Wunden rekonstruiert, das heißt als eine *Reaktion auf die Unterlassung einer solchen moralischen Reparaturmaßnahme*, wobei diese Unterlassung eine *zweite* Missachtung darstellt. Daraus folgt: Rache ist nicht als *unmittelbare* Reaktion auf Unrecht und Missachtung (das wäre die direkte Selbstverteidigung), sondern als eine Reaktion *zweiter Stufe* zu verstehen. (Das wird in vielen Blutrachefiktionen des Kinos wie *Spiel mir das Lied vom Tod* oder *Kill Bill* verdeckt, in denen die Rache oft als eine quasi natürliche und unvermeidbare Reaktion auf eine außerordentlich grausame Gewalttat dargestellt wird, zu der es keine Alternative gibt, weil keine Entschuldigung oder Entschädigung ausreichend sein könnte.)

Gegen Nussbaum habe ich argumentiert, dass solche moralischen Verletzungen nicht nur in spezifischen Ehrengesellschaften und bei besonders narzisstischen Personen vorkommen, sondern auch bei den gewöhnlichen Mitgliedern moderner Rechtsstaaten, da es um elementare Erwartungen von Anerkennung, Rücksicht und Respekt unter Gleichen geht. Wenn man die Rache nicht als ein unverständliches fremdes Element ausgrenzt, sondern als eine vermeidbare Möglichkeit im Zusammenhang moralischer Reparaturmaßnahmen versteht, hilft ihre Untersuchung, gewisse Lücken und Schwächen in den sozialen Praktiken moderner westlicher Gesellschaften zu verstehen. Das ausschlaggebende Motiv für den hier exemplarischen Fall von Kalojews Racheakt entsprang dem Umstand, dass niemand von der Firma Skyguide die Verantwortung für den Unfall übernommen und die Angehörigen der Opfer um Verzeihung gebeten hatte. Die durch diesen Fall exemplarisch aufgedeckte Lücke in unseren Praktiken moralischer Reparaturen von menschengemachten Übeln und Katastrophen stellt für moderne westliche Rechtsstaaten ein strukturelles Problem dar.

Zweiter Teil
Politische Entschuldigungen: Die Kunst der politischen Respektsbezeugung*

* Dieser zweite Teil des Buches erweitert und revidiert meinen Artikel »The Art of Apology. On the True and the Phony in Political Apology«, in: Matthias Buschmeier, Katharina von Kellenbach (Hg.), *Guilt. A Force of Cultural Transformation*, Oxford 2022, S. 267-284. Hilfreiche kritische Hinweise zu diesem Artikel verdanke ich Saskia Fischer, Klaus Kodalle, Oliver Hallich, Martina Herrmann und Meinolf Schumacher. Auch den Kollegen und Kolleginnen aus dem Forschungsprojekt Felix Culpa am ZIF Bielefeld, den Teilnehmern an den philosophischen Kolloquien an der Universität Göttingen, der Universität Bielefeld und der FU Berlin, wo ich 2019 allererste Skizzen vorgetragen habe, sowie den Studierenden in einem Seminar über Schuldbekenntnisse an der Uni Bochum im SS 2023 möchte ich für Anregungen und erhellende Diskussionen danken.

1. Ein besonderer Tag in Canberra

An einem Februartag des Jahres 2008 trat in der australischen Hauptstadt Canberra der Premierminister Kevin Rudd an das Rednerpult des Repräsentantenhauses und verlas eine an den Sprecher gerichtete Erklärung:

> Herr Sprecher, ich beantrage: Dass wir heute die indigenen Völker dieses Landes ehren, die ältesten fortbestehenden Kulturen in der Geschichte der Menschheit. Wir gedenken ihrer Misshandlungen in der Vergangenheit. Wir gedenken insbesondere der Misshandlung der »Gestohlenen Generationen« – dieses unrühmlichen Kapitels in unserer nationalen Geschichte.[1]

Rudd sprach nicht über Maßnahmen der gegenwärtigen Regierung, sondern über die Politik früherer Regierungen gegenüber den indigenen Völkern Australiens, den Völkern der Aborigines und der Torres-Strait-Insulaner. Der Begriff »Gestohlene Generationen« bezog sich auf die teilweise gewaltsame Wegnahme indigener Kinder aus ihren Familien und Gemeinschaften bis in die siebziger Jahre des vergangenen Jahrhunderts, mit dem Ziel der kulturellen Assimilation. Einige wurden bei Pflegefamilien, viele auch in Waisenhäusern untergebracht, wo sie Misshandlungen und sexuellem Missbrauch ausgesetzt waren. Erst im Jahr 1995 wurde diese diskriminierende und grausame Behandlung indigener Menschen durch den Untersuchungsbericht der Kommission für Menschenrechte und Chancengleichheit einer breiteren Öffentlichkeit bewusst und löste in Australien die größte politische Bewegung seit dem Vietnamkrieg aus. Seitdem füllte sich der Rasen vor dem Parlament wie auch viele andere öffentliche Rasenflächen mit grünen, roten, blauen, gelben, schwarzen und weißen Händen. Sie alle wurden von Einzelpersonen angebracht und drücken ihre Bitte um Vergebung für den Raub von indigenem Land und die Politik der Kindeswegnahme aus. Seit 1998 gibt es einen »National Sorry Day«, der an diese Misshandlungen erinnern soll. In ihrem Bericht hatte die Kommission auch empfohlen, dass alle Regierungen, Polizeikräfte,

1 Kevin Rudd: »Apology to Australia's Indigenous Peoples«, in: *Indigenous.gov.au*, ⟨https://www.indigenous.gov.au/reconciliation/apology-australias-indigenous-peoples⟩, letzter Zugriff 18.8.2023. (Übers. M.-S. L)

Kirchen und involvierten Nichtregierungsorganisationen sich bei den indigenen Völkern entschuldigen sollten. Am 27. Mai 1997 entschuldigte sich die westaustralische Regierung als erste Landesregierung; bis 2001 folgten ihr alle lokalen Regierungen und die der Bundesstaaten. Nur die Bundesregierung unter Premier John Howard von der Partei der Liberalen weigerte sich jahrelang, eine Entschuldigung auszusprechen. Sie veröffentlichte eine Erklärung des Bedauerns zur Politik der Kindeswegnahme, die jedoch viele als unzureichend empfanden. 2007 wurde die Forderung nach einer Entschuldigung zu einem zentralen Wahlkampfthema bei der Wahl des Bundesparlaments. Die Labour-Partei, die eine nationale Entschuldigung versprochen hatte, gewann die Wahl gegen die Partei von Howard.

Am 13. Februar 2008 nahm der neugewählte Premierminister dann schließlich das Wort »Entschuldigung« in den Mund, um das so lange heftig gestritten worden war:

> Wir entschuldigen uns für die Gesetze und die Politik aufeinanderfolgender Parlamente und Regierungen, die diesen unseren australischen Mitbürgern tiefes Leid, Kummer und Verlust zugefügt haben. Wir entschuldigen uns insbesondere dafür, dass die Kinder der Aborigines und Torres-Strait-Insulaner ihren Familien, ihren Gemeinschaften und ihrem Land weggenommen wurden [...]. Wir, das australische Parlament, bitten respektvoll darum, dass diese Entschuldigung in dem Geist angenommen wird, in dem sie als Teil des Heilungsprozesses der Nation angeboten wird.[2]

Die Abgeordneten im Parlament und die rund 100 geladenen Vertreter der indigenen Völker reagierten auf die Rede mit stehenden Ovationen, einige umarmten sich, viele hatten Tränen in den Augen. Auch außerhalb des Parlaments gab es Tränen. Trotz der frühen Uhrzeit – 9:00 Uhr Ortszeit – hatten sich auf vielen öffentlichen Plätzen Menschen versammelt, die die Rede gespannt auf Großleinwänden und Bildschirmen verfolgten. »Die Entschuldigung heilt das Herz und geht sehr tief«, äußerte sich die Aborigine Rhonda Dixon-Grovenor nach Rudds Rede: »Das bedeutet uns sehr viel. Eine Last wurde genommen, nun kann die Heilung beginnen.«[3] Der Oppositionsführer Brendon Nelson allerdings goss

2 Ebd.

3 »Beflecktes Kapitel in der Geschichte unseres Landes«, in: *FAZ*, 13. 2. 2008, ⟨https://www.faz.net/aktuell/politik/ausland/australien-entschuldigt-sich-bei-aborigines-

mehr als einen Wermutstropfen in die allgemeine Freude, als er sich unmissverständlich von der Entschuldigung distanzierte: »Unsere Generation ist nicht für diese Taten verantwortlich und sollte sich nicht schuldig fühlen für etwas, das in vielen, wenn auch sicherlich nicht in allen Fällen, mit den besten Absichten getan wurde.«[4] Im Parlament ertönten heftige Buhrufe, auf den Plätzen wandten viele Zuschauer den Leinwänden aus Protest den Rücken zu. Es kam zu Kurzschlüssen, weil manche Zuschauer den Stecker ihres Fernsehers herausrissen.

Die Entschuldigung des australischen Premiers war vielleicht die öffentlichkeitswirksamste seit dem Warschauer Kniefall des deutschen Bundeskanzlers Willy Brandt, aber kein singuläres Ereignis. Nach dem Zweiten Weltkrieg hat sich eine neue internationale Praxis der Wiedergutmachung für Kriegsverbrechen und zunehmend auch für anderes Unrecht entwickelt, die auch Schuldbekenntnisse und Bitten um Verzeihung einschließt.[5] Auch wenn offenkundige Gesten religiöser Demut wie der Kniefall Brandts eine Ausnahmeerscheinung geblieben sind, bedienen sich die öffentlichen Entschuldigungen in einem säkularen Zeitalter religiöser Muster aus der christlichen Tradition. Hermann Lübbe bezeichnet sie daher als Teil einer Zivilreligion im Sinne von »manifesten Beständen religiöser Kultur«, die »nicht ohne die Präsenz von Kirchen in dieser Kultur verständlich wären«, aber nicht der Kontrolle der Kirchen unterliegen, sondern von »öffentlichen Institutionen und deren Repräsentanten selbstbestimmt und im eigenen Namen« verwendet werden.[6] Zu diesen zivilreligiösen Elementen gehört auch

befleckte-kapitel-in-der-geschichte-unseres-landes-1516041.html⟩, letzter Zugriff 18.8.2023.

4 »Our generation does not own these actions, nor should it feel guilt for what was done in many, but certainly not all cases, with the best intentions.« »Fury Over Nelson's ›Sorry‹ Response«, in: *The Age*, 14.2.2008, ⟨https://www.theage.com.au/national/fury-over-nelsons-sorry-response-20080214-ge6q1r.html⟩, letzter Zugriff 19.8.2023. Hier zitiert nach Stephan Orth, »Aborigines feiern das ›Sorry‹ ihres Premiers«, in: *Der Spiegel* 13.2.2008, ⟨https://www.spiegel.de/politik/ausland/australien-aborigines-feiern-das-sorry-ihres-premiers-a-535100.html⟩, letzter Zugriff 19.8.2023.

5 Vgl. dazu Elazar Barkan, *Völker klagen an. Eine neue internationale Moral*, Wien 2002.

6 Hermann Lübbe, *»Ich entschuldige mich.« Das neue politische Bussritual*, Berlin 2003, S.34. Zur religiösen Symbolik vgl. auch Danielle Celermajer, *The Sins of the*

die Inszenierung der ehrlichen Reue des geständigen Sünders vor Gott, die eine innere Läuterung anzeigt und das sündige Subjekt von der Sünde ablöst. Dabei wird die in der christlichen Tradition vom einzelnen Übeltäter geforderte Reue und Zerknirschung vom Individuum auf ein (zumeist staatliches) Kollektiv übertragen und von einem Würdenträger stellvertretend bekundet – ein Umstand, der kontroverse Diskussionen ausgelöst hat. Sieht man von Entschuldigungen unmittelbar nach Kriegen ab, wie etwa den sorgfältig abgestimmten Entschuldigungen der Staatsoberhäupter nach dem serbisch-kroatischen Krieg, so werden diese Schuldbekenntnisse und Entschädigungsangebote in der Regel nicht von einem Vertreter des Täterkollektivs verkündet, sondern im Namen einer späteren Generation. Dass sich Staatsoberhäupter für ein Unrecht oder Übel entschuldigen, das zum Zeitpunkt der Entschuldigung schon mindestens eine Generation zurückliegt, ist spätestens seit den 1990er Jahren zu einem festen Bestandteil der globalen politischen Kommunikation geworden; man spricht sogar von einem »Zeitalter der Entschuldigung«.[7]

Von den mehr als 250 politischen Entschuldigungen seit dem Zweiten Weltkrieg möchte ich hier nur einige Beispiele in Erinnerung rufen: Am 17. Januar 1993 entschuldigte sich US-Präsident Bill Clinton im Namen der Vereinigten Staaten bei den Ureinwohnern Hawaiis für den ein Jahrhundert zuvor erfolgten Sturz der Regierung von Königin Liliuokalani, ein Vertragsbruch, der langfristig »verheerende Auswirkungen auf die Bevölkerung, die Gesundheit und das Wohlergehen des hawaiischen Volkes« gehabt habe.[8] Der französische Staatspräsident Jacques Chirac bekannte 1995 bei einer Feier, an der auch Vertreter der jüdischen Gemeinschaft teilnahmen, die »unverjährbare Schuld« Frankreichs gegenüber den unter dem Vichy-Regime deportierten französischen Juden.[9] 1998 nahm

Nation and the Ritual of Apologies, Cambridge 2009, insbesondere ihre Beschreibung des »Meers von Händen« als Ausdruck der Solidarität mit den Aborigines; ebd., S. 1.

7 So der Titel von Mark Gibney u. a. (Hg.), *The Age of Apology. Facing up to the Past*, Philadelphia 2008.

8 *United States Public Law 103-150, The »Apology Resolution«, Passed by Congress and signed by President William J. Clinton November 23, 1993*, ⟨https://www.hawaii-nation.org/publawsum.html⟩, letzter Zugriff 8. 12. 2023. (Übers. M.-S. L.)

9 *Allocution de M. Jacques Chirac, Président de la République, Prononcée lors des céré-*

Clinton eine Afrikareise zum Anlass verschiedener Entschuldigungen. In Uganda äußerte er Reue darüber, dass »die Vereinigten Staaten nicht immer das Richtige für Afrika getan haben«, wobei er die Rolle Amerikas im Sklavenhandel und seine Unterstützung für repressive antikommunistische Diktatoren während des Kalten Krieges erwähnte. Bei seinem Besuch in Ruanda am darauffolgenden Tag drückte er schon auf dem Flughafen gegenüber Überlebenden des Völkermords an den Tutsi 1994 sein Bedauern aus und übernahm Mitverantwortung nicht nur im Namen der USA: »Auch die internationale Gemeinschaft und die afrikanischen Staaten müssen ihren Teil der Verantwortung für diese Tragödie tragen.«[10] Kurz nach seiner Wahl 1997 entschuldigte sich der britische Premierminister Tony Blair gegenüber der Bevölkerung Irlands dafür, dass die britische Regierung während der Irischen Hungersnot 1845-1852 tatenlos dem Hungertod von einer Million Menschen zugesehen und Irland letztlich durch Tod und Emigration 25 Prozent seiner Bevölkerung verloren habe.[11] In den Jahren 2008 und 2017 entschuldigten sich auch die kanadischen Premierminister Stephen Harper und Justin Trudeau im Namen der kanadischen Regierung bei den ehemaligen Schülern der *Indian Residential Schools* für die Politik der gewaltsamen Entfernung indigener Kinder aus ihren Familien und Gemeinschaften und ihrer Unterbringung in Internatsschulen mit dem Ziel, sie an die dominante Kultur zu assimilieren; eine Politik, die von der kanadischen Wahrheits- und Versöhnungskommission als »kultureller Genozid« bezeichnet worden war und die viele auf-

monies commémorant la grande rafle des 16 et 17 juillet 1942 [Rede vom 16.7.1995], ⟨https://www.fondationshoah.org/sites/default/files/2017-04/Allocution-J-Chirac-Vel-dhiv-1995.pdf⟩, letzter Zugriff 19.8.2023. (Übers. M.-S.L.)

10 Vgl. John F. Harris, »Clinton Says U.S. Wronged Africa«, in: *Washington Post*, 25.3.1998, ⟨https://www.washingtonpost.com/archive/politics/1998/03/25/clinton-says-us-wronged-africa/ca090cd0-bdb8-4e33-9dfc-e66fdc2e59b6/⟩, letzter Zugriff 19.8.2023.

11 Harry Brent, »On this Day in 1997, British Prime Minister Tony Blair Apologised to the People of Ireland for the Great Famine to Mark the Tragedy's 150th Anniversary«, in: *The Irish Post* 1. Juni 2021, ⟨https://www.irishpost.com/history/on-this-day-in-1997-prime-minister-tony-blair-apologises-on-behalf-of-britain-for-irish-potato-famine-213605⟩, letzter Zugriff 19.8.2023. Vgl. Auch Jason A. Edwards, Amber Luckie, »British Prime Minister Tony Blair's Irish Potato Famine Apology«, in: *Journal of Conflictology* 1 (2014), S. 43-51.

grund von Misshandlungen in den Schulen nicht überlebt hatten.[12] 2009 unterschrieb auch der amerikanische Präsident Barack Obama im Namen der amerikanischen Bürger eine offizielle Entschuldigung für ihr Fehlverhalten gegenüber den *native americans*, die dann vom Kongress bestätigt wurde. 2021 entschuldigte sich die deutsche Bundesregierung offiziell für das in den Jahren 1904-1908 vom Deutschen Reich im damaligen Deutsch-Südwestafrika begangene koloniale Unrecht. In diesem Zug wurde die Tötung von schätzungsweise 100 000 Herero und Nama, die gezielt in die Wüste getrieben worden waren, wo sie verdursteten, durch deutsche Truppen ermordet wurden oder in Lagern starben, als »Völkermord aus heutiger Sicht« anerkannt.[13]

In kirchlichen Kontexten nahm die neue Praxis der politischen Entschuldigung spezielle Formen an. 1996 begab sich eine große Gruppe von Christen auf eine mehrjährige Pilgerreise zu den historischen Kreuzzugsstätten, um dort Buße zu tun und bei den jüdischen und muslimischen Autoritäten um Vergebung für die Verbrechen der Kreuzfahrer zu bitten. Das bislang umfassendste Sündenbekenntnis aller Zeiten legte aber Papst Johannes Paul II. im Jahre 2000 zu Beginn der Fastenzeit ab. In einem Fürbittgebet bat er im Namen der Kirche um Vergebung für die historischen Fehler und Vergehen der Gläubigen und Kirchenvertreter im Lauf der Jahrhunderte und erwähnte dabei religiöse Intoleranz, Verletzungen des Friedens und der Würde der Frau und vieles mehr.[14]

12 Vgl. Allison Don, Per-Erik Milam, »The Case for Regular Political Apology«, in: *Stockholm Centre for the Ethics of War and Peace* 8. 2. 2019, ⟨https://stockholmcentre.org/the-case-for-regular-political-apology/#more-2711⟩, letzter Zugriff 19. 8. 2023.

13 Wissenschaftliche Dienste des Deutschen Bundestags, *Zur Anerkennung kolonialen Unrechts als Völkermord. Intertemporales Völkerrecht im Kontext des deutsch-namibischen Versöhnungsabkommens*, ⟨https://www.bundestag.de/resource/blob/935068/06d354ea81fdc64d7dd41c501a785dd6/WD-2-094-22-pdf-data.pdf⟩, letzter Zugriff 19. 8. 2023. Vgl. auch »Völkermord an Herero und Nama: Abkommen zwischen Deutschland und Namibia«, in: *Bundeszentrale für politische Bildung* 22. 06. 2021, ⟨https://www.bpb.de/kurz-knapp/hintergrund-aktuell/335257/voelkermord-an-herero-und-nama-abkommen-zwischen-deutschland-und-namibia/⟩, letzter Zugriff 19. 8. 2023.

14 ⟨https://www.dbk.de/presse/aktuelles/meldung/vergebungsbitte-von-papst-johannes-paul-ii⟩, letzter Zugriff 9. 12. 2023. Vgl. Alessandra Stanley, »Pope Asks Forgiveness for Errors of the Church Over 2,000 Years«, in: *New York Times*,

Wozu sind solche Entschuldigungen gut? Was leisten sie – und welche Probleme bringen sie mit sich? Wie verändert sich dadurch die politische Kultur? Die mit Blick auf die Menschheitsgeschichte neue Praxis insbesondere von Regierungen, stellvertretend die Schuld an einem Übel oder Unrecht früherer Generationen anzuerkennen und sich dafür zu entschuldigen, hat seit ihrem Aufkommen zu Kontroversen geführt, die die politischen Lager spalten. Von den einen wurde sie begeistert als Anzeichen für ein höheres moralisches Bewusstsein in der Politik[15] und als eine Art universelles soziales Heilmittel nach gewaltsamen sozialen Konflikten und Großverbrechen begrüßt, die von Regierungen oder mächtigen Organisationen ausgehen. Es wurde vorgeschlagen, dass Regierungen einen regelmäßigen »Sorry Day« einführen sollten, an dem sich das jeweilige Staatsoberhaupt öffentlich für irgendein schwerwiegendes, vom Staat ausgehendes Unrecht in der Vergangenheit entschuldigt. Von verschiedenen anderen Seiten wurde Ablehnung geäußert und Kritik geübt.

Erstens wurde eingewandt, dass ein *stellvertretendes* kollektives Schuldbekenntnis für die Taten anderer in der Vergangenheit nicht funktionieren kann. Dieser Einwand bezieht sich auf den Umstand, dass die Entschuldigungen in einer moralischen Terminologie (»Reue«, »Schuld« oder »tiefes Bedauern«) formuliert sind, die sich auf Individuen bezieht, die ihre eigenen Taten moralisch reflektieren. Diese Worte werden hier jedoch im Namen großer Gruppen von Menschen ausgesprochen, die teilweise gar nicht organisiert sind, sondern nur die Nationalität teilen und weder einheitlich handeln noch einheitlich denken und fühlen. Aus diesem Grund bezeichnete der Anthropologe Michel Rolph Trouillot in einem einflussreichen Essay die politischen Entschuldigungen als »*abortive rituals*«, als Rituale, die aus strukturellen Gründen ihren Zweck gar nicht erfüllen können. Entschuldigungen seien *illokutionäre Sprechakte*, die dem Zweck dienten, die gestörte Beziehung zwischen Tätern und Opfern zu reparieren; damit die Anerkennung von Schuld dazu beitragen könne, sei jedoch die Identität

13. 3. 2000, ⟨https://www.nytimes.com/2000/03/13/world/pope-asks-forgiveness-for-errors-of-the-church-over-2000-years.html⟩, letzter Zugriff 19. 8. 2023.

15 Dieser Optimismus kommt besonders bei Elazar Barkan zum Ausdruck; vgl. Elazar Barkan, *Völker klagen an*.

zwischen Täter und Sprecher, Opfer und Adressatin eine notwendige Bedingung.[16]

Der *zweite*, etwa auch von den australischen Liberalen hartnäckig vertretene Einwand richtet sich gegen die befürchtete Wiedereinführung eines Denkens in Kategorien der *Kollektivschuld*. Rudds konservativer Vorgänger Howard hielt es für unangebracht, dass gegenwärtige Australier sich für etwas entschuldigen, wofür sie persönlich keine Verantwortung tragen.[17] Im Rückblick könne man die Haltung früherer Regierungen und Generationen bedauern, sich aber nicht dafür entschuldigen, denn das hieße, mit einem wichtigen liberalen Rechtsgrundsatz zu brechen: Menschen können weder für das verantwortlich gemacht werden, was andere tun, noch kann man von ihnen verlangen, die Schuld anderer zu übernehmen.

Drittens werden politische Entschuldigungen oft als unauthentisch und heuchlerisch empfunden.[18] Die einen verachten sie als leere Worte, die nur dazu dienen, einen Konflikt zu übertünchen und den Anschein von Harmonie zu erwecken.[19] Andere empfinden sie als manipulativ und vermuten, dass das vermeintliche Zugehen auf die Opfer historischen Unrechts vor allem als Werbemaßnahme für die Regierung und als vorbeugende Maßnahme zur Abwehr von Kritik dient, also letztlich ungerechte Verhältnisse zementiert.[20]

Ein *vierter* Typ von Einwänden beklagt weniger die politischen Schuldbekenntnisse als solche als vielmehr die damit verbundene Veränderung der politischen Kultur durch sentimentale und manipulative Schulddiskurse, die eine problematische Eigendynamik entwickeln. Schon vor zwanzig Jahren diagnostizierte die amerikanische Philosophin Jean Bethke Elshtain, die politische Verständigung werde zunehmend durch etwas geprägt, »was ein Witzbold als ›Reue-Schick‹ bezeichnet hat, das heißt eine billige Weise, Öffentlichkeit und Sympathie und sogar Absolution zu erlangen, in-

16 Michel Rolph Trouillot, »Abortive Rituals. Historical Apologies in the Global Era«, in: *Interventions* 2 (2000), S. 171-186, hier S. 171, 175.

17 Zu diesen Auseinandersetzungen vgl. Danielle Celermajer, *The Sins of the Nation and the Ritual of Apologies*, S. 187.

18 Vgl. Nick Smith, *I was Wrong. The Meaning of Apologies*, Cambridge 2009, S. 5.

19 Vgl. Mark Gibney, Erik Roxstrom, »The Status of State Apologies«, in: *Human Rights Quarterly* 4 (2001), S. 911-939, hier S. 914.

20 Vgl. die verschiedenen Kritikpunkte an der Entschuldigung von Kevin Rudd bei Celermajer, *The Sins of the Nation*, S. 202.

dem man den eigenen Status als Opfer, Viktimisierer, Sünder usw. einsetzt«.[21] Auch der französische Philosoph Pascal Bruckner argwöhnt, dass die Schuld- und Reuegefühle sich mittlerweile von den konkreten geschichtlichen Ereignissen gelöst haben und zu einer »Art spiritueller Ware, ja beinahe eine Tauschwährung« geworden sind.[22] Es handle sich weniger um einen Versuch, vergangenes Unrecht zu erkennen und seine Folgen in der Gegenwart zu bewältigen, als um die Neigung, »uns jeder wirklichen politischen Verantwortung zu entziehen. Die Schuld gegenüber den Toten siegt dann über die Pflicht gegenüber den Lebenden. Die Bußfertigkeit schafft Menschen, die sich für alte Vergehen entschuldigen, um sich die gegenwärtigen Verbrechen vom Leib zu halten.«[23] Aus all diesen Gründen werden politische Entschuldigungen bis heute mit Misstrauen betrachtet – aber nicht weniger misstrauisch und noch empörter reagiert man auf ihr Ausbleiben. Die kanadische Philosophin Alice MacLachlan hat unsere Haltung gegenüber politischen Entschuldigungen als paradox bezeichnet. Denn obwohl fast alle politischen Entschuldigungen mehr oder weniger heftige Kritik nach sich ziehen, ist die öffentliche Nachfrage nach ihnen ungebrochen – und sie scheint umso stärker zu werden, je mehr sie verurteilt werden.[24]

Dies legt die Vermutung nahe, dass politische Entschuldigungen etwas bewirken können – oder zumindest mit der Hoffnung verbunden sind, etwas bewirken zu können –, das auf andere Weise nicht erreicht werden kann. Aus der Tatsache, dass politische Schuldbekenntnisse Schuld stellvertretend inszenieren und damit unweigerlich etwas Theatralisches haben, folgt weder, dass sie zwangsläufig unglaubwürdig sein müssten noch dass sie (jenseits des Eigennutzes und Zurschaustellens moralischer Werte, des *virtue signalling*) nutzlos wären. Wenn ich im Folgenden zwischen politischen Entschuldigungen unterscheide, die vor allem darauf zielen, eine eigene Deutungshoheit mit Blick auf vergangenes Unrecht zu etablieren und das Image zu pflegen, und solchen, die versuchen,

21 Jean Bethke Elshtain, »Politics and Forgiveness«, in: *Consensus* 1 (2002), S. 13-31, hier S. 14. (Übers. M.-S. L.)

22 Pascal Bruckner, *Der Schuldkomplex*, München 2008, S. 14.

23 Ebd., S. 107.

24 Vgl. Alice MacLachlan, »›Trust Me, I'm Sorry‹: The Paradox of Public Apology«, in: *The Monist* 4 (2015), S. 441-456, hier S. 441.

einen Beitrag zur Verbesserung der sozialen Beziehungen und zur Etablierung einer Kultur des Respekts zu leisten, so möchte ich dies nicht als moralische Verurteilung der Ersteren verstanden wissen; kirchliche und politische Institutionen sind zu ihrer Selbsterhaltung auf Werbemaßnahmen angewiesen. Vielmehr soll meine Auseinandersetzung mit der Praxis politischer Entschuldigungen dazu beitragen, sowohl den Beitrag dieses historischen Phänomens für die Entwicklung einer Kultur des Respekts unter Gleichen als auch die darin angelegten Missverständnisse, inhärenten Risiken und ambivalenten Folgen für die politische Kultur verständlich zu machen.

2. Wozu können politische Entschuldigungen gut sein? Versuch einer historischen Erklärung

Auch wenn sich die Praxis der politischen Entschuldigung erst seit den 1980er Jahren global verbreitet hat, reichen ihre Anfänge bis in die Zeit nach 1945 zurück, als sich im Zuge der Aufarbeitung der nationalsozialistischen Kriegsverbrechen und der Shoah nicht nur neue rechtliche Kategorien und internationale Organisationen, sondern auch neue normative Erwartungen an die Wiedergutmachung und moralische Aufarbeitung von Großverbrechen herausbildeten. Der amerikanische Historiker Elazar Barkan führt ihren Ursprung auf die Bemühungen der neuen Bundesrepublik zurück, nach dem Zweiten Weltkrieg tragfähige Beziehungen zu Israel zu entwickeln und später – im Zuge der Brandt'schen Ostpolitik – auch die Beziehungen zu den östlichen Nachbarstaaten zu normalisieren.[1] Diese Politik begann 1952 mit einem Abkommen mit Israel und der *Claims Conference* – einem Zusammenschluss jüdischer Organisationen – in Luxemburg, in dem Bundeskanzler Adenauer dem Staat Israel Entschädigungszahlungen in Höhe von drei Milliarden D-Mark zusicherte. Dabei handelte es sich um eine Entschädigung für die unrechtmäßige Enteignung jüdischen Eigentums während des »Dritten Reichs«, das nicht mehr an die rechtmäßigen Eigentümer zurückgegeben werden konnte; Vertreter jüdischer Organisationen hatten diese Entschädigungsforderung seit langem vorbereitet. Adenauer berief sich damals gegen Kritik und erheblichen Widerstand im eigenen Kabinett auf eine zwingende moralische Verpflichtung.[2] Barkan versteht dieses Ab-

1 Vgl. Elazar Barkan, *Völker klagen an. Eine neue internationale Moral*, Wien 2002, S. 53.

2 Es ist umstritten, wie weit die Entscheidung durch Druck insbesondere der USA beeinflusst war. Barkan bezeichnet die Zahlungen als freiwillig, da es damals nur wenig Druck der Alliierten gegeben habe. Er argumentiert, dass im Falle einer nur auf äußeren Druck zustande gekommenen Bereitschaft zur Wiedergutmachung die Zahlungen hätten nachlassen müssen, als Deutschland wieder in den Westen integriert wurde. Stattdessen hätten sie sich im Lauf der Jahre erhöht. Vgl. Barkan, *Völker klagen an*, S. 50. Um 1949 bekannte sich in der Tat eine Mehrheit

kommen daher als eine Art Epochenschwelle, die eine neue Politik einleitete, die viel stärker als bisher von moralischen Erwägungen geprägt worden sei: Erstmals habe nicht der Sieger eines Krieges Zahlungen vom Verlierer gefordert, sondern der Vertreter des Kollektivs, das für historische Verbrechen verantwortlich war, sei selbst aus moralischen Gründen auf die Opfer zugegangen. Freilich beschreibt auch Barkan das Entschädigungsangebot nicht als Ausdruck reiner moralischer Überzeugungen, sondern als moralisch motiviertes und zugleich kluges Handeln im langfristigen politischen Eigeninteresse.

Es ist schwer zu sagen, inwieweit die neue Bereitschaft zu öffentlichem Schuldbekenntnis und Wiedergutmachungszahlungen trotz noch immer verbreiteter antisemitischer Ressentiments in der Bevölkerung einer politischen Einsicht aus dem katastrophalen Scheitern rücksichtsloser Machtpolitik entsprang: dass Macht und Einfluss nicht allein auf wirtschaftlicher und militärischer Stärke beruhen können, sondern verlässlicher politischer Partnerschaften bedürfen; und dass diese wiederum des Vertrauens bedürfen, dass sie nicht nur für den Augenblick und rein strategisch eingegangen werden. Zu dieser Verlässlichkeit gehört auch die Bereitschaft, sich im Rahmen des Völkerrechts zu bewegen und Unrecht als solches anzuerkennen.[3] Entsprechend wurde von der deutschen Regierung nicht nur erwartet, dass sie für den unrechtmäßigen Entzug jüdischen Vermögens im »Dritten Reich« finanzielle Entschädigung leistet. Die Wiederaufnahme von Beziehungen nach den ungeheu-

der deutschen Bevölkerung (54% gegenüber 31% ablehnenden und 15% unentschiedenen Stimmen) zu einer allgemeinen Pflicht zur Wiedergutmachung gegenüber den noch lebenden deutschen Juden; weniger eindeutig waren die Antworten jedoch, sobald nach konkreteren Verpflichtungen zur Entschädigung für Verkäufe jüdischer Geschäfte während der NS-Zeit gefragt wurde. Eine sehr viel höhere Zustimmung – über 90% – fand die Frage nach Hilfen für Kriegsopfer und Vertriebene. Der Historiker Constantin Goschler nimmt in seiner beeindruckenden Studie *Schuld und Schulden* eine insgesamt eher negative Haltung in der deutschen Bevölkerung mit Blick auf die Wiedergutmachung gegenüber den Juden an. Vgl. Constantin Goschler, *Schuld und Schulden. Die Politik der Wiedergutmachung für NS-Verfolgte seit 1945*, in: *Beiträge zur Geschichte des 20. Jahrhunderts*, Band 111, hg. v. Norbert Frei, Göttingen 2005, S. 133 f. Goschler beschreibt auch, welche starken parteipolitischen Widerstände einer umfassenden Entschädigung entgegenstanden, vgl. S. 140-142.

3 Vgl. Barkan, *Völker klagen an*, S. 69.

erlichen Verbrechen des Nationalsozialismus erforderte nicht nur auf Regierungsebene auch Schuldeingeständnisse.[4]

Dennoch stellt sich die Frage, warum die Praxis der in der Rückblende oft etwas unbeholfen erscheinenden Schuldeingeständnisse in Verbindung mit Wiedergutmachungsleistungen keine Nachkriegsepisode blieb, die sich auf Deutschland und einige andere Staaten beschränkte, die mit Hitler-Deutschland kollaboriert hatten. Erst im letzten Drittel des 20. Jahrhunderts entwickelten sich politische Entschuldigungen und Reuebekenntnisse für historisches Unrecht zur weltweiten Praxis, während die Wiedergutmachung für NS-Verfolgte zum weltweiten Vorbild für Forderungen nach Entschädigung historischen Unrechts wurde.[5] Barkans Erklärung, in der zweiten Hälfte des 20. Jahrhunderts habe sich allmählich eine Moral der Empathie durchgesetzt, die auf Adam Smith und überhaupt auf die Aufklärung zurückgehe, erklärt nicht, warum diese Moral gerade zu dieser Zeit Breitenwirkung entwickeln sollte.[6] Die Erklärung ist wohl einerseits darin zu suchen, dass man auf die Leistungsfähigkeit politischer Entschuldigungen aufmerksam geworden ist – man hat gemerkt, dass sie zur Versöhnung mit den Opfern historischen Unrechts oder ihren Nachkommen beitragen, aber auch wichtige selbstbezogene Funktionen übernehmen können. Andererseits regt eine neue politische Praxis, die Aufmerksamkeit erregt, zur Nachahmung an und weckt eine Erwartungshaltung, die man dann auch oft in Situationen zu befriedigen versucht, in denen eine Entschuldigung gar nichts bewirken kann – außer, diese Erwartungen zu bedienen.

Was die selbstbezogene Funktion von Schuldbekenntnissen angeht, so ist es kein Zufall, dass sich die neue Praxis der politischen Entschuldigung ursprünglich in Deutschland und dort zunächst zum Zwecke der Distanzierung von den Verbrechen in der Zeit des Nationalsozialismus entwickelt hat – mit anderen Worten, zur Schuldentlastung. Nach dem Zweiten Weltkrieg wurde von den Institutionen, die in die verbrecherische Regierungspolitik verstrickt gewesen waren, eine Stellungnahme erwartet. So entstand schon 1945 das berühmte *Stuttgarter Schuldbekenntnis* des neugegrün-

4 Vgl. ebd., S. 53.
5 Vgl. Goschler, *Schuld und Schulden*, S. 488.
6 Vgl. hierzu Barkan, *Völker klagen an*, S. 350 ff.

deten Dachverbandes der Evangelischen Kirchen in Deutschland (EKD). Der damals im Entstehen begriffene Ökumenische Rat der Kirchen (ÖRK) wies die EKD darauf hin, dass sie nur dann in die Weltgemeinschaft aufgenommen werden könne, wenn sie sich offen zu den »Unterlassungssünden des deutschen Volkes einschließlich der Kirche« bekenne.[7] Was für dieses Schuldbekenntnis gilt, setzt sich auch bei den meisten späteren Schuldbekenntnissen fort, wie Klaus-Michael Kodalle diagnostiziert: In »diesem Vorgang dominiert eher die verharmlosende, das eigene Kollektiv entlastende Erzählung als eine vorbehaltlose, nüchtern analytische Bewertung der Geschehnisse.«[8] Es geht um die »Entlastung vom Schulddruck. Was man offen und ehrlich bekannt hat, soll einem nicht mehr vorgehalten werden können.«[9] So kam es zu einem Schuldbekenntnis, das aus heutiger Perspektive eher als »Schönfärberei und Verharmlosung«[10] empfunden wird, da nicht von der weitreichenden Kollaboration der Kirchen mit dem nationalsozialistischen Regime, sondern von einem nicht konsequent genug geführten Widerstand die Rede ist:

Mit großem Schmerz sagen wir: Durch uns ist unendliches Leid über viele Völker und Länder gebracht worden. […] Wohl haben wir lange Jahre hindurch im Namen Jesu Christi gegen den Geist gekämpft, der im nationalsozialistischen Gewaltregiment seinen furchtbaren Ausdruck gefunden hat; aber wir klagen uns an, dass wir nicht mutiger bekannt, nicht treuer gebetet, nicht fröhlicher geglaubt und nicht brennender geliebt haben.[11]

7 »Vor 75 Jahren: ›Stuttgarter Schuldbekenntnis‹ der Evangelischen Kirche«, in: *Bundeszentrale für Politische Bildung* 16.10.2020, ⟨https://www.bpb.de/kurz-knapp/hintergrund-aktuell/317215/vor-75-jahren-stuttgarter-schuldbekenntnis-der-evangelischen-kirche/⟩, letzter Zugriff 20.8.2023.

8 Klaus-Michael Kodalle, »Öffentliche Schuldbekenntnisse im Zwielicht. Anmaßung und Risiko stellvertretenden Handelns in Prozessen der Aussöhnung«, in: Julia Enxing, Jutta Koslowski (Hg.) unter Mitarbeit von Dorothea Wojtczak, *Confessio. Schuld bekennen in Kirche und Öffentlichkeit*, Leipzig 2018, S. 17-52, hier S. 25.

9 Ebd.

10 »Vor 75 Jahren: ›Stuttgarter Schuldbekenntnis‹ der Evangelischen Kirche«

11 Hans Christian Asmussen u.a., *Stuttgarter Schulderklärung* [Erklärung vom 18./19.19.1945], ⟨https://www.elk-wue.de/fileadmin/Downloads/Glauben/Geistliches/Bekenntnisse/Der_Wortlaut_der_Stuttgarter_Schulderklaerung.pdf⟩, letzter Zugriff 20.8.2023.

Dass die Verfasser des Schuldbekenntnisses (Hans Christian Asmussen, Otto Dibelius und Martin Niemöller) selbst Mitglieder der bekennenden Kirche gewesen waren, verlieh der Selbstzuordnung zum Widerstand damals zweifellos eine gewisse Plausibilität. Auch wenn Niemöller, der im Unterschied zu den anderen Unterzeichnern lange in Haft gewesen war, damals eine präzisere Darlegung der Verfehlungen der Kirche vorgezogen hätte, war ihm ebenfalls vor allem an Versöhnung gelegen. Die im *Stuttgarter Schuldbekenntnis* artikulierte »Solidarität der Schuld« könnte allerdings von den Nachkommen Ermordeter und auch von einigen derer, die Widerstand geleistet hatten und inhaftiert worden waren, mit gemischten Gefühlen wahrgenommen worden sein, bedeutete sie doch eine Aufhebung der Differenzierung zwischen kirchlichen Komplizen und Opfern des Naziregimes im kollektiven »Wir«. Katharina von Kellenbach beschreibt die Formel von der »Solidarität der Schuld« als ein »zweischneidiges Schwert«:

> Einerseits wurde dadurch eine fiktive Einheit eines leidenden und schuldig gewordenen Volkes konstruiert, die eine Brücke zwischen den verschiedenen Fraktionen von Tätern, Zuschauern, Widerständlern und Opfern schlug. Das »Wir« suggeriert eine Harmonie, die die inneren Spaltungen verdecken soll. […] [A]ber die Behauptung, dass alle einbezogen werden, konnte auch dazu dienen, die Einzelnen hinter dem Schleier kollektiver Abstraktionen zu verbergen.[12]

Man hielt es im *Stuttgarter Schuldbekenntnis* auch nicht für nötig, die Juden und andere Gruppen von Opfern auch nur zu erwähnen. Stattdessen ist vage davon die Rede, sich von »glaubensfremden Einflüssen« reinigen zu müssen.[13] Nicht der Gedanke der Verschuldung am Mitmenschen, sondern der Gedanke der Sünde beziehungsweise der Unreinheit – vor den Augen Gottes und der Weltöffentlichkeit – scheint hier leitend gewesen zu sein. Erst fünf Jahre später wurde auch ein »Wort zur Schuld an Israel« formuliert, in dem die EKD nicht nur ausdrücklich eine Mitschuld an den Verbrechen des Nationalsozialismus bekannte, sondern von den Gläubigen auch konkrete Schritte zur Bekämpfung von Antisemitismus, Antijudaismus und zum Schutz von Juden einforderte:

12 Katharina von Kellenbach, *The Mark of Cain. Guilt and Denial in the Post-War Lives of Nazi Perpetrators*, Oxford 2013, S. 52. (Übers. M.-S. L.)

13 Hans Christian Asmussen u. a., *Stuttgarter Schulderklärung.*

[…] 3. Wir glauben, dass Gottes Verheißung über dem von ihm erwählten Volk Israel auch nach der Kreuzigung Jesu Christi in Kraft geblieben ist. 4. Wir sprechen es aus, daß wir durch Unterlassen und Schweigen vor dem Gott der Barmherzigkeit mitschuldig geworden sind an dem Frevel, der durch Menschen unseres Volkes an den Juden begangen worden ist. […] 6. Wir bitten alle Christen, sich von jedem Antisemitismus loszusagen und ihm, wo er sich neu regt, mit Ernst zu widerstehen und den Juden und Judenchristen in brüderlichem Geist zu begegnen. 7. Wir bitten die christlichen Gemeinden, jüdische Friedhöfe innerhalb ihres Bereiches, sofern sie unbetreut sind, in ihren Schutz zu nehmen […].[14]

Auch wenn die Opfer historischen Unrechts oder sozialer Diskriminierung in den späteren politischen Schuldbekenntnissen weniger vernachlässigt werden, sind auch die Entschuldigungen, die um Versöhnung und Wiedergutmachung bemüht sind, darauf angelegt, den Ruf der eigenen Institution oder Nation wiederherzustellen, etwa indem das Unrecht als eine untypische Episode in die Geschichte des Kollektivs eingebettet wird. Besonders charakteristisch für diesen Typ von politischen Entschuldigungen[15] ist die Rede des französischen Staatspräsidenten Jacques Chirac vom 16. Juli 1995 bei der Zeremonie zum Gedenken an die Razzia von Vel d'hiv am 16. und 17. Juli 1942:

Sehr geehrter Herr Oberrabbiner, sehr geehrte Damen und Herren […]. Vor 53 Jahren, am 16. Juli 1942, erfüllten 450 französische Polizisten und Gendarmen unter der Führung ihrer Chefs die Forderungen der Nationalsozialisten. An diesem Tag wurden in der Hauptstadt und im Großraum Paris in den frühen Morgenstunden fast 10000 jüdische Männer, Frauen und Kinder in ihren Wohnungen verhaftet und auf den Polizeiwachen zusammengetrieben. […] Frankreich, das Land der Aufklärung und der Menschenrechte, das Land der Gastfreundschaft und des Asyls, beging an diesem Tag ein nicht wieder gutzumachendes Unrecht. Es hat sein Wort gebrochen und seine Schützlinge den Henkern ausgeliefert. […] Wir haben ihnen gegenüber eine unverjährbare Schuld. […] Fünfzig Jahre später erinnert sich die jüdische Gemeinschaft, getreu ihrem Gesetz, aber ohne den

14 Synode der Evangelischen Kirche in Deutschland, *Wort zur Judenfrage oder Wort zur Schuld an Israel* [Erklärung vom 27.4.1950], ⟨http://www.denkendorfer-kreis.de/images/pdf_Dateien_u_a/DokumenteTexte/1950-04-27_EKD_Schuld-an-Israel_Wort-zur-Judenfrage.pdf⟩, letzter Zugriff 20.8.2023.

15 Vgl. hierzu auch die Analyse von Danielle Celermajer, *The Sins of the Nation and the Ritual of Apologies*, Cambridge 2009, S. 20f.

Geist des Hasses und der Rache, und mit ihr ganz Frankreich, […] damit solche Gräueltaten nie wieder geschehen. […] Gewiss, es gibt die begangenen Fehler, es gibt die Verfehlungen, es gibt eine kollektive Schuld. Aber es gibt auch Frankreich, eine bestimmte Idee von Frankreich, aufrichtig, großzügig, seinen Traditionen und seinem Genie treu. Dieses Frankreich war niemals Vichy. […] Es ist präsent […] in den Herzen jener Franzosen, jener »Gerechten unter den Völkern«, die in der dunkelsten Stunde der Wirren unter Einsatz ihres Lebens […] dem Besten Frankreichs Leben eingehaucht haben, indem sie drei Viertel der in Frankreich lebenden jüdischen Gemeinschaft retteten. Die humanistischen Werte, die Werte der Freiheit, der Gerechtigkeit und der Toleranz, die die französische Identität ausmachen und uns für die Zukunft verpflichten […].[16]

Auch wenn Chirac detailliert auf die Ereignisse eingeht und die Schuld gegenüber den Opfern als »unverjährbar« bezeichnet, geht es in dieser Rede nicht primär darum, Vertrauen bei den überlebenden Opfern und den Nachkommen von Opfern aufzubauen, sondern die eigene Nation von dem Vorwurf zu befreien, sich nicht offen mit ihrer Vergangenheit auseinanderzusetzen. Gleichzeitig versucht die Rede, Besorgnisse zu entkräften, dass ein öffentliches Schuldeingeständnis eine Herabwürdigung der Nation bedeuten könnte. Durch seine Betonung des anderen, besseren Frankreichs konnte Chirac auch diejenigen Franzosen ansprechen, die dies befürchteten: indem er einerseits die Schuldfrage in eine Darstellung einbettete, die insgesamt darauf angelegt war, ein positives Bild von der Nation zu zeichnen, andererseits gerade die ungetrübte Ehrlichkeit mit Blick auf die Vergangenheit zum Gegenstand nationalen Stolzes machte. In Deutschland hegt man starke Vorbehalte gegenüber solchen Versuchen, auch denjenigen Rechnung zu tragen, die eine politische Entschuldigung als Beschmutzung des Namens der Nation empfinden.[17] So wie nicht wenige die menschliche Anfälligkeit für Demütigungen auf der Grundlage eines modernen Verständnisses der moralisch autonomen Person zu unterschätzen pflegen, so unterschätzen nicht wenige das Bedürfnis, auf das stolz

16 Sophie Guerrier, »Le discours de Jacques Chirac au Vel d'hiv en 1995«, in: *Le Figaro*, 27.3.2014, ⟨https://www.lefigaro.fr/politique/le-scan/2014/03/27/25001-20140327ARTFIG00092-le-discours-de-jacques-chirac-au-vel-d-hiv-en-1995.php⟩, letzter Zugriff 20.8.2023. (Übers. M.-S. L.)

17 In einem philosophischen Seminar zum Thema Schuldbekenntnisse äußerten nahezu alle Studierenden entsprechende Vorbehalte gegenüber Chiracs Rede.

sein zu können, womit man sich identifiziert. Stolz ist nicht zu verwechseln mit Hochmut und Überheblichkeit, hinter denen sich oft Minderwertigkeitskomplexe verbergen. Das Bedürfnis, auf sich selbst stolz sein zu können, treibt die Menschen an, es schimmert durch alle politischen Einstellungen hindurch. Selbst diejenigen, die mit Blick auf kollektives Unrecht in der Vergangenheit für eine rückhaltlose Selbstbezichtigung plädieren, tun dies mit einem oft deutlich spürbaren Stolz auf die eigene Bereitschaft, sich unangenehmen Tatsachen zu stellen. Die Narrative, mit denen die Mitglieder einer Gesellschaft ihren Stolz (oder ihren stolzen Verzicht auf Stolz) begründen, unterscheiden sich jedoch oft erheblich. Eine Politik, die die Narrative derer, die anderer Meinung sind, verteufelt, ohne ihnen eine Alternative anzubieten, kann nicht funktionieren.

Aus diesen Gründen liegt für die britische Philosophin Mihaela Mihai eine der wichtigsten Aufgaben politischer Entschuldigungen in der Rücksicht auf widerstrebende Teile der Bevölkerung. Politische Entschuldigungen, so Mihai, können schwerlich langfristig erfolgreich sein, wenn es nicht gelingt, die Besorgnisse derer zu entkräften, die Angst vor einer Beschmutzung des nationalen Images hegen:

> Die Sprecherin sollte deutlich machen, dass eine Entschuldigung ›uns‹ nicht verunglimpft, sondern ›uns‹ in das beste Licht rückt: Sie zeigt uns als liberale Demokraten, die den Mut haben, sich zu den Gräueltaten der Vergangenheit zu bekennen [...]. Eine Entschuldigung kann widerstrebende Gruppen dazu ermutigen, die Wahrhaftigkeit gegenüber der Vergangenheit als einen Akt des Mutes und nicht als Ungerechtigkeit wahrzunehmen. Ein eindringlicher Appell an positive Gefühle von Mut statt an Scham – Stolz statt Reue – kann die Bürger davon überzeugen, die Entschuldigung als ein Zeichen von Stärke und nicht von Schwäche zu sehen. So gerahmt, ist es wahrscheinlicher, dass die Entschuldigung bei widerstrebenden Teilen der Öffentlichkeit auf Resonanz stößt.[18]

Dass politische Entschuldigungen solche selbstbezogenen Zwecke verfolgen, schließt nicht aus, dass sie einen wichtigen Beitrag zur Heilung moralischer Wunden bei den Opfern historischen Unrechts

18 Mihaela Mihai, »When the State Says ›Sorry‹: State Apologies as Exemplary Political Judgments«, in: *The Journal of Political Philosophy* 2 (2013), S. 200-220, hier S. 217. (Übers. M.-S. L.)

und ihren Nachkommen leisten. Die politischen Entschuldigungen können hier als Versöhnungsrituale etwas realisieren, das durch andere Maßnahmen nicht ohne Weiteres erreicht werden kann: bei den Opfern extremer Demütigungen und Diskriminierungen das Vertrauen herstellen, in Zukunft mit dem Respekt behandelt werden, der Beziehungen zwischen Gleichen ausmacht. Dies ist durch die Bestrafung von Verbrechen allein noch nicht zu erreichen. »Gewöhnliches« kriminelles Unrecht kann durch ein Gerichtsverfahren gesühnt werden. Dies ist jedoch bei Großverbrechen, wie sie während der Herrschaft der Nationalsozialisten begangen wurden, aus mehreren Gründen nicht möglich. *Erstens* fand eine strafrechtliche Verfolgung von NS-Tätern im ersten Jahrzehnt der Bundesrepublik kaum statt. Weniger prominente Täter wurden jahrelang von Sympathisanten in der deutschen Justiz geschützt, und einige NS-Täter wurden sogar von westlichen Geheimdiensten in den Kalten Krieg eingebunden. Solche informellen Praktiken von Amnestie sind ebenso wie formelle Amnestien nach der Beendigung von Unrechtsregimen eher die Regel als die Ausnahme. *Zweitens* ist die Aufarbeitung von Unrecht dieses Ausmaßes auf strafrechtlichem Wege auch gar nicht möglich. Selbst wenn es in der jungen Bundesrepublik damals anders gewesen wäre und jeder Einzelne, der sich im strafrechtlichen Sinne während der Zeit des Nationalsozialismus schuldig gemacht hatte, hätte verurteilt werden können, könnte diese Bestrafung Einzelner dem Ausmaß und der Ungeheuerlichkeit der Verbrechen schwerlich gerecht werden. *Drittens* kann die Verurteilung einzelner Verbrechen, die mit einer kulturell und sozial verwurzelten Diskriminierung und Verachtung bestimmter Gruppen verbunden sind, das berechtigte Misstrauen der Opfer, ihrer Nachkommen und überhaupt der Außenwelt mit Blick auf kulturell verbreitete und mitunter tief verwurzelte Einstellungen wie Antisemitismus und Rassismus nicht widerlegen. Eine Gesellschaft als ganze kann aber nicht bestraft werden. Diese Lücke wird in traditionellen Gesellschaften durch soziale Rituale gefüllt, und die politischen Entschuldigungen haben nicht zufällig den Charakter solcher Rituale angenommen.[19]

Im rituellen Kontext ist die Unterscheidung zwischen individueller und kollektiver Schuld nicht relevant. Wichtiger ist die Anerkennung des fraglichen Verhaltens als Unrecht, das aus einer

19 Zur Rolle von Ritualen in solchen Situationen vgl. Celermajer, *The Sins of the Nation*, S. 6.

falschen Einstellung oder einer nicht hinnehmbaren Respektlosigkeit gegenüber dem fraglichen Kollektiv entstanden ist, und das in die Zukunft gerichtete Versprechen eines respektvollen Umgangs miteinander.

3. Gibt es moralische Kollektivschuld und Erbschuld?

Der Gebrauch des »Wir« in den Schuldbekenntnissen wirft Fragen auf, die über die spezielle Praxis der Entschuldigungen hinausreichen: Gibt es so etwas wie moralische Kollektivschuld? Und in welchem Maße müssen die Menschen der Gegenwart Verantwortung für die Ungerechtigkeiten und Verbrechen der Vergangenheit übernehmen? Wie ist die eigene moralische Position im Verhältnis zu früheren Generationen zu verstehen? Soll man sich schuldig fühlen für das, was die eigenen Vorfahren getan haben? Oder geht es eigentlich gar nicht um Schuld?

Die Meinungen zu diesen Fragen gehen weit auseinander. Die Antworten hängen nicht nur davon ab, wie sehr man sich mit den Opfern vergangenen Unrechts oder ihren Nachkommen solidarisiert und wie stark man deren Anliegen im Vergleich zu den Anliegen heutiger Menschen gewichtet. Sie berühren auch Fragen der Identität und des Schuldverständnisses. Eine politische Entschuldigung folgt einer anderen Logik als eine moralische oder strafrechtliche Schuldzuweisung. Es ist daher nicht nötig, an sie dieselben strengen Kriterien anzulegen. Sie dienen im Gegensatz zu strafrechtlichen Schuldzurechnungen nicht der retributiven, sondern der restaurativen Gerechtigkeit und der moralischen Heilung. Daher scheint die Möglichkeit, dass eine Entschuldigung zur Heilung von Gefühlen der Missachtung beitragen kann, auch wenn sie nicht von den Tätern, sondern von einem Vertreter späterer Generationen ausgesprochen wird, im Zweifelsfall immer für eine Entschuldigung zu sprechen. Gleichwohl gibt es auch kritische Stimmen, die eine neue Verfestigung von Kategorien der Erb- und Kollektivschuld befürchten, die eigentlich als überwunden gelten. So argumentiert Jason D. Hill, dass mit der rechtlichen Gleichstellung der Afroamerikaner durch den Civil Rights Act von 1964 das Unrecht beendet sei und es keinen Grund mehr für eine Entschuldigung gebe.[1] Demgegenüber gehen diejenigen, die eine Entschuldigung für angebracht halten, davon aus, dass die rein rechtliche Gleich-

1 Vgl. Jason D. Hill, *What Do White Americans Owe Black People? Racial Justice in the Age of Post-Oppression*, New York 2021.

stellung nicht annähernd zu Chancengleichheit geführt hat und dass die extreme wirtschaftliche und soziale Benachteiligung und Diskriminierung der ehemaligen Sklaven auch nach der Abschaffung der Sklaverei bis heute fortbesteht. Aus diesem Grund wird dafür plädiert, dass die schlechte Situation, in der sich heute große Teile der schwarzen Bevölkerung in Bezug auf Bildung, familiäre Unterstützung und Wohlstand befinden, nicht ihnen selbst zuzuschreiben ist, sondern als Folge des in der Vergangenheit erlittenen Unrechts zu verstehen ist.[2]

Gegen die sich in den letzten Jahrzehnten in den USA entwickelnde Praxis von Bürgermeistern amerikanischer Städte, stellvertretende Schuldbekenntnisse für die viele Generationen zurückliegende Beteiligung der Städte an der Sklaverei abzugeben, führt Hill mehrere Gründe an. Erstens kritisiert er, »dass man die moralische Verantwortung für Verbrechen übernimmt, die man nicht selbst begangen hat«, weil man damit signalisiert, »dass man die Sünden seiner Vorfahren tragen muss«.[3] Zweitens weist er darauf hin, dass wir in den meisten Fällen gar nicht wissen, »ob die Vorfahren Sklavenhalter waren und nicht vielmehr – vielleicht – Gegner der Sklaverei oder einfach bescheidene Arbeiter«.[4] Daraus ergibt sich ein dritter, vielleicht am schwersten wiegender Grund. Denn wenn wir das nicht wissen können und die Einteilung derer, die sich entschuldigen, und derer, an die sich die Entschuldigung richtet, allein auf der Grundlage der Hautfarbe vornehmen, dann, so Hill, beruhen solche Entschuldigung auf der »krudesten Form von Rassismus: biologischem Kollektivismus« und befördern die Verbreitung dieser Denkhaltung.[5]

Der dritte Einwand trifft allerdings nur Entschuldigungen, die im Namen der weißen Bevölkerung und nicht im Namen einer speziellen Institution vorgebracht werden. Aber auch die Verantwortung gegenwärtiger Institutionsvertreter für die frühere Politik

2 Vgl. Ta-Nehisi Coates, »The Case for Reparations«, in: *The Atlantic*, Juni 2014, <https://www.theatlantic.com/magazine/archive/2014/06/the-case-for-reparations/361631/>, letzter Zugriff 6.2.2024. Zu den Diskussionen über Entschuldigungen und Entschädigungen für die Sklaverei vgl. Elazar Barkan, *Völker klagen an*, Kapitel 10, S. 321-349.

3 Ebd.

4 Ebd.

5 Jason D. Hill, »Eine leere Geste«, *NZZ*, 27.9.2018.

der Institution ist mit Blick auf die Identitätskriterien nicht unumstritten. So brachte ein Mitglied des Senats der Universität von Alabama 2004 folgendes Argument gegen die Forderung nach einer Entschuldigung für die Haltung von Sklaven durch Senatsmitglieder vor dem Bürgerkrieg vor:

> [Die] Universität, wie sie vor dem Bürgerkrieg existierte, ist nicht repräsentativ für die Universität heute. [...] Sich zu entschuldigen bedeutet, Verantwortung zu übernehmen. Kein Mitglied dieser Fakultät, der Studentenschaft oder der Verwaltung kann legitimerweise die Verantwortung für die Sklaverei übernehmen. Eine Entschuldigung dieses Gremiums für die Gedanken und Handlungen der längst Verstorbenen, zumindest für Handlungen, die nach heutigen Maßstäben kriminell sind, belastet daher das Leben und den Ruf der Unschuldigen ebenso wie den der Schuldigen und verstärkt durch diese Ungerechtigkeit die negativen Auswirkungen unserer größten amerikanischen Tragödie.[6]

Dieser Einwand berührt drei verschiedene Fragen. Die *erste* betrifft die Identität der jetzigen Organisation mit der früheren in den Aspekten, die für den Anlass relevant sind. *Zweitens* wird die Frage aufgeworfen, ob hier Menschen, die mit Blick auf das historische Übel – die Sklaverei – selbst unschuldig sind, ungerechterweise eine moralische Schuld aufgebürdet wird. Und *drittens* geht es um die Funktion und die Angemessenheit einer Entschuldigung so lange nach dem Tod der betroffenen Personen – auf diese dritte Frage werde ich erst später zurückkommen.

Was die erste Frage betrifft, hat Charles Griswold argumentiert, dass die Universität von Alabama in ihrer heutigen Form (in den relevanten Aspekten) identisch ist mit der Universität von Alabama, wie sie im 19. Jahrhundert bestand, da sie denselben Namen trägt und durch eine ununterbrochene institutionelle Geschichte mit ihr verbunden ist.[7] In vielen anderen Fällen – etwa bei der Entschuldigung Clintons mit Blick auf Amerikas Nutznießerschaft bezüglich der Versklavung von Afrikanern oder bei der Entschuldigung gegenwärtiger Christen für die Gräueltaten der Kreuzfahrer – kann die Identitätsfrage jedoch aufgrund von Diskontinuitäten und Ambi-

6 J. Reeves, »An Apology for Slavery,«, in: *The Decatur Daily*, 21. 4. 2004; hier zitiert nach Charles L. Griswold, *Forgiveness. A Philosophical Exploration*, Cambridge 2007, S. 148. (Übers. M.-S. L.)

7 Vgl. ebd., S. 149.

valenzen in der Zuordnung zu Opfern und Tätern nicht so einfach beantwortet werden. So ist die historische Kontinuität der US-Regierung mit den früheren Staaten durch den Bürgerkrieg unterbrochen worden; gleichzeitig besteht eine Kontinuität der heutigen US-Regierung mit der Institution, die die Sklaverei abgeschafft hat; und die heutigen Bürger sind Nachkommen sowohl von Sklavenhaltern als auch von Sklaven – nicht selten von beiden – sowie von Unbeteiligten. Das gilt auch für heutige Afrikaner in den Regionen, in denen damals Sklavenfang und -handel betrieben wurde.[8]

Die Antwort auf die zweite Frage hängt davon ab, was jeweils unter *Schuld* verstanden wird: Geht es um moralische *Vorwerfbarkeit* oder etwas anderes? Und kann es nicht nur individuelle, sondern auch Kollektivschuld geben? Ähnlich wie der Senator der Universität von Alabama ging auch Premierminister Howard bei seiner Weigerung, sich bei den Aborigines zu entschuldigen, davon aus, dass eine solche Entschuldigung im Namen der australischen Nation das Eingeständnis einer moralischen Kollektivschuld im Sinne von Vorwerfbarkeit einschließt, die gegenwärtige Menschen von der früheren Generation erben. Den Gedanken einer solchen moralischen Kollektivschuld hielt er für unangemessen, da er dem liberalen Prinzip des Strafrechts und auch der Moral widerspreche, wonach Menschen nur für das getadelt und bestraft werden können, was sie selbst getan oder unterlassen haben. Die entscheidende Frage lautet also, ob eine politische Entschuldigung mit der Unterstellung einer kollektiven moralischen Vorwerfbarkeit verbunden ist oder ob die Schuldfrage anders verstanden werden muss.

Im ersten Teil habe ich argumentiert, dass die Frage nach »dem Verantwortlichen« für ein von Menschen verursachtes Unglück auch dann berechtigt sein kann, wenn es den *einen* moralisch und rechtlich Schuldigen nicht gibt. Es wird oft erwartet, dass ein Repräsentant der für das Unglück kausal oder institutionell Verantwortlichen gegenüber den Geschädigten und ihren Angehörigen Verantwortung übernimmt und das Notwendige tut, um zu verhindern, dass das Unglück nicht nur den Verlust nahestehender Menschen, sondern auch den Verlust des Vertrauens mit sich bringt, in

8 Eine ausführliche Rekonstruktion dieser Probleme, allerdings weniger mit Blick auf Fragen der Entschuldigung als der Entschädigung, liefern Eric A. Posner, Adrian Vermeule, »Reparations for Slavery and Other Historical Injustices«, *Columbia Law Review* 689 (2003), S. 689-747.

seinen berechtigten Interessen sozial respektiert und berücksichtigt zu werden. Dies kann nun auch im Hinblick auf Diskriminierungen und Demütigungen durch frühere Generationen erforderlich sein, deren soziale Folgen in die Gegenwart hineinreichen. Wie gesagt, wäre es gar nicht möglich, die bis in die Gegenwart reichenden Folgen vergangener Großverbrechen oder vergangener Diskriminierungen und Demütigungen von gesamtgesellschaftlichem Ausmaß allein auf der Grundlage des individualistischen Schuldprinzips zu bewältigen.

Die Frage, in welchem Sinne spätere Generationen Verantwortung für die Handlungen früherer Generationen tragen, wird nicht selten mit der Frage verwechselt, inwieweit politische Großverbrechen auch denjenigen anzulasten sind, die nicht direkt als Täter beteiligt waren, aber direkt oder indirekt kausal dazu beitrugen. Denn auch die Frage, wie es zu solchen Taten kommen konnte, kann nicht allein mit Blick auf einzelne Täter beantwortet werden. Zum Täter wird niemand im luftleeren Raum; Verbrechen, Diskriminierungen und würdeverletzende Maßnahmen, die vom Staat ausgehen, bedürfen der aktiven oder zumindest passiven Unterstützung vieler Menschen. Auch Hasskriminalität, Diskriminierungen und Demütigungen sind in der Regel das Ergebnis des Zusammenwirkens einer Vielzahl von Individuen, die aufeinander reagieren und eine Kultur prägen, in der die Verachtung bestimmter gesellschaftlicher Gruppen allmählich in aktive Hasskriminalität umschlägt. Selbst wenn sich nur eine Minderheit der Bevölkerung etwa an antisemitischen oder rassistischen Gewalttaten beteiligt, würden diese Taten nicht begangen, wenn die Täter nicht mit der Zustimmung und Duldung der anderen rechnen könnten.

Beispiele für diesen Zusammenhang zwischen Täterschaft und mehr oder weniger passiver Komplizenschaft finden sich nicht nur in der NS-Zeit, sondern sind etwa auch die Lynchmorde in den amerikanischen Südstaaten im letzten Jahrhundert. Die Vorstellung, dass die Schuld an Verbrechen nur den jeweiligen individuellen Tätern zuzurechnen ist, wird der Abhängigkeit solcher Verbrechen von der mehr oder weniger indirekten Mitwirkung und Billigung anderer nicht gerecht. Daher sind in jüngster Zeit auch in der Philosophie verschiedene Versuche unternommen worden, den lange verpönten Begriff der Kollektivschuld zu rehabilitieren, ohne das Prinzip der Individualschuld dabei aufzugeben. So geht

Michael Schefczyk davon aus, dass diejenigen, die sich »immer wieder gegen Kompensationsforderungen mit dem Argument [verwahren], an dem fraglichen Unrecht nicht schuld zu sein«, sich eine zu simple Vorstellung von der »Reichweite ihrer moralischen und rechtlichen Verantwortung« auch nach dem Prinzip der Individualschuld machen.[9]

Schefczyk erweitert daher das Verständnis von Mittäterschaft am Beispiel der NS-Zeit, indem er auch diejenigen einbezieht, die mehr oder weniger von den Verbrechen profitierten und von dem Unrecht (zum Beispiel Enteignung jüdischen Eigentums) wussten oder hätten wissen können; je nach Art der kausalen Beteiligung, des Mitwissens und der Nutznießerschaft unterscheidet er entsprechende Typen der Mittäterschaft und der Verursachung kumulativen Übels.[10] Auch Larry May dehnt den Begriff der moralischen Verantwortung aus. Darunter soll nicht nur die moralische Vorwerfbarkeit des eigenen Handelns oder Unterlassens fallen, wenn moralische Pflichten verletzt werden, sondern auch vieles, was nicht in diesem Sinne moralisch vorwerfbar ist, aber in einem schwächeren Sinne »Scham, Reue, Bedauern und Gefühle der Schuld« rechtfertigt.[11] Das betrifft insbesondere auch Verhaltensweisen, die keinen erkennbaren kausalen Beitrag zur Erzeugung eines Übels geleistet haben. May unterscheidet dabei zwischen moralischer Schuld (im engeren Sinne) und moralischer Befleckung (*moral taint*):

> Moralische Schuld ist angebracht, wenn eine Person in der Welt etwas verursacht hat. Ein kausaler Akteur zu sein, ist eng mit moralischer Schuld verbunden. Aber wenn es nicht um die kausale Wirkung einer Person geht oder wenn zumindest die kausale Rolle, die man gespielt hat, keinen Unterschied in der Welt gemacht hat, dann kann moralische Scham oder Befleckung das angemessene moralische Gefühl sein.[12]

9 Michael Schefczyk, *Verantwortung für historisches Unrecht*, Berlin, New York 2012, S. 75.

10 Zum Begriff des Kumulationsübels vgl. Schefczyk, *Verantwortung für historisches Unrecht*, S. 246.

11 Larry May, *Sharing Responsibility*, Chicago 1992, S. 16.

12 Larry May, »Metaphysical Guilt and Moral Taint«, in: Larry May, Stacey Hoffman (Hg.), *Collective Responsibility. Five Decades of Debate in Theoretical and Applied Ethics*, Lanham 1991, S. 239-254, hier S. 248. (Übers. M.-S. L.)

May hat Formen der Teilnahme an Gruppenprozessen im Blick, ohne die es nicht zu bestimmten moralisch verwerflichen Handlungen gekommen wäre. Dabei geht es ihm nicht um die psychologische Frage, ob Menschen tatsächlich Schuld- oder Schamgefühle entwickeln, wenn sie mit Kollektiven in Verbindung gebracht werden, in deren Namen Verbrechen begangen wurden, auch wenn sie keinen aktiven oder kausal relevanten Anteil daran hatten. Menschen können Schuld und Scham empfinden, auch wenn sie keinen moralischen Grund dafür haben. Obwohl wir diese Gefühle als moralische Gefühle bezeichnen, weil wir erwarten, dass anständige Menschen sie bei eigenem Fehlverhalten entwickeln, können sie auch durch andere Wahrnehmungen ausgelöst werden. So treten Schuldgefühle häufig bei Störungen in nahen Beziehungen auf, auch wenn man sich keines Fehlverhaltens bewusst ist;[13] Schamgefühle wiederum treten bei vielen Gelegenheiten auf, bei denen Menschen das Gefühl haben, in einer Situation in einer Weise wahrgenommen zu werden, die ein ungünstiges Licht auf sie wirft. Und angesichts der Verbrechen vergangener Generationen fühlen sich viele Menschen moralisch befleckt, obgleich ihnen bewusst ist, dass es nicht in ihrer Macht stand, diese Verbrechen zu verhindern. Mitunter werden Menschen aber auch von anderen als moralisch befleckt oder kompromittiert wahrgenommen, obgleich ihnen persönlich kein Fehlverhalten vorzuwerfen ist, etwa wenn sie mit einem Verbrecher verheiratet waren oder als Nachkommen von Nazis oder Kolonialisten angesehen werden.

In der philosophischen Diskussion geht es jedoch nicht um diese psychologischen und sozialen Tatsachen, sondern um die *normative* Frage, wann eine Person sich *berechtigterweise* schuldig fühlen oder zu Recht als in irgendeinem Sinne moralisch defizient betrachtet werden kann, auch wenn sie selbst nichts Böses getan hat. May hält dies in bestimmten Fällen für gerechtfertigt: Zum Beispiel wenn jemand aktiv dazu beiträgt, Einstellungen in einer Gruppe zu kultivieren, die es wahrscheinlicher machen, dass aus dieser Gruppe heraus Verbrechen begangen werden, auch wenn die Person nicht an diesen Taten beteiligt ist. Die Verantwortung des Einzelnen kann sich also bis zu einem gewissen Grad auch auf die Handlun-

13 Vgl. Roy Baumeister, Arlene Stillwell, Todd F. Heatherton, »Guilt: An Interpersonal Approach«, in: *Psychological Bulletin* 2 (1994), S. 243-267.

gen anderer erstrecken, wenn er die dafür relevanten Einstellungen mit den anderen Gruppenmitgliedern teilt. May geht daher davon aus, dass der Begriff der individuellen Verantwortung durch ein Verständnis von »geteilter Verantwortung« ergänzt werden muss.[14] Insoweit sich diese geteilte Verantwortung auf Dinge bezieht, die in unserer Macht stehen – wie zum Beispiel die Teilnahme am Austausch rassistischer oder anderweitig moralisch fragwürdiger Kommunikationen in Gruppen –, widerspricht das Prinzip der »geteilten Verantwortung« nicht dem Prinzip der individuellen Verantwortung. Es verschiebt jedoch den Fokus von der Verantwortung für Handlungen zu der Verantwortung für Äußerungen und geistige Einstellungen. Mays Überlegungen zur »geteilten Verantwortung« können allerdings nichts zur Beantwortung unserer Frage nach einer möglichen Schuld späterer Generationen beitragen, denn diese können weder als Mittäter noch als passive Unterstützer des Unrechts früherer Generationen betrachtet werden. In Bezug auf solche Beziehungen zwischen Generationen hat Glen Pettigrove – bezogen auf die Frage, ob sich der heutige amerikanische Kongress für die Sklaverei entschuldigen sollte – argumentiert, dass gegenwärtige Generationen nicht das Recht hätten, sich für die Taten früherer Generationen zu entschuldigen; das Zurschaustellen kollektiver Reue für die Handlungen anderer führe eher zu Selbstgerechtigkeit und Selbstbetrug als zu echter Zerknirschung.[15] Das schließt jedoch nicht aus, dass spätere Generationen einen guten Grund zur Entschuldigung hätten. Wenn diese nämlich von dem Wohlstand profitieren, der durch ein Unrecht wie die Sklaverei geschaffen wurde, ohne die Nachkommen derjenigen, denen der Lohn für ihre Arbeit vorenthalten wurde, zu entschädigen, haben sie sich eines eigenen Fehlverhaltens schuldig gemacht, für das eine Entschuldigung und Wiedergutmachung angemessen wäre.[16] Die moralische Schuld der einen wird also nicht auf die anderen übertragen, kann aber die Ursache dafür sein, dass diese eine andere Schuld auf sich laden. Dies gilt Bernhard Schlink zufolge nicht nur für die Nutzung von Vermögen, das aus der Sicht späterer Generationen unrechtmäßig auf Kosten anderer erworben wurde, sondern

14 Vgl. May, »Sharing Responsibility«, S. 53.

15 Glen Pettigrove, »Apology, Reparations, and the Question of Inherited Guilt«, in: *Public Affairs Quarterly* 17 4 (2003), S. 327.

16 Ebd., S. 341.

auch für moralische Reaktionen, da die Weise, in der Menschen auf die Schuld anderer reagieren, neue Schuld erzeugen kann. So sei die deutsche Schuld in der zweiten Generation der Deutschen neu entstanden, weil die Nachkommen der Nazis nicht mit ihren Familienmitgliedern gebrochen hätten.[17] Schlink meint damit nicht, dass die Nachgeborenen die Schuld ihrer Eltern geerbt hätten, sondern dass die Nachgeborenen selbst Schuld auf sich geladen hätten, weil sie nicht bereit gewesen seien, ihre Familienangehörigen mit der NS-Vergangenheit zu konfrontieren und sich von ihnen zu distanzieren. Auch die amerikanische Philosophin Marina Oshana geht davon aus, dass individuelle Mitglieder von schuldbelasteten Kollektiven, auch wenn sie keine Mittäter sind, zu Recht selbst als moralisch belastet angesehen werden, solange sie sich nicht aktiv von diesen Kollektiven beziehungsweise dem betreffenden Unrecht distanzieren.[18]

Aus diesen Diskussionen ergeben sich also unterschiedliche Möglichkeiten, die Verantwortung gegenwärtiger Generationen für das historische Unrecht früherer Generationen und eine damit verbundene Pflicht zur Entschuldigung auf eine moralische Verschuldung gegenwärtiger Generationen zurückzuführen. Da gegenwärtige Generationen sich jedoch auch dann zur Wiedergutmachung verpflichtet fühlen können, wenn ihnen persönlich nichts vorwerfbar ist – ich komme noch darauf zurück –, stellt sich die Frage, wie sinnvoll es überhaupt ist, die Zuständigkeit für Wiedergutmachung und Entschuldigung an eine moralische Verschuldung zu binden. Man mag es immer für wünschenswert halten, dass Menschen ein stärkeres Bewusstsein nicht nur für eigenes Fehlverhalten, sondern auch für ihr Verstricktsein in die Folgen des schuldhaften Verhaltens anderer entwickeln.

Wie schon Karl Jaspers in seiner berühmten Vorlesung »Die Schuldfrage« 1945 dargelegt hat, kommt es mit Blick auf die Entwicklung eines eigenen Verantwortungsbewusstseins für die politischen Verhältnisse allerdings entscheidend darauf an, ob die Voraussetzungen vorliegen, damit Menschen die Gelegenheit zur

17 Bernhard Schlink, *Vergangenheitsschuld. Beiträge zu einem deutschen Thema*, Zürich 2007, S. 13.

18 Vgl. Marina A. L. Oshana, »Moral Taint«, in: Claudia Card, Armen T. Marsoobian (Hg.), *Genocide's Aftermath. Responsibility and Repair*, New Jersey 2007, S. 85 ff.

moralischen Selbsthinterfragung ergreifen können. Jaspers warnte davor, Formen des moralischen Verschuldens, die nicht strafrechtlich relevant sind, zum Gegenstand persönlicher Anklagen zu machen und von anderen Schuldbekenntnisse zu fordern. Dabei ging es ihm keineswegs darum, diese Fragen unter den Teppich zu kehren. Ganz im Gegenteil wollte er eine öffentliche Auseinandersetzung auch mit den Formen von indirekter Mittäterschaft und Nutznießerschaft am nationalsozialistischen Unrecht in Gang bringen und dazu anregen, sich ernsthaft und ehrlich mit dem eigenen Verhalten auseinanderzusetzen und ein tieferes Verständnis der Ursachen dieser politischen und menschlichen Katastrophe zu entwickeln. Dies schien ihm jedoch unmöglich, wenn man die Emotionen entfacht, die Menschen unvermeidbar entwickeln, wenn sie das moralische Urteil anderer oder gar eine öffentliche Bloßstellung fürchten müssen; sie werden dann eher versuchen, der Verurteilung zuvorzukommen, indem sie sich selbst zum moralischen Richter aufschwingen. Jaspers plädierte daher dafür, sich im öffentlichen Raum mit moralischen Vorwürfen weitestmöglich zurückzuhalten. Insbesondere sei davon Abstand zu nehmen, sich durch Vorwürfe oder auch sündenstolzträchtige Selbstvorwürfe »an Gefühlen des Stolzes, der Verzweiflung, der Empörung, des Trotzes, der Rache, der Verachtung zu berauschen«.[19] Nicht jeder wird Jaspers' Auffassung plausibel finden, dass eine moralische Selbstkritik, die zu einem besseren Verständnis der politischen Realitäten und des eigenen Beitrags zu den politischen Entwicklungen beitragen kann, nur als stille Infragestellung des eigenen Verhaltens oder als gemeinsame Erforschung der Vergangenheit unter Freunden möglich ist, die sich ihres gegenseitigen Wohlwollens sicher sind. Dahinter steht jedoch die Erfahrung, dass öffentliche Vorwürfe eine solche Auseinandersetzung eher blockieren. Sobald moralische Kritik die Form eines öffentlichen Vorwurfes annimmt, wird sie zum Zug in einem Machtkampf, in dem sich der Sprecher die überlegene Position des Richters anmaßt, der den anderen in die Position des Angeklagten zwingt und ihn allein schon durch diese Rollenverteilung demütigt. Dieser kann kaum anders, als sich zu rechtfertigen und zu versuchen, den Spieß umzudrehen. Jaspers verstand daher auch die Nei-

19 Karl Jaspers, »Die Schuldfrage«, in: *Gesamtausgabe*, Bd. I/23, Heidelberg 2021, S. 24.

gung mancher seiner Zeitgenossen zu öffentlichen Schuldbekenntnissen als eine verschleierte Anmaßung, da der Bekennende »sich durch das Bekenntnis einen Wert geben, sich vor anderen hervortun will. Es ist ein Zug von Aggressivität in solchem Bekennen.«[20]

Aus anderen Gründen kritisierte Hannah Arendt die Neigung junger Deutscher in den 1960er Jahren, sich zu einer moralischen Kollektivschuld zu bekennen. Dieses stellvertretende Schuldbekenntnis der Nachkommen von Tätern und Komplizen war eigentlich als moralische Anklage gegen die Generation der Eltern gemeint. Arendt befürchtete von der vagen Behauptung einer allgemeinen deutschen Schuld, die aktives und passives Verhalten gleichermaßen umfasst, aber vor allem die Aufweichung des Prinzips individueller moralischer Schuld. Schließlich besteht die Funktion des moralischen Schuldbegriffs darin, zwischen denjenigen zu unterscheiden, die etwas Unrechts getan haben, und denjenigen, die nicht schuldig sind: »Wo alle schuldig sind, ist niemand schuldig. Schuld ist, anders als Verantwortung, immer ein Einzelfall; sie ist streng persönlich. Sie bezieht sich auf eine Handlung, nicht auf Absichten oder Möglichkeiten.«[21] Ihr schwante, dass sich durch diese Formen kritisch gemeinter Identifikation die Täterschuld in einer vagen und dysfunktionalen Idee moralischer Kollektivschuld auflösen würde: Im »Nachkriegsdeutschland, [...] in Bezug auf das, was das Hitlerregime den Juden angetan hatte, hat der Ausruf ›Wir sind alle schuldig‹, der zunächst so sehr edel und verlockend klang, in Wirklichkeit nur dazu gedient, diejenigen, die tatsächlich schuldig waren, in erheblichem Maße zu exkulpieren.«[22]

Wenn moralische Schuld im Sinne von Vorwerfbarkeit nicht übertragbar ist – und das ist in der Theorie (im Unterschied zur kommunikativen menschlichen Praxis) unstrittig –, dann kann von einer moralischen Schuld späterer Generationen nur in einem *uneigentlichen* Sinn die Rede sein. Denn das Kollektiv, dessen Vertreter Schuld bekennt, wird durch zwei Schritte der *Übertragung von Schuld* konstruiert, durch die sich zwangsläufig auch die Bedeutung von Schuld verändert: *erstens* die Übertragung der Schuld von den

20 Ebd., S. 86.

21 Hannah Arendt, »Collective Responsibility«, in: James Bernauer (Hg.), *Amor Mundi. Explorations in the Faith and Thought of Hannah Arendt,* Dordrecht 1987, S. 43-50, hier S. 43. (Übers. M.-S. L)

22 Ebd.

individuellen Tätern auf das jeweilige (meist nationale) *Kollektiv*, *zweitens* durch die Identifikation von *gegenwärtigen* Kollektiven mit *vergangenen* Kollektiven.[23] Dabei streift die Schuld den Charakter der Vorwerfbarkeit stillschweigend ab.

Aus diesen Gründen wäre es eine moralische Verwirrung, die Übernahme von Verantwortung, die sich in politischen Entschuldigungen und anderen Wiedergutmachungsmaßnahmen für vergangenes Unrecht äußert, aus dem hölzernen Eisen einer moralischen Kollektivschuld herzuleiten. Es kann aber gute moralische Gründe geben, für das Unrecht vergangener Generationen Verantwortung zu übernehmen, auch wenn keine Schuld vorliegt – nicht alle Verantwortungsverhältnisse setzen Schuld voraus.[24] Darüber hinaus kann es sogar gute pragmatische Gründe geben, hier in einem uneigentlichen Sinne von Schuld zu sprechen.

Zunächst zu den moralischen Gründen: Dass es falsch ist, Menschen etwas moralisch vorzuwerfen, was nicht sie, sondern andere getan haben und was sie als nachfolgende Generation auch nicht hätten verhindern können, bedeutet nicht, dass sie nicht *in einem anderen Sinne verantwortlich* sein könnten, für den sich im Deutschen der Begriff der *Haftbarkeit* eingebürgert hat. Während es »so etwas wie eine stellvertretende Schuld [im moralischen Sinne] nicht geben« kann, kann die Haftung auch »von einer Partei auf die andere übertragen« werden.[25] Menschen können durchaus haftbar für das Fehlverhalten anderer Menschen sein.

Gilt dies auch für *moralische* Übel zu früheren Zeiten und das Unrecht früherer Generationen? Jaspers hat in »Die Schuldfrage« die Auffassung vertreten, dass die politische Haftung (er spricht etwas mehrdeutig von »politischer Schuld«) der Bürger für die Wiedergutmachungsleistungen nach Verbrechen, die im Namen ihres Staates begangen wurden, im Unterschied zur moralischen und strafrechtlichen Schuld allein der Staatsbürgerschaft entspringt und unabhängig davon ist, ob die Haftenden selbst an den fraglichen Verbrechen beteiligt waren oder ob ihnen irgendetwas vorzuwerfen ist. Das gilt auch für die Verbrechen von früheren Staaten auf dem-

23 Vgl. Trouillot, »Abortive Rituals«, S. 73.

24 Vgl. Schefczyk, »Verantwortung für historisches Unrecht«, S. 79.

25 Joel Feinberg, »Collective Responsibility«, in: Larry May, Stacey Hoffmann (Hg.), *Collective Responsibility. Five Decades of Debate in Theoretical and Applied Ethics*, New York 1991, S. 53-76, hier S. 60. (Übers. M.-S. L.)

selben Gebiet, wenn ein Rechtsnachfolgeverhältnis besteht. Auch wenn Jaspers hier vor allem die Haftung von Staatsbürgern als Steuerzahlern für die finanziellen Wiedergutmachungsmaßnahmen des Staates im Blick hatte, scheint es mir evident, dass die von persönlicher moralischer oder strafrechtlicher Schuld unabhängige Verantwortung einer späteren Generation sich auf *alle* im Namen des früheren Staates angerichteten Schäden und Verletzungen erstrecken kann, einschließlich der Verantwortung für die Wiederherstellung zerstörten Vertrauens und andere moralische Reparaturmaßnahmen. Hierfür eignet sich der Begriff der *moralischen Haftung*, da der gebräuchlichere Begriff *moralische Verantwortung* mehrdeutig ist und oft auch im Sinne von Vorwerfbarkeit verstanden wird. Unter moralischer Haftung verstehe ich eine moralische Verpflichtung zur Wiedergutmachung, die keine moralische Schuld im eigentlichen Sinne von Vorwerfbarkeit beinhaltet.[26] Das Phänomen der moralischen Haftung durchzieht unser Alltagsleben, denn wir fühlen uns oft auch dann moralisch verpflichtet, Schäden und Verletzungen wiedergutzumachen und uns dafür zu entschuldigen, wenn wir sie gar nicht verursacht haben oder sie uns nicht moralisch vorwerfbar sind – etwa wenn unsere kleinen Kinder etwas angestellt haben, wenn wir ohne böse Absicht und ohne dass wir es hätten ahnen können, durch eine missverständliche Bemerkung jemanden verletzt haben oder ein schwerer Blumentopf in einem ungewöhnlichen Unwetter trotz vernünftiger Vorsichtsmaßnahmen auf das Auto unseres Nachbarn gestürzt ist.

Die moralische Haftung entspringt nicht moralischer Schuld, sondern entweder der eigenen kausalen Rolle bei der Entstehung der besagten Schäden und Verletzungen oder einer relevanten Beziehung zu den Verursachern oder Tätern wie der nationalen Identität oder der Zugehörigkeit zur selben Institution. Schefczyk hat die Übernahme einer Verantwortung ohne Schuld, die sich aus der eigenen Position im Verhältnis zu den Verursachern oder Tätern ergibt, in Anlehnung an Giorgio Agamben als »Sponsorenschaft« bezeichnet: »Der Sponsor ist nicht der Verursacher, sondern tritt an dessen Stelle.«[27] Er kann die Schuld nicht auf sich nehmen, wohl aber die mit der Schuld verbundenen Pflichten. Als Spon-

26 Zum Begriff der moralischen Haftung vgl. Maria-Sibylla Lotter, *Scham, Schuld, Verantwortung*, S. 139-144.

27 Vgl. Schefczyk, *Verantwortung für historisches Unrecht*, S. 77.

sorin kommt aber keine beliebige Person in Frage, die von sich aus den Wunsch entwickelt, Wiedergutmachung zu leisten, ohne in einer relevanten Beziehung mit den Tätern zu stehen. Im Unterschied zu einer solchen freiwilligen Unterstützerin ist eine Sponsorin aufgrund ihrer (institutionellen, familiären etc.) Beziehung zu den Tätern von vornherein als diejenige Instanz bestimmt, die zur Übernahme von Verantwortung verpflichtet ist.[28]

Dies kann unter bestimmten Umständen – nämlich dann, wenn die Verbrechen und Übel, die im Namen der Nation oder anderer Kollektive begangen wurden, nicht nur finanzieller Art sind, sondern auch Verletzungen der Würde und Selbstachtung von Menschen als Individuen oder als Mitglieder von Gruppen einschließen – auch die Verpflichtung mit sich bringen, sich in angemessener Weise zu entschuldigen. Die Frage, wann eine Entschuldigung moralisch angebracht ist, kann jedoch nicht allein mit Blick auf die Vergangenheit, sondern nur mit Blick auf die Gegenwart und Zukunft beantwortet werden. Sie kann insbesondere dann geboten sein, wenn die Würdeverletzungen und Demütigungen der Vergangenheit bis in die Gegenwart nachwirken, die Lebensbedingungen der Nachkommen der Opfer bis heute erschweren und ihre Beziehungen zu anderen gesellschaftlichen Gruppen belasten. Mitunter ist es nicht möglich, die Beziehungen in der Gegenwart frei als Beziehungen des Respekts unter Gleichen zu gestalten, ohne sich mit der Vergangenheit auseinanderzusetzen und zu ihr moralisch Stellung zu beziehen, insbesondere dann, wenn auch die gegenwärtigen Beziehungen noch im Licht der Respektlosigkeiten der Vergangenheit wahrgenommen werden. Dann kann es richtig sein, sich von Handlungen vergangener Generationen zu distanzieren, durch die Menschen gedemütigt und entrechtet wurden – verbunden mit dem Versprechen, in Zukunft das Mögliche zu tun, um Beziehungen gegenseitigen Respekts herzustellen. Das in der Entschuldigung zum Ausdruck kommende Schuldbekenntnis impliziert also nicht die Anerkennung eigener moralischer Schuld, aber die Anerkennung moralischer Haftung bzw. Sponsorschaft für die Wiedergutmachung vergangenen Unrechts und für die Heilung der bis in die Gegenwart reichenden Verletzungen und Demütigungen. Im ersten Teil habe ich dies *restaurative Verantwortung* genannt. Im

28 Vgl. ebd.

Ausgang von dieser Überlegung erweist sich die Haltung, die der australische Premier Howard und andere Vertreter seiner liberalen Partei einnahmen, als eine Verwechslung von moralischer Schuld und moralischer Haftung. Diese Verwechslung ist allerdings kein Wunder, da die Begriffe der Schuld und der Verantwortung im öffentlichen Diskurs ungenau verwendet werden und insbesondere in der Rede von moralischer Verantwortung der Unterschied zwischen moralischer Schuld (Vorwerfbarkeit) im eigentlichen Sinne und moralischer Haftung (moralischer Pflicht zur Wiedergutmachung ohne Vorwerfbarkeit) oft vernachlässigt oder gar nicht gesehen wird.

Für den Wunsch, sich für das Unrecht früherer Generationen zu entschuldigen und Wiedergutmachung zu leisten, gibt es also mit Blick auf die Verbesserung der Beziehungen zu den Nachkommen der Opfer sowohl gute moralische Gründe als auch Gründe der Klugheit mit Blick auf zukünftige soziale Kooperationen. Weitere Gründe des *Eigeninteresses* betreffen den moralischen Status des jeweiligen Kollektivs in den Augen der Außenwelt. Auch wenn wir davon ausgehen, dass jedes Individuum nur für das moralisch beurteilt werden *sollte*, was in seiner eigenen Macht steht und eigenes Handeln und Unterlassen betrifft, wissen wir gleichzeitig, dass unser *moralischer Status in den Augen anderer Menschen* stark von der Zurechnung zu Kollektiven und von deren moralischem Status abhängt.

Das Eigeninteresse, diesen Status zu verbessern, wird oft durch eine Art Kollektivscham verstärkt: das unbehagliche Bewusstsein einer kollektiven moralischen Befleckung. Schefczyk beschreibt dieses Gefühl so:

> Das Gefühl der moralischen Kollektivschuld von Personen, die keine Pflichten verletzt haben, wäre somit in Wahrheit a) ein Gefühl von Trauer oder Entsetzen über ein historisches Ereignis, verbunden b) mit der Überzeugung, dass das Wissen über dieses Ereignis die Art prägt, in der Mitglieder des betreffenden Kollektivs von Anderen wahrgenommen und behandelt werden.[29]

Dieses Schamgefühl, das sich mit der Sorge um befürchtete Nachteile aufgrund des in der Außenwahrnehmung beschädigten mora-

29 Ebd., S. 177.

lischen Status des Kollektivs verbindet, unterscheidet sich von einem kollektiven moralischen Schuldbewusstsein wie im Falle einer aktiven Mittäterschaft, wird aber oft damit verwechselt. Menschen, die sich eines moralischen Makels schämen, für den sie nichts können, weil er von früheren Generationen übernommen wurde, haben sich zwar moralisch nichts vorzuwerfen. Sie empfinden aber Scham, wenn sie wissen oder befürchten, von anderen mit dem historischen Unrecht in Verbindung gebracht und in ein schlechtes Licht gerückt zu werden. Auch wenn weder für die Scham noch für die Stigmatisierung moralische Gründe vorliegen, ist auch ein unverdienter moralischer Makel eine psychologische und soziale Tatsache, die das menschliche Verhalten beeinflusst. Er kann daher auch zu den Handlungen motivieren, die Menschen tun sollten, wenn sie wirklich schuldig geworden sind: sich entschuldigen, Wiedergutmachung leisten oder kompensatorisch Gutes tun.[30]

30 Vgl. Eric A. Posner, Adrian Vermeule, »Reparations for Slavery and Other Historical Injustices«, in: *Columbia Law Review* 3 (2003), S. 689-748, hier S. 709.

4. Zur Form und Funktion von Entschuldigungen

Entschuldigungen sind Sprach*handlungen*. Sie sagen nicht nur etwas über Schuld aus, sondern tun etwas mit ihr: sie schaffen sie weg. Jedenfalls dann, wenn sie gelingen, denn Sprachhandlungen können auch misslingen. Paradoxerweise vollbringen Entschuldigungen (zumindest in der heute erwarteten Form) diese Entfernung von Schuld gerade dadurch, dass die Schuld verbal anerkannt und somit angeeignet wird. Die Sprecherin verurteilt eigene Handlungen oder Unterlassungen als schuldhaftes Fehlverhalten gegenüber einem Adressaten, verbunden mit dem Ausdruck des Bedauerns und gegebenenfalls der Bitte um Vergebung. Damit senden Entschuldigungen aber noch eine weitere Botschaft aus, die dort, wo sie nicht selbstverständlich ist, oft von größerer Bedeutung ist als die Schuldfrage selbst: Sie signalisieren, dass der Adressat der Entschuldigung von der Sprecherin als gleichwertig anerkannt wird. Menschen entschuldigen sich nicht bei Menschen, die (sozial oder gefühlt) unter ihnen stehen (zum Beispiel Angehörige niedriger Kasten, Sklaven oder Personen, die sie verachten). Eine Entschuldigung signalisiert das Bewusstsein, sich gegenüber dieser Person nicht alles erlauben zu dürfen, und dass man es bedauert, eine Grenze des Respekts überschritten zu haben. So beschreibt auch Mihaela Mihai die allgemeine normative Botschaft von Entschuldigungen: »Aus normativer Sicht geht es bei der interpersonalen Entschuldigung um die Anerkennung der moralischen Gleichwertigkeit des Opfers. Auch wenn die Beleidigung nicht rückgängig gemacht werden kann, wird der Beleidigte durch den Akt der Anerkennung als gleichwertiger moralischer Akteur anerkannt.«[1]

Auch im Alltag dienen die Worte »Entschuldigung«, »Es tut mir leid« oder »Verzeihung« in den meisten Fällen nicht der Entschuldung im eigentlichen Sinne, sondern der Respektsbekundung: Wir verwenden sie meist dann, wenn wir weder ein Unrecht begangen noch eine Schuld auf uns geladen haben, sondern signalisieren wollen, dass wir jemanden im Gedränge als Person und nicht nur als

1 Mihaela Mihai, »Apology«, in: *Internet Encyclopedia of Philosophy*, ⟨https://iep.utm.edu/apology/⟩, letzter Zugriff 20.8.2023. (Übers. M.-S. L.)

lästiges Hindernis wahrnehmen, auf seine Befindlichkeiten Rücksicht nehmen oder einfach seine Zeit in Anspruch nehmen wollen (»Entschuldigung, wissen Sie, wo ich xy finde?«). Hier ist die Entschuldigung ein Signal von Achtung, das möglichen Irritationen vorbeugen soll. Was verbindet Schuld und Respekt? Wer Schuld anerkennt, drückt damit aus, dass er gegenüber der anderen Person Pflichten hat oder dass umgekehrt diese Rechte hat, die verletzt wurden; dass man ihr also Achtung schuldet und sich ihr gegenüber an geteilte Normen halten muss.

Nicholas Tavuchis definiert das Verständnis von Entschuldigung, das zumindest in der modernen westlichen Welt maßgeblich ist, folgendermaßen:

> Sich zu entschuldigen [*to apologize*] bedeutet, freiwillig zu erklären, dass man keine Entschuldigung [*excuse*], Verteidigung, Rechtfertigung oder Erklärung für eine Handlung (oder Unterlassung) anführen kann, die einen anderen beleidigt, enttäuscht, verletzt oder ins Unrecht gesetzt hat.[2]

Was in der deutschen Übersetzung widersprüchlich erscheint, ist verschiedenen Bedeutungen von »Entschuldigung« geschuldet. Bisher habe ich den Begriff in dem Sinne verwendet, in dem Tavuchis den Begriff *Apology* (oder *to apologize*) gebraucht. Nennen wir sie A-Entschuldigung. »Entschuldigung« kann aber auch anders verwendet werden, nämlich zur Verteidigung gegen einen Schuldvorwurf durch die Angabe von Entschuldigungsgründen (*excuse*), aufgrund deren einer Person eine unangemessene oder normwidrige Handlung oder Unterlassung eigentlich nicht vorgeworfen werden kann: Man hat einen wichtigen Termin nicht aus unentschuldbarer Nachlässigkeit versäumt, sondern weil die öffentlichen Verkehrsmittel wegen eines Streiks nicht fuhren. Oder man hat den Tod eines Menschen nicht durch überhöhte Geschwindigkeit in betrunkenem Zustand verursacht, sondern weil plötzlich und unvorhersehbar jemand aus dem Nichts vor das Auto gelaufen ist. Wer eine solche E-Entschuldigung vorbringt, gesteht also keineswegs eine Schuld ein. Er gibt zwar zu, eine Pflicht versäumt oder ein Übel verursacht zu haben, besteht aber darauf, nicht persönlich schuldig zu sein. Wer dagegen eine A-Entschuldigung vorbringt, gibt zu,

2 Nicholas Tavuchis, *Mea Culpa. A Sociology of Apology and Reconciliation*, Stanford 1991, S. 17. (Übers. M.-S. L.)

etwas falsch gemacht zu haben, ohne dafür eine E-Entschuldigung zu haben.

Verkompliziert wird die Sachlage dadurch, dass der für die E-Entschuldigung gebräuchliche Ausdruck *excuse* bzw. *Ausrede* heute auch und vielleicht sogar in erster Linie für eine nichtgenuine Entschuldigung steht: ein Ausweichmanöver, mit dem die Sprecherin eine A-Entschuldigung vermeidet, obwohl sie eigentlich angebracht gewesen wäre: [Z]u sagen, dass es einem ›leidtut‹, aber dann zu erklären, dass man keine Vorwürfe verdient – solche Dialoge sind typisch für die Verarmung des moralischen Diskurses in der modernen Kultur«,[3] kommentiert Nick Smith. Vielleicht ist es jedoch umgekehrt ein spezielles Merkmal der westlichen Moderne, das aus der religiösen Tradition der Schuldbekenntnisse vor Gott herrührt, dass nur die A-Entschuldigung als genuine Entschuldigung anerkannt wird. Denn als soziale Geste zwischen Menschen haben beide Arten von Entschuldigungen durchaus ähnliche Funktionen: *Erstens* die Täterin von der ihr vorgeworfenen Schuld zu entlasten und *zweitens* das Opfer zu versöhnen, indem eingestanden wird, dass es sich zu Recht über das betreffende Verhalten empört und es auch nicht verdient hat. In beiden Fällen macht die sich entschuldigende Person deutlich, dass sie ihr Verhalten nicht für normal, sondern für falsch hält und keineswegs der Meinung ist, sich gegenüber dem Opfer ihres Fehlverhaltens ohne weiteres so verhalten zu dürfen.

Ein berühmtes Beispiel für eine E-Entschuldigung ist Agamemnons Rede in der *Ilias*, nachdem der von ihm schwer gekränkte Held Achilles endlich bereit ist, die Beleidigung zu vergessen und wieder in den Kampf zu ziehen.[4] Um die Ehrverletzung aus der Welt zu schaffen, muss die verletzte Ehre öffentlich wiederhergestellt werden. Zu diesem Zweck bietet Agamemnon nicht nur eine riesige Menge von Geschenken an, sondern ergeht sich auch in einer langen und für die heutige Leserin seltsam abschweifend anmutenden Rede. Zunächst gibt er zu verstehen, dass er nicht ganz bei Sinnen gewesen sei, als er Achilles beleidigt habe, und erklärt dies ausführlich damit, dass ihm eine Göttin den Verstand vernebelt habe; daher treffe ihn selbst keine Schuld, auch wenn er sich

3 Nick Smith, *I was Wrong. The Meaning of Apologies*, Cambridge 2009, S. 5.

4 Vgl. Homer, *Ilias*, Darmstadt 1957, S. 339.

zu Unrecht Vorwürfe habe anhören müssen. Dann geht er zu den Abenteuern des Götterkönigs Zeus über, dem es auch passiert sei, dass ihm eine Göttin vorübergehend den Verstand geraubt habe, und so weiter. So unpassend diese vermeintlichen Abschweifungen dem heutigen Leser erscheinen mögen, im damaligen Kulturkreis mögen solche Darlegungen ihren Zweck erfüllt haben, zumindest formal ausreichende Entschuldigungsgründe zu liefern: Agamemnon stellt so nämlich öffentlich klar, dass er sich keineswegs anmaßt, Achilles beleidigen zu können, und dass sein diesen Anschein erweckendes Verhalten auf äußere Einflüsse zurückzuführen ist, gegen die er machtlos war, wobei er die Behauptung dieser Machtlosigkeit durch den Hinweis belegt, dass auch Götter gegen dergleichen machtlos sind. So leistet die E-Entschuldigung etwas, das die A-Entschuldigung nicht zu leisten vermag, nämlich nicht nur die Wiederherstellung der Ehre des Beleidigten, sondern auch die Wahrung des Gesichts des Beleidigers.

Beide Arten der Entschuldigung können also je nach Kontext dieselben Zwecke erfüllen, sind aber mit anderen Möglichkeiten und Risiken verbunden. Die speziell mit der A-Entschuldigung verbundenen Risiken kommen zum Vorschein, wenn man sie als einen *performativen* Sprechakt im Sinne des Sprachphilosophen John Austin betrachtet:[5] Als eine Sprachhandlung, mit der nicht ein unabhängig vom Sprechen bestehender Sachverhalt festgestellt oder beschrieben, sondern die soziale Wirklichkeit verändert wird. Eine offenkundig performative Sprachhandlung ist etwa die Äußerung des Standesbeamten »Hiermit erkläre ich Sie zu Mann und Frau«, die nicht etwa die Identität der beiden Personen vor ihm beschreibt, sondern sie zu Ehepartnern *macht*. Eine A-Entschuldigung ist eine performative Äußerung, weil das Aussprechen eines Satzes wie »Ich möchte mich für xy entschuldigen, das war falsch und ich hätte es nicht tun sollen« keinen unabhängig von der Äußerung bestehenden psychischen Sachverhalt beschreiben soll – meinen Wunsch, mich zu entschuldigen –, sondern diesen Wunsch *ausführt*; freilich nur dann, wenn der Satz gegenüber den richtigen Personen geäußert und von ihnen verstanden wird. Erst die Verbindung von Aussprechen und Vernehmen der Worte *macht* die Wortfolge zu

5 Vgl. John L. Austin, *Zur Theorie der Sprechakte (How to do things with Words)*, Stuttgart 1972, S. 28-32. Austin ersetzt in diesem Buch später den Begriff *performativ* durch *illokutionär*.

einer Entschuldigung. Entschuldigungen gehören wie Versprechen zu den Handlungen, die Adolf Reinach in seiner Theorie der apriorischen Grundlagen des Rechts als »fremdpersonal« und »vernehmungsbedürftig« beschrieben hat. »Fremdpersonal« bedeutet, dass eine Entschuldigung nicht nur eine Person involviert, die entschuldigende Worte ausspricht, sondern mindestens eine weitere Person, an die sie gerichtet ist. »Vernehmungsbedürftig« bedeutet, dass eine Entschuldigung erst dadurch, dass sie von dieser Person gehört und verstanden wird, zu einer Entschuldigung wird.[6]

Eine A-Entschuldigung hat insofern etwas Paradoxes, als sich die Sprecherin gerade *dadurch* von der schuldhaften Handlung distanziert, dass sie nicht nur die Tat, sondern auch ihre Schuld (Abwesenheit von Entschuldigungsgründen) eingesteht und sich insofern den Schuldvorwurf zu eigen macht. Ob es ihr damit gelingt, sich auch in den Augen der Hörerin von der Schuld zu lösen, ob ihre Entschuldigung also erfolgreich ist, hängt allerdings nicht allein von ihr ab.

Sich mittels einer Entschuldigung von der eigenen Schuld durch deren Aneignung zu distanzieren, birgt immer die Gefahr, dass die Adressatin der Entschuldigung vor allem auf die Aneignung der Schuld reagiert, weniger oder gar nicht auf die damit verbundene Distanzierung. Dass nur die A-Entschuldigung (ich verwende den Begriff der Entschuldigung im Folgenden wieder nur in diesem Sinne) als echte oder ernst gemeinte Entschuldigung gilt, liegt an der Bereitschaft, solche Risiken einzugehen, um sich von der Schuld zu distanzieren. Wir alle wissen, wie schwer es ist, ein wirklich übles Verhalten zuzugeben. Wer sich dazu durchringt, sich bei der Person, die er verletzt oder gedemütigt hat, zu entschuldigen, macht sich angreifbar für deren Vorwürfe. Er geht damit das Risiko ein, dass sie das Schuldeingeständnis benutzt, um die eigene Machtposition durch die moralische Schwächung der anderen Seite zu verbessern. In einer berühmten Passage aus Dostojewskis *Die Brüder Karamasow* erklärt Mitja seinem Bruder, es sei äußerst unklug, eine geliebte Frau um Verzeihung zu bitten, und zwar umso mehr, je größer die Schuld und je größer die Liebe sei, da sie »unter keiner Bedingung […] einfach und sofort verzeihen werde«, son-

6 Zu Reinachs Unterscheidung fremdpersonaler und vernehmungsbedürftiger Handlungen vgl. Ludger Jansen, »Ontologie des Sozialen«, in: Jan Urbich, Jörg Zimmer (Hg.), *Handbuch Ontologie*, Berlin 2020, S. 508-515, hier S. 508.

dern erst nachdem sie einen Wochen und Monate lang mit Vorwürfen überhäuft und »zum Lappen erniedrigt« habe.[7]

Hier tritt eine Funktion von Schuldgefühlen und Schuldgeständnissen in zwischenmenschlichen Beziehungen zutage, die nicht nur in Liebesverhältnissen zu qualvollen Auseinandersetzungen führen kann: In Beziehungen, die durch ungleiche Machtverhältnisse geprägt sind – wie die Beziehungen zwischen Männern und Frauen im sozialen Kontext bei Dostojewski –,[8] können Entschuldigungen die soziale Funktion übernehmen, ein Machtungleichgewicht auszugleichen, das mit strukturellen Demütigungen verbunden ist.[9] Wer eine genuine Entschuldigung vorbringt, geht daher immer das Risiko ein, in ein Machtspiel zu geraten, in dem offen ist, wer die Oberhand behält, und sich statt der erhofften Vergebung Demütigungen auszusetzen. Der belgische Philosoph Luc Bovens hat den Austausch beziehungsweise Empfang von Entschuldigungen in solchen Zusammenhängen als eine »komplexe Ökonomie« des Machtausgleichs beschrieben:

> Die Täterin zollt dem Opfer übermäßigen Respekt, um dieses Defizit [an Macht] auszugleichen, und überträgt dem Opfer Macht als eine Form der Respektserweisung. Die Täterin erkennt an, dass sie aufgrund ihres Fehlverhaltens an moralischem Ansehen verloren hat. Sie kann diesen moralischen Status nur dann wiedererlangen, wenn das Opfer ihr aus freien Stücken den Respekt zollt, der ihr als Person zusteht.[10]

7 Fjodor M. Dostojewski, *Die Brüder Karamasow*, München 1952, S. 965.

8 Vgl. hierzu auch die erhellende Auslegung dieser Passage bei Alice MacLachlan, »Practicing Imperfect Forgiveness«, in: Lisa Tessman (Hg.), *Feminist Ethics and Social and Political Philosophy: Theorizing the Non-Ideal*, Berlin 2009, S. 185-204, hier S. 196.

9 Wie Baumeister, Stillwell und Heatherton annehmen, können dadurch Machtungleichgewichte ausgeglichen werden. Die Manifestation von Schuldgefühlen auf der dominanten Seite einer Beziehung kann dazu beitragen, das Gefühl der Unterlegenheit, der mangelnden Wertschätzung oder gar der erlittenen Demütigung der anderen Seite auszugleichen und dadurch auch das Vertrauen zu stärken oder wiederherzustellen. Vgl. hierzu die sozialpsychologischen Befunde von Roy Baumeister, Arlene Stillwell und Todd Heatherton, »Guilt: An Interpersonal Approach«, in: *Psychological Bulletin* 2 (1994), S. 243-267.

10 Luc Bovens, »Apologies«, in: *Proceedings of the Aristotelian Society* 108 (2008), S. 219-239, hier S. 233. (Übers. M.-S. L.)

Viele ziehen es da vor, sich lieber gar nicht zu entschuldigen, etwa nach dem Motto von P. G. Wodehouse: »Man sollte sich im Leben an die Regel halten, sich nie zu entschuldigen. Die richtigen Leute wollen keine Entschuldigungen, und die falschen Leute nutzen sie schäbig aus.«[11] Dass die »richtigen Leute« keine Entschuldigungen wollen, liegt daran, dass in die A-Entschuldigung oft Erwartungen einfließen, die in ihrer Unbedingtheit vermuten lassen, dass sie der Übertragung einer christlich-religiösen Auffassung von Wahrhaftigkeit auf den zwischenmenschlichen Bereich entspringen. Nicht erst seit den politischen Entschuldigungen werden Denkmuster, die von der Ausnahmesituation des Verhältnisses des Einzelnen zu Gott herrühren, auf die Beziehungen der Menschen untereinander übertragen. Das gilt auch für Entschuldigungen im privaten Bereich. Nicht selten wird das Modell des Sündenbekenntnisses auch auf die zwischenmenschlichen Beziehungen angewendet. So hat Smith die falsche Bereitschaft vieler Menschen beklagt, sich mit unzureichenden Entschuldigungen oder Pseudoentschuldigungen zufrieden zu geben,[12] und eine Liste von Kriterien erstellt, die wir im Blick haben sollten, wenn wir echte Entschuldigungen erwarten. Eine echte oder »kategorische« Entschuldigung lässt sich Smith zufolge anhand folgender Merkmale von einer bloßen Pseudo-Entschuldigung unterscheiden:

1. Die Entschuldigung muss sich auf eine »gesicherte Tatsachenfeststellung« beziehen, der beide Seiten zustimmen, und nicht auf verschiedene Versionen der Vorkommnisse.[13] Dazu muss ein Protokoll erstellt werden.
2. Die Sprecherin muss *kausale Verantwortung* für das fragliche Übel übernehmen und nicht nur ihre Anteilnahme bekunden.[14] (Dies darf nicht durch Zweideutigkeiten verwischt werden, wie Smith mit Blick auf den Kommentar des damaligen US-Präsidenten Reagan zur Iran-Contra-Affäre kritisiert, der sagte: »Es ist offensichtlich, dass diese Politik schlecht ausgeführt wurde

11 Aus *The Man Upstairs*; hier wiedergegeben nach Bovens, »Apologies«, S. 219.

12 Vgl. Nick Smith, »The Categorical Apology«, in: *Journal of Social Philosophy* 4 (2005), S. 473-496, hier S. 473. (Übers. M.-S. L.)

13 Ebd., S. 476. (Übers. M.-S. L.)

14 Ebd., S. 477

und dass Fehler gemacht wurden.« [15] Das ist keine kausale Verantwortungsübernahme, denn es bleibt offen, wer die Fehler gemacht hat, auch wird die Politik nicht als Ursache benannt, sondern nur ihre Umsetzung.)

3. Das moralische Fehlverhalten muss in jedem relevanten Detail ausdrücklich *genannt* werden.[16]
4. Die Entschuldigung muss ein *Bekenntnis zu gemeinsamen Normen* enthalten und nicht nur ein Bedauern darüber, dass die andere Person sich an dem fraglichen Vorkommnis stört oder dadurch verletzt fühlt.[17]
5. Verlangt ist ein *kategorisches Bedauern* nicht nur über den Vorfall. Es muss klar sein, dass das Bedauern sich auf das eigene Fehlverhalten bezieht, verbunden mit dem kontrafaktischen Wunsch, dass es ungeschehen gemacht werden könne, weil es moralisch falsch war.[18] Dazu gehört auch das Versprechen, dass der Täter die betreffende Tat unter denselben Bedingungen nicht wiederholen wird.
6. Kategorische Entschuldigungen erfordern einen gewissen Grad an *Präzision* der Artikulation. Als Beispiel für eine unzureichende Entschuldigung führt Smith den Zettel an, den Papst Johannes Paul II. bei seinem Besuch in Jerusalem verlas und dann, wie es nach jüdischem Gebrauch üblich ist, in einen Spalt in der Klagemauer steckte: »Wir sind bestürzt über das Verhalten derjenigen, die im Lauf der Geschichte den Kindern des jüdischen Volkes Leid zugefügt haben.«[19] Smith hält diese Entschuldigung für bedeutungslos, da sie kaum mehr als eine Sympathiebekundung sei.[20]
7. Eine kategorische Entschuldigung stellt ein »Versprechen zur moralischen Umkehr« dar, das für das ganze Leben bindend ist.[21] Sie ist mit der Übernahme rechtlicher Verantwortung und mit einer Entschädigung (für verursachte Schäden) verbunden.

15 Ebd., S. 477. (Übers. M.-S. L.)
16 Ebd., S. 479.
17 Ebd., S. 480.
18 Ebd., S. 483.
19 ⟨https://www.spiegel.de/politik/ausland/nahost-reise-papst-bittet-juden-um-vergebung-a-70658.html⟩, letzter Zugriff 7. 2. 2024.
20 Smith, »The Categorical Apology«, S. 484. (Übers. M.-S. L.)
21 Ebd. S. 486. (Übers. M.-S. L.)

8. Um eine kategorische Entschuldigung aussprechen zu können, muss man über das verfügen, was man im juristischen Sinne als Befugnis (*standing*) bezeichnet.[22] Man kann nicht ohne Weiteres das Verhalten anderer entschuldigen. Wenn ich jemanden verletze, kann sich mein Ehepartner nicht für mich entschuldigen, egal wie aufrichtig und einfühlsam er auch sein mag – das kann nur ich als die Verursacherin der Verletzung.
9. Auch wenn eine Entschuldigung alle Kriterien erfüllen würde, käme es trotzdem auf die *Motive* an. Es macht einen entscheidenden Unterschied, ob eine untreue Ehepartnerin sich entschuldigt, weil sie glaubt, Unrecht getan zu haben, oder weil sie finanzielle Einbußen befürchtet.[23]

Brandts Kniefall in Warschau wäre nach diesen Kriterien nur eine Pseudo-Entschuldigung – wie alle Entschuldigungen, die dem jeweiligen Kontext Rechnung tragen und mit ihren oft vagen Formulierungen das Ergebnis ausgehandelter Kompromisse darstellen. Smith räumt durchaus ein, dass eine Entschuldigung, die alle diese Kriterien erfüllt, »ein seltener und schwieriger Akt« ist und auch nicht unter allen Umständen möglich sein wird. Ihm scheint unter einer Entschuldigung eine sowohl von Eigeninteressen als auch sozialen Absichten freie Urteilsverkündung in einem Gerichtsverfahren vorzuschweben, in dem die Täterin zugleich in die Rolle der Richterin schlüpft, wenn er feststellt: »Kategorische Entschuldigungen zeugen eher vom Charakter des Täters als von seiner bloßen Fähigkeit, in einem Labyrinth der sozialen Erwartungen zu navigieren, um sein Eigeninteresse zu maximieren.«[24] In der sozialen Wirklichkeit geht es jedoch eher darum, die Worte zu finden, die sich im jeweiligen Kontext am ehesten eignen, um den Respekt wiederherzustellen, gestörte Beziehungen zu reparieren und die verschiedenen Parteien in der jeweiligen Bevölkerung einzubinden, als die *eigene* Schuld möglichst umfassend festzustellen und zu verurteilen: Eine Entschuldigung ist kein biographischer Eintrag in ein Buch der (Un-)Verdienste, sondern ein sozialer Akt, der ein soziales Ziel verfolgt. Man kann sich gut vorstellen, dass

22 Ebd., S. 489. (Übers. M.-S. L.)
23 Ebd., S. 490
24 Ebd. (Übers. M.-S. L.)

die Erreichung dieses Ziels unter bestimmten Bedingungen eine kategorische Entschuldigung erfordern kann – etwa dann, wenn die fragliche Beziehung durch lange Jahre der Ausflüchte und Lügen geprägt war und es nun vor allem darauf ankommt, die eigene Fähigkeit zur schonungslosen Selbstkritik unter Beweis zu stellen. Allerdings ist zu bedenken, dass die Forderung nach rückhaltloser Selbstverurteilung und Reue, die in der religiösen Beziehung zu Gott eine angemessene Grundlage hat, in der Beziehung zwischen Menschen aus strukturellen Gründen nicht in gleicher Weise einlösbar ist, da die Möglichkeit zwischenmenschlicher Offenbarung durch Scham und die erwähnten Machtdynamiken geprägt ist. Die imaginierte Beziehung zu einem allwissenden Gott, der einerseits in die Seelen schaut und dem nichts entgeht, der andererseits aber auch zu unendlicher Güte und Vergebung fähig ist, ermöglicht eine Wahrhaftigkeit sich selbst gegenüber, die in der realen Beziehung zu anderen Menschen nicht in gleicher Weise realisierbar ist.

Denn hier kommen zwei Dinge zusammen: Zum einen die Unmöglichkeit, Gott zu täuschen, da ihm auch in den tiefsten Abgründen der Seele nichts verborgen bleibt. Im Unterschied zu den Mitmenschen sieht Gott auch das Unsichtbare und Unhörbare: Er kann in die Tiefe der Seele eindringen, nicht nur die Handlung, sondern auch die Motivation erkennen. Wer sich also einem solchen Gott gegenüber weiß, weiß einerseits um die Aussichtslosigkeit, ihm etwas vorzumachen. Andererseits hat er die Möglichkeit, auf seine unendliche Güte zu vertrauen. Das erleichtert es, sich selbst gegenüber wahrhaftig sein zu können. Die Fähigkeit, die eigene Sünde zu erkennen und zu bereuen, ist von dem Vertrauen auf die Gnade, Güte und Barmherzigkeit Gottes nicht abtrennbar. Wenn die Forderung nach wahrhaftiger Selbstkritik und ehrlicher Reue aus diesem Kontext gelöst und auf die Beziehungen zwischen Menschen übertragen wird, wird sie auch dort nur einlösbar sein, wenn die betroffene Person auf eine solche Liebe und Verzeihensbereitschaft vertrauen kann. Aber weder kann zwischen Menschen eine solche Haltung gefordert noch das entsprechende Vertrauen erwartet werden, zumal es eine Asymmetrie in die Beziehung bringen würde, die einer Beziehung des Respekts unter Gleichen nicht zuträglich sein kann. Klaus-Michael Kodalle hat aus diesem Grund Zweifel geäußert, ob das Opfer einer Missetat das Recht hat, von der Übeltäterin zu erwarten, sich vor ihr im Schuldbekenntnis zu entblößen. Wenn das Ziel der Entschuldigung die Wiederherstellung einer »normalen Kommunikationsmöglichkeit auf Augenhöhe« ist, kann das Wissen um die Abgründe der anderen Seele diesem Ziel sogar abträglich sein.[25]

Berücksichtigt man diese zwischenmenschlichen Machtdynamiken, so ist es nicht verwunderlich, dass »echte« Entschuldigungen selten sind – und umso seltener, je schwerer das Fehlverhalten wiegt. Politische Repräsentanten, die sich schwerer Vergehen schuldig gemacht haben, wie etwa der amerikanische Präsident Nixon, entschuldigen sich zwar oft der äußeren Form nach, formulieren dann jedoch eher Pseudo-Entschuldigungen ohne Schuldeingeständnis.[26]

Auch mit Blick auf historisches Unrecht und Großverbrechen gilt die Regel, dass sich die faktische Entschuldigungsbereitschaft umgekehrt zur wirklichen moralischen Schuld verhält: Die unmittelbar an Großverbrechen beteiligten Täter bekennen sich in der Regel nicht zu ihrer Schuld und fühlen sich oft auch nicht schuldig.[27] So fehlte den Angeklagten vor dem Nürnberger Tribunal fast jedes Unrechtsbewusstsein; Hermann Göring bezeichnete die Nürnberger Prozesse als reine Siegerjustiz. Lediglich der NS-Rüstungsminister Albert Speer gab sich in Nürnberg reuig (und bereitete damit eine neue Karriere im Nachkriegsdeutschland als vermeintlich geständiger NS-Täter vor, dessen Biographie zu einem großen kommerziellen Erfolg wurde). Auch die Angeklagten vor den weiteren Gerichten der Alliierten erklärten sich fast alle für unschuldig – und fühlten sich auch so.[28] In dieser schuldabwehrenden Haltung wurden die Täter von großen Teilen der übrigen Gesellschaft unterstützt. Mit Blick auf die Schuldabwehr ist Deutschland aber kein Sonderfall. Nicht viel anders ist es in Ländern nach dem Ende von Militärdiktaturen oder Bürgerkriegen, in denen nach der langen Zeit der Gewalt der Ausbruch von Konflikten befürchtet

25 Vgl. Klaus-Michael Kodalle, »Öffentliche Schuldbekenntnisse im Zwielicht. Anmaßung und Risiko stellvertretenden Handelns in Prozessen der Aussöhnung«, in: Julia Enxing, Jutta Koslowski (Hg.) unter Mitarbeit von Dorothea Wojtczak, *Confessio. Schuld bekennen in Kirche und Öffentlichkeit*, Leipzig 2018, S. 17-52, hier S. 17.

26 Zu Nixon vgl. die Analyse von Tavuchis, *Mea Culpa*, S. 55.

27 Vgl. hierzu Katharina von Kellenbach, *The Mark of Cain. Guilt and Denial in the Post-War Lives of Nazi Perpetrators*, Oxford 2013, S. 17.

28 Ebd., S. 50.

wird, die sich nicht einhegen lassen, sodass vor allem versucht wird, einen Anschein von Frieden und Harmonie aufrechtzuerhalten.[29]

Die neue Welle der politischen Entschuldigungen hat daran nicht wirklich etwas geändert. Zwar bedienen sie sich oft einer Täter-Opfer-Rhetorik, doch diese ist irreführend. Politische Entschuldigungen werden im Normalfall nicht von den Tätern gegenüber den Opfern ausgesprochen, sondern, wie Kodalle hervorgehoben hat, von Dritten, nachdem eine gewisse Zeit vergangen ist, mitunter sehr viel Zeit.[30] Erst eine spätere Generation ist bereit und manchmal sogar sehr interessiert daran, das Unrecht anzuerkennen. Wenn dann eine politische Entschuldigung formuliert wird, ist sie nicht mit den persönlichen Risiken einer genuinen Entschuldigung verbunden – auch wenn nicht selten der Mut, den ein echtes Bekenntnis eigener Schuld erfordert, dafür verbal in Anspruch genommen wird. Denn da die Sprecherin nicht mit der Täterin identisch ist, kann ihre verbale Aneignung der Schuld nicht gegen sie persönlich verwendet werden; zugleich kann sie im Namen des Kollektivs auf einen Gewinn an moralischem Ansehen hoffen. Was einst über Willy Brandt in Warschau geschrieben wurde, gilt tatsächlich für die meisten politischen Entschuldigungen: Jemand, der es persönlich nicht nötig hat, entschuldigt sich für diejenigen, die es nötig gehabt hätten, sich aber nicht entschuldigt haben. Er »bekennt […] sich zu einer Schuld, an der er selber nicht zu tragen hat, und bittet um eine Vergebung, derer er selber nicht bedarf.«[31] Es ist keine Anomalie, sondern der Normalfall, dass nur die (an den jeweiligen Taten) Unschuldigen sich zur Schuld bekennen und umgekehrt.

Wer eine politische Entschuldigung vorbringt, verfolgt damit eigene politische Interessen, die weder mit denen der Täter noch mit denen der Opfer des fraglichen Unrechts zusammenfallen.[32] Zu diesem Zweck schlüpft die Sprecherin in die Rolle der Täterin

29 Vgl. Klaus-Michael Kodalle, »Amnesty – Amnesia – Anamnesis: Temporal Relations and Structural Antagonisms in the Moral Economy of Forgiveness and Reconciliation«, in: Maria-Sibylla Lotter, Saskia Fischer (Hg.), *Guilt, Forgiveness and Moral Repair*, London 2022, S. 133-152, hier S. 135 f.

30 Ebd.

31 »Ein Stück Heimkehr«, in: *Der Spiegel* 13. 12. 1970, ⟨https://www.spiegel.de/politik/ein-stueck-heimkehr-a-16a2e47a-0002-0001-0000-000043822428⟩, letzter Zugriff 22. 8. 2023.

32 Kodalle, »Amnesty – Amnesia – Anamnesis«, S. 135 f.

und weist anderen die Rolle der Opfer zu. Wenn hier von der Opfer*rolle* die Rede ist, soll damit nicht ausgeschlossen werden, dass diese Nachkommen in anderen oder ähnlichen Hinsichten tatsächlich selbst Opfer sind, insofern sie unter schlechten Bedingungen leben und Missachtung erfahren, und dass ihre Benachteiligungen und Missachtungen in vielen Fällen durch eine kontinuierliche Geschichte mit dem Unrecht verbunden sind, das ihren Vorfahren widerfahren ist. Politische Entschuldigungen folgen jedoch einer anderen Logik als die Entschuldigungen von Tätern gegenüber ihren Opfern. Zudem haben sie unweigerlich etwas Theaterhaftes: Sie inszenieren Gefühle, Absichten und Überzeugungen gegenüber einem bestimmten Publikum, dem gegenüber die Inszenierung gelingen oder scheitern kann.

Fassen wir die Unterschiede zwischen stellvertretenden politischen Entschuldigungen und Entschuldigungen für eigenes Fehlverhalten gegenüber den davon direkten Betroffenen zusammen:

Erstens sind stellvertretende politische Schuldbekenntnisse keine direkten Interaktionen zwischen Tätern und Opfern: Ein Vertreter einer Organisation oder eines Staates entschuldigt sich im Namen eines Kollektivs, das als Rechtsnachfolger eines Täterkollektivs angesehen wird oder aufgrund der Beziehung zu dem Täterkollektiv als Sponsor gilt.

Zweitens wird von ihnen nicht erwartet, dass sie die aufrichtigen Gefühle der Sprecherin als Person zum Ausdruck bringen. Die Beobachter wissen, dass die Äußerung von Reue ein symbolischer politischer Akt ist, bei dem es nicht um die tatsächlichen Gefühle der Sprecherin geht, sondern um die Inszenierung von Gefühlen, die zu zeigen für angebracht gehalten wird.

Drittens sind politische Entschuldigungen öffentliche Inszenierungen, die sich nicht nur (und oft nicht primär) an Vertreter der Opfer, sondern in der Regel an ein weiteres Publikum richten.

Viertens finden politische Schuldbekenntnisse nicht in zeitlicher Nähe zum Ereignis statt, sondern in großer, manchmal sehr großer zeitlicher Distanz. (In wessen Namen Verantwortung übernommen wird und an wen genau sich die Entschuldigung richtet, ist daher mitunter interpretationsoffen und wirft eigene Fragen auf: Wer hat das Recht, im Namen einer nicht genau begrenzten Gruppe oder Klasse von Menschen zu sprechen?)

Mit Blick auf die von Trouillot und anderen geäußerte Kritik an der Übertragung einer individualmoralischen Sprache von Reue und Schuld auf die Ebene von großen Gruppen oder Mengen von Menschen wäre nun zu fragen, inwiefern auch stellvertretende Entschuldigungen den Zweck erfüllen können, den Entschuldigungen in zwischenmenschlichen Kontexten haben: Die gestörten Beziehungen zwischen Personen oder Gruppen zu heilen, indem die mit einer Verschuldung verbundene symbolische Botschaft der Missachtung zurückgenommen beziehungsweise eine neue Botschaft des Respekts gesendet wird.

5. Die Kunst der politischen Entschuldigung

Woher kommt die Überzeugungskraft eines politischen Theaters, in dem Staatsoberhäupter in die Rolle von reuigen Tätern schlüpfen? Und wie kann man hier zwischen echten beziehungsweise aufrichtigen und unaufrichtigen Entschuldigungen unterscheiden? Der Erfolg politischer Entschuldigungen hängt wie auch bei privaten Entschuldigungen von der Bereitschaft der Adressaten ab, sie als Entschuldigungen anzuerkennen; diese aber beruht aus psychologischer Sicht auf dem »Vertrauen in die Entschuldigung selbst und ihre wahrgenommene Echtheit oder Aufrichtigkeit«.[1] Hier stellt sich die Frage, wie politische Entschuldigungen überhaupt echt und aufrichtig sein können, obgleich ja nicht einmal erwartet wird, dass sie die aufrichtigen Gefühle der Sprecherin als Person zum Ausdruck bringen. Zudem enthalten politische Entschuldigungen fiktive Elemente wie die Fiktion einer Täter-Opfer-Beziehung sowie die Fiktion einer moralischen Kollektivschuld oder einer kollektiven Sünde. Aus diesen Gründen werden politische Schuldbekenntnisse oft mit großem Misstrauen wahrgenommen und als leere Worte empfunden. Das gilt insbesondere für kirchliche Schuldbekenntnisse – denn wie könnte jemand die Sünden anderer »bereuen«, als wären es seine eigenen?

Gleichwohl zeigt die neuere Geschichte, dass zumindest einige politische Entschuldigungen durchaus als echt und authentisch wahrgenommen wurden. Wenden wir uns erneut einer ikonischen, aber eher untypischen politischen Entschuldigung zu – untypisch, weil gar nichts gesagt wurde –, die einen starken Eindruck hervorrief: dem Warschauer Kniefall. Als der deutsche Bundeskanzler Willy Brandt am 7. Dezember 1970 in Warschau an einer Gedenkveranstaltung zum Aufstand im Warschauer Ghetto teilnahm, kniete er nieder und verharrte einige Minuten in dieser Position. Marek Edelmann, einer der wenigen Überlebenden und Anführer des jüdischen Aufstands im Ghetto, kommentierte diese stumme, scheinbar spontane Geste später mit den Worten: »Die Tatsache,

1 Michael Wenzel u. a., »A Long Time Coming: Delays in Collective Apologies and their Effects on Sincerity and Forgiveness«, in: *Political Psychology* 3 (2018), S. 649-666, hier S. 650.

dass er an einem solchen Ort Demut und Respekt zeigte, bewies mir, dass man den Deutschen vertrauen kann.«[2]

Ein Wiederaufbau des Vertrauens durch *Demut* und *Respekt*: Edelmann fasste hier in wenigen Worten zusammen, was den Zweck einer politischen Entschuldigung als einer sozialen Handlung ausmacht. Brandts stummer Kniefall war eine offenkundige Geste der Demut, aber nicht mit der demütigen Geste zu verwechseln, mit der der Verlierer eines bewaffneten Konflikts die Überlegenheit des Siegers anerkennt. Die symbolische Bedeutung der Geste ergibt sich aus dem Kontext des Gedenkens an den Aufstand und die Ermordung von Millionen Juden. Vor dem Hintergrund der ins Unvorstellbare gesteigerten Demütigung der Opfer in den Vernichtungslagern negiert die symbolische Geste des Kniefalls den (mit der Rassentheorie begründeten) Anspruch der Nationalsozialisten auf eine generelle Überlegenheit der Deutschen, ohne den der deutsche Versuch der Vernichtung der gesamten jüdischen Bevölkerung Europas kaum möglich gewesen wäre, denn erst im Licht der Rassenideologie und antisemitischer Verschwörungstheorien konnten Verbrechen gegen die Menschlichkeit den Anschein nötiger Taten erhalten. Mit seiner Geste der Demut wies Brandt symbolisch diesen Anspruch auf eine besondere, höhere Moral zurück. Das signalisierte zugleich die symbolische Unterwerfung Deutschlands unter eine gemeinsame Moral mit den anderen Nationen, die auf dem wechselseitigen Respekt unter Gleichen beruht.

Was die Frage der Echtheit und Aufrichtigkeit betrifft, so war Brandt selbst ein aktiver Gegner des Naziregimes und seiner Verbrechen gewesen und hatte von Skandinavien aus politischen Widerstand geleistet; es konnte schwerlich ein Zweifel bestehen, dass die Geste seiner persönlichen Haltung entsprach. Aber er trat diese historische Reise nach Warschau nicht als Individuum, sondern als Repräsentant an. Es stellt sich daher die Frage, inwiefern die Geste als stellvertretende Geste für die Deutschen beziehungsweise die Bürger der BRD überhaupt echt und authentisch sein konnte. Sie zieht eine andere Frage nach sich: Woran ließe sich das überhaupt bemessen? Ist eine politische Entschuldigung in dem Maße als echt

2 Vgl. Margot Zeslawski, »Kniefall am Abgrund der deutschen Geschichte«, in: *Focus Online* 15. 11. 2013, ⟨https://www.focus.de/politik/ausland/tid-20661/willy-brandt-kniefall-am-abgrund-der-deutschen-geschichte_aid_579245.html⟩, letzter Zugriff 22. 8. 2023.

und authentisch zu betrachten, in dem sie die tatsächlichen Gefühle und Einstellungen der Mehrheit des vertretenen Kollektivs widerspiegelt? In fast allen Fällen, in denen in einem Staat gefordert oder erwogen wird, dass sich das Staatsoberhaupt für vergangenes Unrecht entschuldigt, ist ein erheblicher Teil der Mitglieder der Gemeinschaft dagegen. Sie sehen in der Reuebekundung ein politisch falsches Zeichen von Schwäche, eine unnötige Beschmutzung der Geschichte oder eine Anmaßung gegenüber früheren Generationen. Nicht nur in dieser Hinsicht sind politische Entschuldigungen stets umstritten.

Inwieweit Brandt damals ein deutsches Kollektiv vertrat, in dem sich die noch lebenden Täter und Mittäter mit Blick auf die NS-Verbrechen schuldig fühlten und die anderen sich ihrer moralischen Haftung bewusst waren (und denen man daher, wie Edelmann sagte, wieder vertrauen konnte), ist aus den historischen Fakten nicht eindeutig zu erschließen. Wenn eine politische Entschuldigung in dem Maße echt und authentisch wäre, in dem sie die tatsächlichen Gefühle und Einstellungen der Mehrheit des vertretenen Kollektivs widerspiegelt, dann müsste der Warschauer Kniefall wohl als eine unechte und unauthentische Entschuldigung beurteilt werden, denn eine knappe Mehrheit der Deutschen war damals überrascht von Brandts Geste und fühlte sich irgendwie befremdet. Nach einer eine Woche später durchgeführten Umfrage des Allensbacher Instituts für Demographie im Auftrag des Magazins *Der Spiegel* hielten 48 Prozent der deutschen Bevölkerung die Geste für überzogen, 41 Prozent für angemessen und 11 Prozent hatten keine Meinung.[3] Brandts politische Gegner nutzten die Gelegenheit sogar zu einem Misstrauensvotum, das der Kanzler knapp überstand. Die nächste Wahl 1972 gewann Brandt jedoch mit einem bemerkenswerten Stimmenzuwachs. Das lag daran, dass die westdeutsche Öffentlichkeit nun seine Politik der Schuldanerkennung und Aussöhnung mit Polen und anderen östlichen Nachbarn unterstützte. Offenbar war die Mehrheit inzwischen der Meinung, dass Brandts symbolische Geste ebenso wie seine Versöhnungspolitik dem internationalen Ansehen Deutschlands förderlich waren. Im Rückblick erscheint der Kniefall von Warschau also nicht als repräsentativ für das dama-

3 Vgl. »Kniefall angemessen oder übertrieben?«, in: *Der Spiegel*, 13.12.1970, ⟨https://www.spiegel.de/spiegel/print/d-43822427.html⟩, letzter Zugriff 22.8.2023.

lige innerdeutsche Meinungsspektrum, sondern eher als Triebfeder eines politischen Mentalitätswandels, durch den Brandts Haltung in der deutschen Bevölkerung akzeptabel und mehrheitsfähig wurde: Nicht die Geste selbst, sondern ihre weltweite Resonanz veranlasste viele Deutsche offenbar, ihre Einschätzung der Ostpolitik Brandts zu revidieren und eine Politik der Wiedergutmachung und Versöhnung zu begrüßen.

Wenn diese Rekonstruktion zutrifft, dann kann eine stellvertretende politische Aussage auch dann eine starke Wirkung entfalten, die sie im Rückblick als echt und authentisch erscheinen lässt, wenn sie nicht die tatsächliche Meinung derer widerspiegelt, die sie zu diesem Zeitpunkt vertritt. Und wenn man den Warschauer Kniefall als exemplarisch nehmen kann, dann liegt es nahe, die Echtheit und Authentizität einer symbolischen politischen Aussage eher daran zu messen, ob sie die Betroffenen – sowohl diejenigen, in deren Namen gesprochen wird, als auch diejenigen, an die sie gerichtet wird – langfristig überzeugen kann. Genau darin besteht, wie schon erwähnt, Mihai zufolge die Aufgabe einer politischen Entschuldigung: Sie sollte darauf zielen, alle Betroffenen zu erreichen; nur dann kann eine politische Entschuldigung langfristig einen offenen Umgang mit der Geschichte fördern.[4]

Die Wahrhaftigkeit symbolischer politischer Gesten wäre dann nicht unähnlich der Art und Weise, in der Literatur und Kunst im Allgemeinen etwas Wahres über eine bestimmte menschliche Realität ausdrücken können, auch wenn der Inhalt fiktiv ist. In Anlehnung an das berühmte Konzept des »unparteiischen Beobachters« von Adam Smith könnte man die künstlerische Wahrheit einer politischen Entschuldigung so formulieren: Die Rolle der Repräsentantin besteht weder darin, ihre eigenen subjektiven Gefühle noch die der vertretenen Gruppe zum Ausdruck zu bringen, sondern vielmehr diejenigen, die ein unparteiischer Beobachter des historischen Unrechts als der Situation angemessen empfinden würde.[5] Die Kunst besteht dann darin, diese moralischen Gefühle und Einstellungen auf eine Weise zu artikulieren, die die verschiedenen Gruppen, die an der politischen Willensbildung beteiligt

4 Vgl. Mihaela Mihai, »When the State Says ›Sorry‹: State Apologies as Exemplary Political Judgments«, in: *The Journal of Political Philosophy* 2 (2013), S. 200-220, hier S. 208 ff.

5 Vgl. Adam Smith, *The Theory of Moral Sentiments*, Oxford 1976, S. 154 ff.

sind, ansprechen und langfristig überzeugen kann. Politische Entschuldigungen sind insofern produktive Akte, als sie dazu beitragen können, die soziale Realität zu verändern. Danielle Celermajer hat darauf hingewiesen, dass politische Entschuldigungen sich weniger auf die Vergangenheit beziehen als auf die Zukunft: Sie seien als *Versprechen* zu verstehen, mit denen sich der Repräsentant eines Kollektivs auf eine bestimmte Identität oder ein bestimmtes Handeln des Kollektivs im Hinblick auf die Zukunft festlegt.[6] Die Echtheit und die Aufrichtigkeit wären dann an der Ernsthaftigkeit der Bemühungen abzulesen, mit der der Zweck der Versöhnung und der Wiederherstellung von Beziehungen des Respekts unter Gleichen verfolgt wird.

Gibt es über die allgemeine Formel der »Ernsthaftigkeit« hinaus speziellere Kriterien, nach denen man echte und authentische von unechten politischen Entschuldigungen unterscheiden kann?[7] Wenn man historische Entschuldigungen betrachtet, fallen einige Gesichtspunkte ins Auge, die allerdings in ihrer Relevanz stark vom Kontext abhängig sind:

Erstens: Wenn man davon ausgeht, dass politische Entschuldigungen (explizit oder implizit) versprechen, moralische Wunden zu heilen und Versöhnung zu stiften, indem sie Beziehungen des gegenseitigen Respekts unter Gleichen herstellen, dann müssen sie so gestaltet sein, dass die *Bedingung der Vernehmbarkeit* bei allen relevanten sozialen Parteien erfüllt ist. Mit anderen Worten: Es muss für ein ausreichendes Maß an Aufmerksamkeit gesorgt werden, denn die Transformation kann nur über einen Bewusstseinswandel erfolgen. Es ist kein Zufall, dass Entschuldigungen, denen eine nachhaltige Wirkung auf die politische Kultur zugeschrieben wird, wie der Warschauer Kniefall von Brandt oder die Entschuldigung von Kevin Rudd, eine enorme öffentliche Aufmerksamkeit erfahren haben: Die positiven Reaktionen zeigen hier, dass politische

6 Vgl. Danielle Celermajer, *The Sins of the Nation and the Ritual of Apologies*, Cambridge 2009, S. 10.

7 Neben Nick Smith hat auch Luc Bovens eine Liste solcher Kriterien erstellt; er unterscheidet zwischen einer kognitiven, einer affektiven, einer willensbezogenen und einer einstellungsbezogenen Komponente von Schuldbekenntnissen. Vgl. Luc Bovens, »Apologies«, in: *Proceedings of the Aristotelian Society* 108 (2008), S. 219-239.

Entschuldigungen entgegen Trouillots Vermutung durchaus etwas bewirken können. Die sehr unterschiedlichen Reaktionen auf die vielen politischen Entschuldigungen seit dem Zweiten Weltkrieg lassen aber auch vermuten, dass das, was politische Entschuldigungen leisten können, in vielen und wohl den meisten Fällen nicht realisiert wird. Mitunter wird mit einer politischen Entschuldigung vielleicht auch nur auf eine Erwartung reagiert, die formal erfüllt werden soll, ohne dass ernsthafte Anstrengungen unternommen werden, um die Voraussetzungen dafür zu schaffen, dass sie auch eine transformative Wirkung entfalten kann. So wurde die Entschuldigung Obamas an die amerikanischen Ureinwohner im Jahr 2009 dafür kritisiert, dass sie als Formalie behandelt und durch die Einbettung in ein großes Resolutionspapier der öffentlichen Aufmerksamkeit entzogen wurde.[8]

Zweitens: Ein Grund, in Fällen, in denen es noch Leidtragende des vergangenen Unrechts gibt, an der Echtheit und Authentizität einer politischen Entschuldigung zu zweifeln, wäre die mangelnde Bereitschaft oder Fähigkeit, die Botschaft durch Wiedergutmachungsleistungen zu untermauern, die Nick Smith als Merkmal einer »kategorischen Entschuldigung« anmahnt.[9] Und in der Tat

8 Zu dieser Kritik vgl. Rob Capriccioso, »A Sorry Saga: Obama Signs Native American Apology Resolution; Fails to Draw Attention to it«, in: *Indian Country Today* 13.1.2010, ⟨https://indianlaw.org/node/529⟩, letzter Zugriff 23.8.2023. Die Entschuldigungsresolution wurde als Abschnitt 8113 in den Defense Appropriations Act 2010, H.R. 3326, Public Law No. 111-118, aufgenommen. Kritisiert wurde auch, dass sie den ursprünglichen, bereits vom Senat verabschiedeten Antrag stark abschwächte. Senator Sam Brownback hatte den Antrag ursprünglich mit der Absicht eingebracht, »sich offiziell für die schlecht konzipierte Politik der US-Regierung gegenüber den Ureinwohnern dieses Landes zu entschuldigen und unsere Verpflichtung zu bekräftigen, die Wunden unserer Nation zu heilen und auf bessere Beziehungen auf der Grundlage von Versöhnung hinzuarbeiten«. Sein Gesetzentwurf war 2008 und 2009 vom Senat verabschiedet worden. In der von Obama eingebrachten Resolution wurde die »schlecht konzipierte Politik der US-Regierung« zwar »anerkannt«, die Entschuldigung jedoch nicht im Namen der Regierung, sondern im Namen der Bürger der Vereinigten Staaten für die vielen Misshandlungen ausgesprochen, denen die Ureinwohner durch andere Bürger ausgesetzt worden waren. *President Obama Signs Native American Apology Resolution*, ⟨https://www.archiviodigitalecadorino.org/zibaldonecadorino/zc0001/Natives.html⟩, letzter Zugriff 10.12.2023.

9 Zu Nick Smith s.o. Luc Bovens bezeichnet dieses Kriterium als »affektive Komponente«; vgl. Bovens, »Apologies«, S. 220.

sollte man in Kontexten, in denen sich die Frage von Wiedergutmachungszahlungen gar nicht stellt, überlegen, ob eine Entschuldigung hier am Platz sein kann; etwa in einer Gegenwart, in der ein historisches Unrecht nachwirkt, in der es aber nicht ohne Weiteres möglich ist, gegenwärtige Kollektive eindeutig den Nachfolgern von Tätern und Opfern zuzuordnen. Als sich beispielsweise Bill Clinton 1998 auf seiner Afrikareise für die Sklaverei mit der Bemerkung entschuldigte, dass »die europäischen Amerikaner, noch bevor wir eine Nation waren, die Früchte des Sklavenhandels ernteten und dass wir uns hier falsch verhalten haben«,[10] wurde die Entschuldigung mit Blick auf seine persönliche Haltung zwar von vielen als aufrichtiger Ausdruck eines guten Willens aufgenommen, aber auch als leere Geste kritisiert.[11] Ein kontextunabhängiges Kriterium, auf die mangelnde Authentizität einer Entschuldigung zu schließen, ergibt sich hieraus jedoch nicht; auch Gesten wie der Warschauer Kniefall, die nicht in unmittelbarer Beziehung zu Entschädigungsangeboten oder anderen Leistungen stehen, können authentisch wirken und ein starkes Signal darstellen.

Drittens: Auch wenn die Überzeugungskraft einer politischen Entschuldigung nicht direkt davon abhängig ist, dass sie von der Mehrheit der Bevölkerung zum Zeitpunkt der Äußerung bejaht wird, ist ihre Wirkung auf die Nachkommen der Opfer nicht unabhängig davon, wie die Haltung des Kollektivs insgesamt von außen wahrgenommen wird. Beispielsweise kann eine Entschuldigung unecht und unauthentisch wirken, wenn sie als unvereinbar mit dem wahrgenommen wird, was etwa in den Geschichts- und Schulbüchern über die Vergangenheit steht. Es muss ein Minimum an Übereinstimmung zwischen dem in der (verbalen oder symbolischen) Entschuldigung ausgedrückten Bedauern und der

10 James Bennet, »Clinton in Africa: The Overview; in Uganda, Clinton Expresses Regret on Slavery in U.S.«, in: *New York Times*, 25.3.1998, ⟨www.nytimes.com/1998/03/25/world/clinton-africa-overview-uganda-clinton-expresses-regret-slavery-us.html⟩, letzter Zugriff 22.8.2023. (Übers. M.-S. L.)

11 So wurde in der *New York Times* kritisiert, dass »kein Präsident in jüngster Zeit so viel Zeit damit verbracht hat, im Ausland Zerknirschung zu verbreiten und dabei kaum neue finanzielle Hilfe anzubieten«. James Bennet, »The World: Sorry about that; Africa Gets the Clinton Treatment«, in: *New York Times*, 29.3.1998, ⟨https://www.nytimes.com/1998/03/29/weekinreview/the-world-sorry-about-that-africa-gets-the-clinton-treatment.html⟩, letzter Zugriff 22.8.2023. (Übers. M.-S. L.)

Behandlung der historischen Ereignisse in Wissenschaft, Bildung und Erinnerungsveranstaltungen erkennbar sein. Dies wird deutlich mit Blick auf historische Entschuldigungen, bei denen stark umstritten ist, ob sie Vertrauen wiederherstellen konnten. Luc Bovens hat Japans förmliche Entschuldigungen für seine Kriegsverbrechen im Zweiten Weltkrieg als Beispiel für solche nicht ganz überzeugenden Entschuldigungen angeführt, aus dem Grund, dass Japans Nachbarn die Entschuldigungen als »unvereinbar mit den Besuchen japanischer Amtsträger im Yasukuni-Schrein zu Ehren der japanischen Kriegstoten (darunter vierzehn Kriegsverbrecher der Klasse A)«[12] und mit der Darstellung des Krieges in Geschichtsbüchern und in der Presse betrachteten.

Viertens: Anders als Nick Smith mit seiner Forderung nach Präzision anzunehmen scheint, ist eine Entschuldigung im politischen Raum (ebenso wenig wie im zwischenmenschlichen) nicht automatisch umso besser, je präziser sie formuliert ist. Wenn sie das Ziel der Versöhnung und der Stärkung einer Kultur des wechselseitigen Respekts verfolgt, muss sie auf pragmatische Weise auf die politischen Gegebenheiten Rücksicht nehmen. Das bedeutet, es muss abgewogen werden, welche Botschaften bei welchen Gruppen auf welche Resonanz stoßen werden, um eine Formel zu entwickeln, die für alle mindestens erträglich ist, aber noch etwas bewirken kann. Daher können Entschuldigungen mitunter gerade aufgrund mangelnder Präzision etwas zur Versöhnung beitragen, und sogar dann, wenn die Entschuldigungsbefugnis unklar ist, insbesondere in Kontexten noch angespannter Feindseligkeit. Entsprechend positiv bewertet Kodalle die recht vage formulierte Botschaft der katholischen Bischöfe Polens 1965 an ihre Amtsbrüder in Deutschland, in der es hieß:

»Wir vergeben und bitten um Vergebung […].«

Für wen eigentlich sprachen sie? Für die Katholik*innen Polens? Für die polnische Nation? Für die Millionen getöteter Opfer? Mit welcher Befugnis? Die Antwort kann nur lauten: Sie schufen oder verstärkten den Resonanzraum für den Geist der Versöhnung, obwohl die politischen Grund-

12 Bovens, »Apologies«, S. 220. (Übers. M.-S. L.) Bovens bezeichnet dieses Kriterium als »kognitive Komponente«. Zur Wahrnehmung der japanischen Entschuldigungen aus koreanischer Perspektive vgl. auch Jennifer Lind, *Sorry States*, Ithaca, New York 2011, S. 5.

entscheidungen in beiden Ländern noch abgrundtief umstritten waren. Die polnischen und deutschen Bischöfe waren in ihren Antworten auf die Herausforderungen der Zeit *vor-eilig*. Sie gingen ein Wagnis ein, als sie – ihren Völkern vorauseilend – mit ihren Schuldbekenntnissen – *die vage bleiben mussten!* – diese Bresche in die Mauer der Ressentiments schlugen.[13]

Umgekehrt wird eine politische Entschuldigung in solchen Kontexten, in denen schon lange über ein historisches Unrecht diskutiert wurde und wo konkrete Forderungen erhoben wurden, schwerlich dem Zweck der Versöhnung dienen, wenn sie aufgrund ihrer Vagheit den öffentlichen Diskussionsstand zu ignorieren scheint – sei es mit Blick auf das mit der Entschuldigung verfolgte Ziel, den Sachverhalt, die vom Sprecher repräsentierte Gruppe oder die Gruppe der Adressaten. So löste Clintons Äußerung auf seiner Afrikareise weltweit Rätselraten und nicht wenig Spott aus, weil in mehreren Hinsichten nicht ganz klar war, was er damit genau meinte. Wollte er die Verantwortung für die Versklavung der Afrikaner im Namen der USA übernehmen? Wer war mit »wir« gemeint – alle derzeitigen Amerikaner? Nur die Amerikaner, die europäischer Abstammung waren? Oder die, deren Vorfahren schon zur Zeit des Sklavenhandels in den USA lebten und von ihm profitierten? Warum sprach er dieses Problem in Uganda an und nicht bei seinem letzten Besuch in Senegal, obwohl der Sklavenhandel vor allem von Westafrika ausging?[14] Wollte er sich auch gegenüber den afrikanischen Nachkommen von Sklavenhändlern entschuldigen oder nur gegenüber den Nachkommen von Versklavten? Clintons Worte irritierten sowohl diejenigen, die sich zu Unrecht in ein vages mythisches Kollektiv von Tätern einbezogen fühlten, als auch diejenigen, die seine Entschuldigung für unzureichend hielten. Von der politischen Rechten wurde seine Haltung ohnehin als »Kriecherei und Anbiederung« gebrandmarkt. Man erinnerte daran, »dass auf

13 Klaus-Michael Kodalle, »Öffentliche Schuldbekenntnisse im Zwielicht. Anmaßung und Risiko stellvertretenden Handelns in Prozessen der Aussöhnung«, in: Julia Enxing, Jutta Koslowski (Hg.) unter Mitarbeit von Dorothea Wojtczak, *Confessio. Schuld bekennen in Kirche und Öffentlichkeit*, Leipzig 2018, S. 17-52, hier S. 43.

14 John F. Harris, »Clinton Says U.S. Wronged Africa«, in: *Washington Post*, 25. 3. 1998, ⟨https://www.washingtonpost.com/archive/politics/1998/03/25/clinton-says-us-wronged-africa/ca090cd0-bdb8-4e33-9dfc-e66fdc2e59b6/⟩, letzter Zugriff 19. 8. 2023.

beiden Seiten des Kontinents Afrikaner selbst in den Sklavenhandel verwickelt waren (Ugandas Präsident Museveni hatte dies selbst zugegeben) und dass es bis heute im Sudan und in Mauretanien Sklaverei gibt«.[15] Aber auch die politische Linke war unzufrieden: »Es wurde argumentiert, dass eine Entschuldigung nicht an Afrikaner, sondern an schwarze Amerikaner gerichtet sein sollte, von denen einige seit langem eine nationale Wiedergutmachung für die Sklaverei gefordert haben.«[16]

Fünftens: Viele der politischen Entschuldigungen zielen primär auf die Wahrnehmung der Außenwelt, in der Hoffnung, eine kollektive Befleckung durch ein Schuldeingeständnis aus der Welt zu schaffen. Sie richten sich an ein internationales Publikum, und der Blick von außen unterscheidet nicht wie ein Gericht streng zwischen den einzelnen Tätern und dem Kollektiv. Da von der moralischen Befleckung Unschuldige in den Augen der Weltöffentlichkeit genauso betroffen sind wie Schuldige, liegt es aus dieser Perspektive nahe, von einer kollektiven »Solidarität der Schuld« auszugehen. Wenn ein entsprechendes kollektives »Wir« jedoch auch nach innen an Mitglieder einer Organisation gerichtet wird, von denen einige Unrecht begangen, andere Unrecht erlitten haben, wird es wie ein grammatischer Trick zur Verschleierung der Unterschiede zwischen Tätern, Nichttätern und Opfern wirken. Das wird insbesondere dann der Fall sein, wenn das betreffende Unrecht noch nicht lange zurückliegt, wie das folgende Beispiel konkretisiert, auf das bereits Kodalle ausführlich eingegangen ist.[17] Bekanntlich war die evangelische Kirche in der DDR, die im Ruf stand, vielen Oppositionellen und Nonkonformisten Zuflucht zu bieten, in den letzten Jahrzehnten der DDR vom Staatssicherheitsdienst unterwandert. Unangepasste Kirchenmitglieder mussten damit rechnen, von kirchlichen Stellen schikaniert und denunziert zu werden. Dreißig Jahre nach dem Fall der Mauer legte der Landeskirchenrat der Evangelischen

15 John Ryle, »A Sorry Apology from Clinton«, in: *The Guardian*, 13.4.1998, ⟨https://www.theguardian.com/Columnists/Column/0,5673,234216,00.html⟩, letzter Zugriff 23.8.2023. (Übers. M.-S. L.)

16 Ebd.

17 Vgl. Klaus-Michael Kodalle, »Bußfertigkeit. Die evangelische Kirche Mitteldeutschlands stellt sich ihrem Versagen während der DDR-Zeit«, in: Manuel Fröhlich (Hg.), *Universitas. Ideen, Individuen und Institutionen in Politik und Wissenschaft. Jenaer Beiträge zur Politikwissenschaft*, Baden-Baden 2019, S. 77-94.

Kirche in Mitteldeutschland ein Schuldbekenntnis vor Gott und den »Menschen, die durch die Kirchen und ihre Mitarbeiter geschädigt wurden«, ab:

> Mit dem Eingeständnis unserer Schuld und der Bitte um Vergebung stellen wir uns unserer Verantwortung vor Gott und den Menschen. […] Wir beklagen, dem SED-Staat nicht klarer und kompromissloser entgegengetreten zu sein. […] Wir beklagen die Fälle, in denen Pfarrer und Pfarrerinnen und kirchliche Mitarbeitende mit staatlichen Stellen konspiriert, Vertrauen verletzt und anderen Schaden zugefügt haben, und dass wir unsere Verflochtenheit in diese Schuld bis heute nicht bekennen. Wir beklagen die Fälle, in denen Mitarbeitende in Kirche und Diakonie, die aus politischen Gründen drangsaliert und auch in ihren Kirchen disziplinarisch belangt, im Stich gelassen oder gar entlassen wurden. Bis heute übernehmen wir als Kirche nicht die nötige Verantwortung für Menschen, die unter Mithilfe oder nach Verrat aus kirchlichen Kreisen inhaftiert, gedemütigt, traumatisiert oder zur Ausreise gedrängt wurden.[18]

Die Stellungnahme arbeitet geradezu vorbildlich die Kriterien einer kategorischen Entschuldigung nach Nick Smith ab und geht detailliert auf verschiedene Schikanen ein, wie zum Beispiel »dass Pfarrerinnen, Pfarrern und anderen kirchlichen Mitarbeitenden, die in schwerer persönlicher Bedrängung keinen anderen Weg als die Ausreise aus der DDR gesehen haben, die Freigabe zum Dienst in westdeutschen Kirchen verweigert wurde«. In dem Schuldbekenntnis wird Fehlverhalten zu DDR-Zeiten also weder verschwiegen noch verharmlost. Gleichwohl zeigt dieses Schuldbekenntnis, dass die im undifferenzierten »Wir« angenommene Fiktion der moralischen Kollektivschuld alles andere als unproblematisch ist, wenn sie in einem Kontext formuliert wird, in dem die Unterscheidung zwischen Schuldigen und Nichtschuldigen noch eine bedeutende Rolle spielt.[19] Die Verwendung des institutionellen »Wir« wurde

18 »Erklärung des Landeskirchenrates im Gottesdienst der 6. Tagung der II. Landessynode der Evangelischen Kirche in Mitteldeutschland am Bußtag 2017«, ⟨https://www.ekmd.de/attachment/aa234c91bdabf36adbf227d333e5305b/2cfd2666fb184a87911a5a641f829337b/busswort_herbst-synode_2017.pdf⟩, letzter Zugriff 23. 8. 2023.

19 Hier folge ich der Darstellung der Diskussion bei Kodalle, »Bußfertigkeit«, S. 81; vgl. auch die Diskussion in Evangelischer Pressedienst, »ÜberWunden. Zweites Forum zum Bußwort des Landeskirchenrats der Evangelischen Kirche 2017«, Frankfurt/M. 2019, ⟨https://www.ekmd.de/asset/ogeok__-R6O7P5_P2yl8dw/19-44-2-forum-zum-busswort-der-ekm.pdf⟩, letzter Zugriff 23. 8. 2023.

von nicht wenigen DDR-Kirchenmitgliedern so verstanden, dass damit eine undifferenzierte Kollektivschuld aller Kirchenmitglieder begründet wurde. Das musste Protest von Seiten derer hervorrufen, die nach ihrem eigenen Verständnis damals nach bestem Wissen und Gewissen gearbeitet hatten. Nicht wenige fühlten sich durch das pauschale Geständnis zu Unrecht in eine Reihe mit denjenigen gestellt, die andere Kirchenmitglieder schikaniert und verraten hatten. Kodalle hat in diesem Kontext die Frage aufgeworfen, wie »sich eine solche Schuld – und es gab sie ja ohne Zweifel – so zum Ausdruck bringen« ließe, »dass nicht all jene, die besten Wissens und Gewissens in der Kirche und für die Kirche arbeiteten, damit indirekt in ihrer persönlichen Integrität infrage gestellt« würden? »Welche Anstrengungen der Differenzierung sind erforderlich, um ein sehr pauschales Reden über Schuld zu verhindern?«[20]

Die rituelle Form eines kollektiven Schuldbekenntnisses erwies sich in diesem Fall als kontraproduktiv für die Vergangenheitsbewältigung. Auch wenn die Entschuldigung sich um Authentizität und Präzision bemühte – darauf deutet jedenfalls die ausführliche Schilderung des Unrechts hin –, so musste sie doch den Eindruck erzeugen, dass hier kirchliche Imagepflege auf Kosten einer echten Aufarbeitung der Vergangenheit betrieben wurde. Dieses Beispiel verdeutlicht, wie eine politische Entschuldigung die Aufgabe der moralischen Auseinandersetzung mit der Vergangenheit gerade dann verfehlen kann, wenn sie ins Detail geht – im Unterschied zu Willy Brandts genialer Geste, die gerade deshalb so authentisch wirkte und einen so starken Eindruck hinterließ, weil er kein einziges Wort äußerte.

Die Risiken und Misserfolge politischer Entschuldigungen zeigen, dass es keine überall gültigen Regeln und Kriterien gibt, die den Eindruck von Echtheit und Authentizität einer Entschuldigung vermitteln, was eine Voraussetzung dafür ist, dass sie erfolgreich sein kann. Sie sind eine Kunst, die nur wenige beherrschen, was von denen, die sie praktizieren, meist unterschätzt wird. Diejenigen, die ihre Standardisierung und jährliche Wiederholung fordern, verwechseln sie mit einer magischen Technik. Politische Entschuldigungen können nicht standardisiert werden. Was angemessen ist, variiert von Fall zu Fall. Das unterscheidet die Kunst

20 Kodalle, »Bußfertigkeit«, S. 84.

der politischen Entschuldigung von einem juristischen Verfahren, das sich an festen Regeln orientiert. Wer stellvertretend für andere Schuld bekennt, benötigt ein Gespür für das Timing, ein gewisses Einfühlungsvermögen für die Art und Weise, wie die gegenwärtigen Lebensumstände und Konflikte zwischen verschiedenen sozialen Gruppen durch die Vergangenheit geprägt sind, ein besonderes Taktgefühl im Ausdruck und die Ausstrahlung von Aufrichtigkeit. Die demonstrative Bereitschaft, sich die Schuld anderer auf die Schultern zu legen, die eigene Tugendhaftigkeit zur Schau zu stellen und soziale Harmonie zu stiften, ohne hinreichend bedacht zu haben, welche Botschaft man an diejenigen aussendet, deren Leben noch von Zorn und Groll durch vergangenes Unrecht und Missachtungen bestimmt ist, reicht nicht aus. Eine politische Entschuldigung ist in dem Maße authentisch, in dem sie nicht nur vermeintlich bewährte Muster wiederholt und soziale Erwartungen bedient, sondern gezielt eingesetzt wird, um die soziale Welt zu verändern. Ein solches Handeln setzt eine realistische Wahrnehmung der Situation voraus, eine Einschätzung, was hier möglich und was nicht möglich ist, aber auch ein Bewusstsein der Freiheit, sich von der Vergangenheit lösen und etwas Neues anfangen zu können.

6. Inszenierungen und Nebenwirkungen imaginärer Aneignungen von Kollektivschuld

Die Überzeugungskraft zumindest einiger historischer politischer Entschuldigungen wie des Warschauer Kniefalls oder der Parlamentsrede von Kevin Rudd scheint zu belegen: Stellvertretende politische Entschuldigungen können unter bestimmten Bedingungen ebenso überzeugend wirken wie persönliche Entschuldigungen – trotz Trouillots Einwand, einer stellvertretenden Entschuldigung sei dies aus strukturellen Gründen nicht möglich. Zwar stoßen stellvertretende politische Entschuldigungen in der Tat bei einem Teil der Bevölkerung immer auf Misstrauen, weil es sich um Inszenierungen handelt, die Authentizität vortäuschen. Es wäre jedoch ein Irrtum zu glauben, dass diese Theatralik durch das, was wir im zwischenmenschlichen Bereich als ehrlich und authentisch empfinden, ersetzt werden sollte oder könnte. Stellvertretende politische Entschuldigungen sprechen unsere Gefühle und Sehnsüchte gerade dadurch an, dass sie in der politischen Realität einen Akt poetischer Gerechtigkeit inszenieren: Die Hoffnung, dass in der Welt Gerechtigkeit herrsche, dass die Guten belohnt und die Bösen bestraft würden oder, in diesem Fall, dass den Missachteten und Gedemütigten Anerkennung ihres Leides, Würdigung und Wiedergutmachung zuteilwürde, verbunden mit der sozialen Hoffnung, zukünftig in Beziehungen des gegenseitigen Respekts unter Gleichen zu treten, scheint sich für den Moment der Zeremonie zu erfüllen.

Solche Inszenierungen können eine erstaunlich starke (wenn auch nicht immer nachhaltige) Wirkung auf moralische Heilungs- und soziale Versöhnungsprozesse im Gefolge von Großverbrechen und strukturellen Missachtungen ausüben. Für einen Moment wird jedenfalls die tief verwurzelte Erwartung befriedigt, dass es doch möglich sein muss, die Welt letztlich so einzurichten, dass es gerecht zugeht, dass Unrecht wiedergutgemacht wird und dass die Gedemütigten die Wertschätzung erfahren, die sie verdienen. Eine stellvertretende politische Entschuldigung ist umso wirksamer, je mehr das Publikum bereit ist, nicht nur der vorgetragenen Version der Vorgänge und des Unrechts zuzustimmen, sondern darüber hinaus einen *Sprung der Imagination* zu vollziehen. Wenn sie wie eine persönliche Entschuldigung wirken soll, dann dürfen die vielen verschiedenen Menschen und Generationen, die mit »wir Deutschen« oder »wir Australier« angesprochen werden, weder als diese Individuen mit ihren jeweils unterschiedlichen Einstellungen wahrgenommen werden noch als ein bloß abstraktes Kollektiv. Vielmehr bedarf es einer imaginativen Transformation der vielen in ein »Wir«, eine idealisierte Einheit, die den abstrakten und unpersönlichen Charakter dieser Verbindung verschleiert. Eine Idealisierung liegt vor, wenn wir ein Bild oder Modell entwickeln, von dem wir wissen, dass es nicht der Realität entspricht, das wir aber dennoch so behandeln, als wäre es wahr, weil es eine bestimmte Funktion erfüllt, die durch eine realitätsnähere Beschreibung nicht erfüllt werden kann. In diesem Fall besteht die Idealisierung in der Ausblendung der realen Pluralität und Verschiedenheit der Bürger: »Das Kollektiv muss als eine singuläre Einheit wahrgenommen werden, als eine Person mit eigenem Recht und eigener Stimme.«[1]

Die Imagination hilft, der abstrakten Einheit einer realen Vielheit von Individuen und Generationen das Selbstbewusstsein einer Person zuzuschreiben, die sich reuevoll ihrer vergangenen Fehler erinnert, die Opfer ihres vergangenen Fehlverhaltens um Verzeihung bittet und verspricht, sie in Zukunft als Gleiche zu behandeln. Deshalb kann eine stellvertretende politische Entschuldigung, wenn sie überzeugend vorgetragen wird, Menschen zu Tränen rühren und mit großer Erleichterung erfüllen, so, als hätte sich ein alter Freund persönlich für ein Unrecht entschuldigt, das die Beziehung schwer belastet hatte. Nichts anderes geschieht, wenn Menschen von einer Filmhandlung zu Tränen gerührt werden oder mit den Protagonisten bei ihren Abenteuern mitfiebern.

Die emotionale Wirkung beruht darauf, dass die Adressaten und Zuschauer für die Dauer des Films oder der Zeremonie ausblenden können, dass es sich um eine Inszenierung handelt, dass die sich Entschuldigenden nicht die wahren Täter und die Adressaten der Entschuldigung in der Regel auch nicht die wahren Opfer sind. Diese Ausblendung ist etwas anderes als eine Verwechslung. Die Betroffenen wissen im Prinzip, dass die personale kollektive Einheit und Identität mit der früheren Tätergeneration eine Fiktion

1 Nicholas Tavuchis, *Mea Culpa. A Sociology of Apology and Reconciliation*, Stanford 1991, S. 98.

ist. Sie wissen, dass das reale »Wir« eine unorganisierte Menge von verschiedenen Franzosen, Australiern oder Deutschen ist, die zwar eine gemeinsame politische Vertretung haben, sich aber in dieser Frage, wie in den meisten anderen, keineswegs einig sind. Ihr Wissen, dass es sich um eine Fiktion, ein Als-ob handelt, wird im Moment der Emotion jedoch nicht aktualisiert. Kathleen Stock hat dieses emotionale Erleben in Anlehnung an Samuel Campa als *Eintauchen in eine Fiktion* bezeichnet. In eine Fiktion einzutauchen, ist nicht dasselbe, wie diese mit der Wirklichkeit zu verwechseln. Wer in eine Fiktion eintaucht und mit einer Träne echter Rührung und Erleichterung an der Rettung des zum Tode verurteilten Tyrion Lannister teilnimmt, denkt in diesem Moment nicht darüber nach, dass es sich um *Game of Thrones* und nicht um die Wirklichkeit handelt. Das Wissen um die Differenz von Wirklichkeit und Fiktion momentan nicht zu aktualisieren, bedeutet nicht, an die Realität der Geschichte zu glauben. Wer in eine Fiktion eintaucht, behält die Fähigkeit, sich die Differenz zur Realität jederzeit bewusst zu machen, wenn es nötig wird – beispielsweise, um das nächste Bier aus dem Kühlschrank zu holen.

Das Eintauchen in Fiktionen kollektiver Identität und kollektiver Schuld im Kontext politischer Schuldbekenntnisse ist nicht zu verwechseln mit einem anderen, sich zeitgleich entwickelnden Phänomen in den westlichen Gesellschaften: der Neigung von Menschen, nicht nur moralische Haftung für vergangenes Unrecht zu übernehmen, sondern sich in einem emphatischen, unbedingt moralischen Sinne schuldig an sozialen Übeln zu fühlen, die nicht in der eigenen Macht liegen. So bekennen sich manche Deutsche nicht nur zu »der deutschen Schuld« oder »unserer Schuld«, sondern reagieren zudem bereits abweisend auf Versuche, diese Schuld durch begriffliche Differenzierungen zu analysieren. Schnell ist dann der Vorwurf erhoben, man würde »relativieren« oder »leugnen«. Mitunter scheint es, als könnten oder wollten diese Menschen ein stellvertretendes Schuldbekenntnis nicht von einem Bekenntnis persönlicher Schuld unterscheiden. Ähnliche Phänomene scheinen im Zusammenhang mit dem Thema *white guilt* in den USA bei einigen Personen aufzutreten, die sich zwar keines eigenen rassistischen Fehlverhaltens oder einer diskriminierenden Wahrnehmung bewusst sind, es aber für angemessen halten, sich allein aufgrund ihrer Hautfarbe schuldig zu fühlen.

In den letzten Jahren hat sich die Vorstellung verbreitet, es sei politisch sinnvoll, unter den moralisch ansprechbaren Privilegierten solche stellvertretenden Schuldgefühle zu fördern, weil dies als motivierende Kraft zum Abbau sozialer Ungerechtigkeiten dienen könne. Dagegen spricht jedoch nicht nur Arendts Argument, dass die Verwischung des Unterschieds zwischen Tätern und Nichttätern den Schuldbegriff entleert. Wie schon die stellvertretenden politischen Schuldbekenntnisse zeigen, sind Schuldgefühle und Schuldbekenntnisse keineswegs immer und primär darauf ausgerichtet, die Opfer von Ungerechtigkeiten und Missachtungen zu unterstützen. In vielen politischen Schuldbekenntnissen geht es eher um eine selbstbezogene Politik. Zudem können Schuldgefühle, weil sie mit der Vorstellung eigener Urheberschaft und Kontrolle verbunden sind, sogar kontraproduktiv sein, wenn es um die Entwicklung von Beziehungen wechselseitigen Respekts unter Gleichen geht. Denn der Aktivität, die sich der Schuldbewusste zurechnet, entspricht eine imaginierte Passivität auf der anderen Seite. Dem Willen, sich schuldig zu bekennen, entspricht eine heute weit verbreitete Opferkultur, in der die Benachteiligten und Missachteten mit Vulnerabilität und Passivität assoziiert werden, während die sich schuldig Fühlenden nicht selten dazu neigen, sich als ihre Stellvertreter und Retter zu verstehen. Gegenwärtige Kämpfe um Anerkennung werden oft in einer Terminologie beschrieben, in der die Opfer von Diskriminierung oder historischem Unrecht als reine Erleider erscheinen: als Opfer in einem emphatischen Sinne, die Stellvertreter benötigen, die ihnen zu ihren Rechten verhelfen. Die darin liegende Unterstellung, dass die Kämpfe um Anerkennung und Respekt ihre Legitimität aus der Passivität reinen Leidens beziehen und nicht aus der berechtigten Forderung nach gleichem Respekt, verfälscht nicht nur Interessenkonflikte, sondern konterkariert auch das Ziel, gesellschaftliche Beziehungen zwischen Gruppen zu entwickeln, die sich als gleich anerkennen. Mittlerweile hat sich aber auch wieder ein Ethos der Selbstermächtigung entwickelt, das die Zuweisung eines passiven, hilfsbedürftigen Opferstatus ablehnt. So beschreibt die Philosophin Myisha Cherry ihre Erfahrung mit weißen Unterstützern am antirassistischen Kampf als eine sehr ambivalente Sache, weil sich diejenigen, die sich »in weißem Rettertum engagieren, dazu neigen, Nichtweiße als hilflos zu betrachten – so hilflos, dass die weißen Verbündeten nicht glauben, dass

Nichtweiße ohne ihre Hilfe Freiheit erlangen können[...]. Weiße Verbündete, die so denken, sprechen Nichtweißen die Handlungsfähigkeit ab.«[2] Werden die Opfer ungerechter Verhältnisse und Missachtungen abstrakt nur als Opfer wahrgenommen, wird der Opferstatus also zu einem Wesensmerkmal, dann kann eine durch Schuldgefühle motivierte Solidarität die Ungleichheit verfestigen, die eigentlich bekämpft werden soll. Cherry empfiehlt stattdessen einen »Lordeanischen Zorn«, einen Zorn, der sich nicht nur gegen einen Übeltäter richtet, sondern gegen demütigende Verhältnisse und der dabei aber die menschliche Würde des jeweiligen Übeltäters respektiert.[3]

2 Myisha Cherry, *The Case for Rage. Why Anger is Essential to Anti-Racist Struggle*, Oxford 2021, S. 137.

3 Zur Differenzierung von Typen des Zorns und ihrer erforderlichen Kultivierung vgl. ebd., Kap. 2, Kap. 6.

7. Schluss

In diesem Buch wurden die Praktiken der Rache und der Entschuldigung als Reaktionen auf Unrecht und Demütigung rekonstruiert, deren Logik dem Prinzip des Ausgleichs folgt – in der Ethnologie spricht man auch vom Gabentausch. Es handelt sich um einen Austausch von Demütigungen und damit auch von relativer Macht, mit der der anfängliche Austausch umgekehrt wird. Diese Umkehrung kann von der Täterin oder dem Opfer ausgehen. Der Weg der Entschuldigung involviert eine *Selbsterniedrigung*, denn Anerkennung eines Unrechts als Unrecht, das auf eigenes Fehlverhalten zurückgeführt wird, lenkt die Aufmerksamkeit auf einen unbestreitbaren, da eingestandenen Makel der eigenen Person (oder Gruppe). Die Person oder Institution, welche die Macht hatte, die andere Partei zu verletzen, übergibt diese Macht nun der gekränkten Partei, indem sie sich ihr gegenüber verletzlich macht, und zeigt damit, dass ihr die Wiederherstellung von Beziehungen des Vertrauens und des gegenseitigen Respekts wichtiger ist als Dominanz. Auf dem Wege der Rache hingegen ergreift das Opfer angesichts einer ausbleibenden Entschuldigung die Initiative und demütigt den Täter. Im Erfolgsfall versteht der Täter die Rache als gerechten Ausgleich und akzeptiert auch den damit verbundenen Machtverlust. Beide Reaktionen können gelingen oder scheitern. Im besten Fall heilen sie die moralischen Verletzungen, indem sie das Selbstwertgefühl wiederherstellen, Machtungleichgewichte ausgleichen und respektvolle Beziehungen wiederherstellen. Wenn sie scheitern, können sie die Beziehungen jedoch auch weiter schädigen.

Sowohl Entschuldigungen als auch Rache können nur dann einen Sinn haben, wenn man akzeptiert, dass menschliche Beziehungen immer auch mit Machtkämpfen verbunden sind, die oft nicht bewusst, geschweige denn auf der Basis einer gründlichen Folgenabschätzung geführt werden, und dass Menschen in ihrem Streben nach Anerkennung auch sehr anfällig für Demütigungen sind. Die Akzeptanz dieser menschlichen Realität und der Tauschgeschäfte, die notwendig sind, um respektvolle Beziehungen auszubalancieren, ist heute jedoch keine Selbstverständlichkeit mehr. Viele Diskussionen um Rache und Vergebung gehen vielmehr davon aus, dass nicht sein kann, was nicht sein darf: dass Menschen oft auch ohne sadistische Neigungen die Demütigung anderer wünschen und dass in die Rituale der Versöhnung und die Schuldbekenntnisse oft (selbst-)demütigende Elemente eingebaut sind. So hält Martha Nussbaum das Element der (Selbst-)Erniedrigung im Ausdruck von Reue und Zerknirschung in der christlichen Tradition aus ethischen und ästhetischen Gründen für inakzeptabel, weil es mit einer Verletzung der Menschenwürde verbunden sei:

> In der christlichen Vergebung [...] hat das Drama von Niedrigkeit und Angst eine solche Aufladung erfahren, dass es für die Würde oder Selbstachtung der Person keinen Platz zu geben scheint. Niedrigkeit scheint genau das Richtige zu sein, und das Opfer ist angehalten, das Schauspiel dieses Zukreuzekriechens als einen in sich wertvollen Teil des Vergebungsprozesses zu genießen, was es in der Priester-Büßer-Form fraglos ist.[1]

Wenn der Ausgleich von Demütigungen zu Exzessen der Selbsterniedrigung führt, kann die Entschuldigung als Mittel der Konfliktlösung schlimmer als der Anlass erscheinen. Wie die Rache bedarf auch die Entschuldigung des Maßes. Wer aber wie Nussbaum die »transaktionale Vergebung« grundsätzlich ablehnt und Vergebung als bedingungsloses Geschenk verstehen will, verlässt gedanklich die reale soziale Welt und begibt sich in eine, die von Wesen – Übermenschen? – bevölkert ist, die typisch menschliche Gefühle wie Ohnmacht, Groll und Zorn überwunden haben. Freilich will ich nicht bestreiten, dass auch Menschen in vielen Fällen, in denen sich jemand ihnen gegenüber rüpelhaft oder gar kriminell verhalten hat, verzeihen können, auch ohne dass die Täterin Reue zeigt: vielleicht aufgrund eines besonders hohen Selbstwertgefühls oder weil die Täterin überhaupt nicht als gleichwertig und satisfaktionsfähig angesehen wird. Und wie bereits erwähnt, gibt es auch spezielle kulturelle Kontexte wie die in der *Ilias* dargestellten Beziehungen zwischen kriegführenden Fürsten, in denen die Entschuldigung (zumindest die von Agamemnon gegenüber Achilles) die Form einer Ausrede annimmt, aus der das Element der Selbsterniedrigung ganz getilgt ist. Aber auch eine solche Ausrede, das zeigt der Kontext der *Ilias*, wird erst dann erfolgreich sein können, wenn das Bedürfnis nach Ausgleich der Demütigung seine Dringlichkeit ver-

1 Martha Nussbaum, *Zorn und Vergebung*, S. 109.

loren hat (in diesem Fall durch den Tod von Patroklos, den Achilles rächen will). Es scheint mir fraglich, ob in einer Welt von Wesen, die in ihrem Selbstwertgefühl so verletzlich sind wie Menschen, eine Entschuldigung ganz ohne jeden Beigeschmack von Leid und Demütigung in den meisten Fällen ihren Zweck erfüllen kann.

Nehmen wir als Beispiel eine eher kleine »Ungerechtigkeit«, die aber für die Betroffenen mit einer empfundenen Kränkung verbunden ist. In seiner Studie über Entschuldigungen beschreibt Aaron Lazare, damals Leiter der Psychiatrie an der Universität von Massachusetts, wie eine Verspätung von seinen Mitarbeitern als Missachtung empfunden wurde und was erforderlich war, damit ihm verziehen werden konnte.[2] Der Konflikt entstand durch eine zwischen Lazare und seinen Mitarbeitern getroffene Verabredung, dass an einem Tag ausnahmsweise alle eine Stunde früher kommen sollten, um eine Anhäufung an unerledigten Aufgaben abzuarbeiten. Am fraglichen Morgen hatte Lazare die Verabredung jedoch vergessen und erschien erst 40 Minuten später. Durch die eisige Reaktion einiger Mitarbeiter, die ihm den Rücken zuwandten, wurde ihm sein Versäumnis bewusst, und er entschuldigte sich ausführlich. Seine Erwartung, dass man ihm angesichts seiner offensichtlichen Verlegenheit und seiner sehr ausführlichen Entschuldigung sofort verzeihen würde, erwies sich jedoch als Irrtum. Zunächst musste er sich von mehreren Angestellten anhören, welche Opfer sie hatten bringen müssen, um so früh da sein zu können (Verzicht auf Frühsport etc.). Dabei ließen sie durchblicken, dass sie sich keineswegs sicher waren, ob er den Termin nicht absichtlich vergessen hatte, was Lazare wiederum überraschte und schockierte. Als Wiedergutmachung bot er ihnen eine Einladung zum Mittagessen an, die aber zu seiner großen Enttäuschung mit dem Hinweis auf die noch zu erledigende Arbeit kühl abgelehnt wurde. Damit schienen alle seine Versuche gescheitert zu sein: die verbale Entschuldigung, der Ausdruck der Scham, das verständnisvolle Zuhören, um zu verstehen, warum seine Abwesenheit als so beleidigend empfunden worden war, das Angebot der Wiedergutmachung und auch die Beteuerung, dass keine Kränkung beabsichtigt gewesen sei. Doch der Schein trog, wie sich einige Stunden später herausstellte, als er an einem der verärgerten Mitarbeiter vorbeiging, der laut und grin-

2 Aaron Lazare, *On Apology*, S. 206-208.

send zu seiner Kollegin sagte: »Ich glaube, jetzt hat er genug gelitten.«[3] Danach kehrte wieder eine heitere Stimmung ein. »Erst jetzt waren die Verhandlungen zu Ende – sie mussten wissen, wie verzweifelt ich war«,[4] interpretierte es Lazare im Nachhinein. Auf die Frage, wie sie diese Verhandlungen wahrgenommen hatten, wurde ihm geantwortet: »Das Wichtigste war, dass Sie anerkannt haben, dass unsere persönliche Zeit genauso wertvoll ist wie Ihre, und dass Sie den Termin nicht absichtlich versäumt haben. Wäre dies der Fall gewesen, hätte es unserer gegenseitigen, von Respekt geprägten Beziehung Schaden zugefügt.«[5] Zu dieser Schlussfolgerung konnten die Mitarbeiter aber nicht allein aufgrund von Lazares Erklärung für sein Zuspätkommen kommen, sondern nur aufgrund der Tatsache, dass er offensichtlich unter den abweisenden Reaktionen litt. Aus der Tatsache, dass Lazare sein persönliches Leid in die Waagschale werfen musste, kann jedoch nicht geschlossen werden, dass es sich bei seinen Mitarbeitern um Sadisten handelte; wäre Lazare nicht ihr Chef, sondern ein Mitarbeiter in einer ebenso abhängigen Position wie sie selbst gewesen, wäre ihnen das Angebot einer Einladung zum Essen mitsamt einer Entschuldigung als Wiedergutmachung vielleicht ganz ausreichend erschienen. Aufgrund der ungleichen Machtverhältnisse konnte sein Versäumnis aber auch so verstanden werden, dass er sich weniger an gemeinsame Absprachen gebunden fühlte als sie und ihre Zeit weniger wichtig nahm als seine. Allein dieser Verdacht wird vermutlich auch den Rachewunsch gefördert haben, ihm zum Ausgleich für sein Ausschlafen zumindest einen Vormittag die soziale Anerkennung zu entziehen.

In einer sozialen Welt, die einerseits vom normativen Ideal der gleichen Würde aller, andererseits von ungleichen Machtverhältnissen geprägt ist, kann daher auch das Verzeihen von Ungerechtigkeiten und Rücksichtslosigkeiten in vielen Fällen nicht als einseitiger Akt der Großzügigkeit erfolgen, sondern muss als ein Prozess gedacht werden, der auch den Austausch von Kompensationen für erlittene Demütigungen beinhaltet, wie neben dem Beispiel Lazares auch das schon oben zitierte Beispiel Dostojewskis verdeutlicht. Auch zum Verzeihen und zur Versöhnung kommt es nicht allein durch die Ausbildung individueller Tugenden wie Liebesfähigkeit,

3 Ebd., S. 207.

4 Ebd. (Übers. M.-S. L.)

5 Ebd. (Übers. M.-S. L.)

Großzügigkeit usw., sondern auch durch weniger schöne Tauschgeschäfte – jedenfalls wenn es um das Ziel geht, Selbstachtung und die Beziehungen des Respekts wiederherzustellen. Die Überlegungen, die in diesem Buch angestellt wurden, stellen eine Vorarbeit für eine Untersuchung des Verzeihens als einer sozialen Interaktion in verschiedenen sozialen und kulturellen Kontexten dar.

Literaturverzeichnis

Aischylos, *Die Eumeniden*, in: Oskar Werner (Hg.), *Tragödien und Fragmente*, München, Zürich 1988.

Allocution de M. Jacques Chirac, Président de la République, Prononcée lors des cérémonies commémorant la grande rafle des 16 et 17 juillet 1942 [Rede vom 16.7.1995], ⟨https://www.fondationshoah.org/sites/default/files/2017-04/Allocution-J-Chirac-Vel-dhiv-1995.pdf⟩, letzter Zugriff 19. 8. 2023.

Aquin, Thomas von, *Quaestiones Disputatae.* Vollständige Ausgabe der Quaestionen in deutscher Übersetzung, Band 12/Teilband 2, Rolf Schönberger (Hg.), Hamburg 2010.

Aquinas, Thomas, *Quaestiones Disputatae de Malo/On Evil*, translated by Richard Regan, Oxford 2003.

Arendt, Hannah, »Collective Responsibility«, in: James Bernauer (Hg.), *Amor Mundi. Explorations in the Faith and Thought of Hannah Arendt*, Dordrecht 1987, S. 43-50.

Arendt, Hannah, *Vita activa oder vom tätigen Leben*, München 2002.

Aristoteles, *Rhetorik*, 1. Halbband, 1378a 31-32, Übers. Christof Rapp, Darmstadt 2002.

Asmussen, Hans Christian u. a., *Stuttgarter Schulderklärung* [Erklärung vom 18./19. 19. 1945], ⟨https://www.elk-wue.de/fileadmin/Downloads/Glauben/Geistliches/Bekenntnisse/Der_Wortlaut_der_Stuttgarter_Schulderklaerung.pdf⟩, letzter Zugriff 20. 8. 2023.

»Aus dem Obergericht. 8 Jahre Zuchthaus für Kalojew wegen vorsätzlicher Tötung«, in: *NZZ*, 27. 10. 2005, ⟨https://www.nzz.ch/articled9nwrld.365550⟩, letzter Zugriff 16. 10. 2023.

Austin, John L., *Zur Theorie der Sprechakte (How to Do Things With Words)*, Stuttgart 1972.

Bacon, Francis, *Essays*, Hamburg 2012.

Barkan, Elazar, *Völker klagen an. Eine neue internationale Moral*, Wien 2002.

Barnett, Randy E., »Restitution. A New Paradigm of Criminal Justice«, in: Michael J. Gorr (Hg.), *Crime and Punishment. Philosophic Explorations*, Boston, London 1995.

Baumeister, Roy, Stillwell, Arlene, Heatherton, Todd F., »Guilt: An Interpersonal Approach«, in: *Psychological Bulletin* 2 (1994), S. 243-267.

»Beflecktes Kapitel in der Geschichte unseres Landes«, in: *FAZ*, 13. 2. 2008, ⟨https://www.faz.net/aktuell/politik/ausland/australien-entschuldigt-sich-bei-aborigines-beflecktes-kapitel-in-der-geschichte-unseres-landes-1516041.html⟩, letzter Zugriff 18. 8. 2023.

Bennet, James, »Clinton in Africa: The Overview; in Uganda, Clinton Expresses Regret on Slavery in U.S.«, in: *New York Times*, 25.3.1998, ⟨www.nytimes.com/1998/03/25/world/clinton-africa-overview-uganda-clinton-expresses-regret-slavery-us.html⟩, letzter Zugriff 22. 8. 2023.

Bennet, James, »The World: Sorry About That; Africa Gets the Clinton Treatment«, in: *New York Times*, 29.3.1998, ⟨https://www.nytimes.com/1998/03/29/weekinreview/the-world-sorry-about-that-africa-gets-the-clinton-treatment.html⟩, letzter Zugriff 22. 8. 2023.

Bernhardt, Fabian, *Rache. Über einen blinden Fleck der Moderne*, Berlin 2021.

Bethge, Philip, »Meine Generation hat große Schuld auf sich geladen«, in: *Der Spiegel*, 29. 08. 2023, ⟨https://www.spiegel.de/politik/deutschland/plaedoyer-fuer-eine-fleischarme-ernaehrung-meinung-a-1413bfaa-02ba-49ef-a7fc-3280c92f4cd0⟩, letzter Zugriff 23. 10. 2023.

Bethke Elshtain, Jean, »Politics and Forgiveness,« in: *Consensus* 1 (2002), S. 13-31.

Boft, Georgy, »Analysis & Opinion. Whose Crime?«, in: *Expat.ru*, 21. 11. 2007, ⟨https://www.expat.ru/analitics.php?item=314⟩, letzter Zugriff 17. 10. 2023.

Bourdieu, Pierre, *Entwurf einer Theorie der Praxis auf der ethnologischen Grundlage der kabylischen Gesellschaft*, Frankfurt/M. 1976.

Bovens, Luc, »Apologies«, in: *Proceedings of the Aristotelian Society* 108 (2008), S. 219-239.

Braithwaite, John, *Crime, Shame and Reintegration*, Cambridge 1989.

Brent, Harry, »On this Day in 1997, British Prime Minister Tony Blair Apologised to the People of Ireland for the Great Famine to Mark the Tragedy's 150th Anniversary«, in: *The Irish Post*, 1. 6. 2021, ⟨https://www.irishpost.com/history/on-this-day-in-1997-prime-minister-tony-blair-apologises-on-behalf-of-britain-for-irish-potato-famine-213605⟩, letzter Zugriff 19. 8. 2023.

Brudholm, Thomas, *Resentment's virtue: Jean Améry and the refusal to forgive*, Philadelphia 2008.

Bruckner, Pascal, *Der Schuldkomplex*, München 2008.

Campbell, Bradley, Manning, Jason, *The Rise of Victimhood Culture: Microaggressions, Safe Spaces, and the New Culture Wars,* London 2018.

Capriccioso, Rob, »A Sorry Saga: Obama Signs Native American Apology Resolution; Fails to Draw Attention to it«, in: *Indian Country Today*, 13. 1. 2010, ⟨https://indianlaw.org/node/529⟩, letzter Zugriff 23. 8. 2023.

Celermajer, Danielle, *The Sins of the Nation and the Ritual of Apologies*, Cambridge 2009.

Cherry, Myisha, *The Case for Rage. Why Anger is Essential to Anti-Racist Struggle*, Oxford 2021.

Christensen, Kit R., *Revenge and Social Conflict,* Cambridge 2016.

Courtois, Gérard, »La Vengeance, du desir aux institutions«, in: Gérard Courtois (ed.), *La vengeance*, Bd. 4, *La vengeance dans la pensée occidentale*, Paris 1984.

Crockett, Molly J., Özdemir, Yagiz, Fehr, Ernst, »The Value of Vengeance and the Demand for Deterrence«, in: *Journal of Experimental Psychology* 143 (2014), S. 2279-2286.

Crolly, Hannelore, »Überlinger ›Fluglotsenmörder‹ bei Einreise gestoppt«, in: *Welt*, 30. 6. 2012, ⟨https://www.welt.de/vermischtes/article107612401/Ueberlinger-Fluglotsenmoerder-bei-Einreise-gestoppt.html⟩, letzter Zugriff 1. 8. 2023.

Dahlkamp, Jürgen, Batrak, Andrej, »Die letzte Katastrophe«, in: *Der Spiegel*, 23. 10. 2005, ⟨https://www.spiegel.de/panorama/die-letzte-katastrophe-a-1a55dd05-0002-0001-0000-000042813415⟩, letzter Zugriff 27. 7. 2023.

Dansby, Andrew, »The Story of the Delta Spirit's Murder Ballad«, in: *Houston Chronicle*, 14. 7. 2010, ⟨https://www.chron.com/entertainment/article/The-story-of-the-Delta-Spirit-s-murder-ballad-1617710.php⟩, letzter Zugriff 16. 10. 2023.

D'Arms, Justin, Jakobson, Daniel, »The Moralistic Fallacy: On the ›Appropriateness‹ of Emotions«, in: *Philosophy and Phenomenological Research* 61, No. 1 (2000), S. 65-90.

Darwall, Stephen L., »Two Kinds of Respect«, in: ders., *Dignity, Character and Self-Respect*, New York, London 1995, S. 181-198.

Don, Allison, Milam, Per-Erik, »The Case for Regular Political Apology«, in: *Stockholm Centre for the Ethics of War and Peace*, 8. 2. 2019, ⟨https://stockholmcentre.org/the-case-for-regular-political-apology/#more-2711⟩, letzter Zugriff 19. 8. 2023.

Dostojewski, Fjodor M., *Die Brüder Karamasow*, München 1952.

Edwards, Jason A., Luckie, Amber, »British Prime Minister Tony Blair's Irish Potato Famine Apology«, in: *Journal of Conflictology* 1 (2014), S. 43-51.

»Ein Stück Heimkehr«, in: *Der Spiegel*, 13. 12. 1970, ⟨https://www.spiegel.de/politik/ein-stueck-heimkehr-a-16a2e47a-0002-0001-0000-000043822428⟩, letzter Zugriff 22. 8. 2023.

»Erklärung des Landeskirchenrates im Gottesdienst der 6. Tagung der II. Landessynode der Evangelischen Kirche in Mitteldeutschland am Bußtag 2017«, ⟨https://www.ekmd.de/attachment/aa234c91bdabf36adbf227d333e5305b/2cfd2666fb184a8791a5a641f829337b/busswort_herbst-synode_2017.pdf⟩, letzter Zugriff 23. 8. 2023.

Evangelischer Pressedienst, »ÜberWunden. Zweites Forum zum Bußwort des Landeskirchenrats der Evangelischen Kirche 2017«, Frankfurt/M. 2019, ⟨https://www.ekmd.de/asset/ogeok__-R6O7P5_P2yl8dw/19-44-2-forum-zum-busswort-der-ekm.pdf⟩, letzter Zugriff 23.8.2023.
»Ex-Skyguide-Chef räumt Fehler ein«, in: *Der Spiegel*, 29.6.2007, ⟨https://www.spiegel.de/panorama/justiz/ueberlingen-unglueck-ex-sky guide-chef-raeumt-fehler-ein-a-491503.html⟩, letzter Zugriff 1.8.2023.

Fassin, Didier, *Der Wille zum Strafen*, Berlin 2018.
Fehr, Ernst, Fischbacher, Urs, »Die Natur des menschlichen Altruismus«, in: *Nature* 425 (2003), S. 785-791.
Feinberg, Joel, »Collective Responsibility«, in: Larry May, Stacey Hoffmann (Hg.), *Collective Responsibility. Five Decades of Debate in Theoretical and Applied Ethics*, New York 1991, S. 53-76.
Flaig, Egon, »Rache«, in: Nadine Grotkamp, Anna Seelentag (Hg.), *Konfliktlösung in der Antike*, Band 1 der Reihe *Handbuch zur Geschichte der Konfliktlösung in Europa*, Berlin 2021, S. 27-36.
French, Peter A., *The Virtues of Vengeance*, Kansas 2001.
French, Peter A., »Virtuous Avengers in Commonplace Cases«, in: *Philosophia* 44 (2016), S. 381-393.
Frijda, Nico, »The Lex Talionis. On Vengeance«, in: Stephanie van Goozen, Nanne van de Poll, Joseph Sergeant (Hg.), *Emotions. Essays on Emotion Theory*, New Jersey 1994, S. 263-289.
»Fury Over Nelson's ›Sorry‹ Response«, in: *The Age*, 14.2.2008, ⟨https://www.theage.com.au/national/fury-over-nelsons-sorry-response-20080214-ge6q1r.html⟩, letzter Zugriff 19.8.2023.

Gehrke, Hans-Joachim, »Die Griechen und die Rache. Ein Versuch in historischer Psychologie«, in: *Saeculum* 38 (1987), S. 121-149.
»Geplanter Racheakt oder situationsabhängige Affekthandlung?«, in: *NZZ*, 26.10.2005 ⟨https://www.nzz.ch/articleD9B3G-ld.365267⟩, letzter Zugriff 16.10.2023.
Gibney, Mark, Roxstrom, Erik, »The Status of State Apologies«, in: *Human Rights Quarterly*, Vol. 23, No. 4 (2001), S. 911-939.
Gibney, Mark u. a. (Hg.), *The Age of Apology. Facing up to the Past*, Philadelphia 2008.
Girard, René, *Das Heilige und die Gewalt*, Frankfurt/M. 1994.
Goschler, Constantin, »Schuld und Schulden. Die Politik der Wiedergutmachung für NS-Verfolgte seit 1945«, in: Norbert Frei (Hg.), *Beiträge zur Geschichte des 20. Jahrhunderts*, Band 111, Göttingen 2005.
Govier, Trudy, *Forgiveness and Revenge*, New York 2002.
»Griechischer Verkehrsminister tritt nach tödlichem Zugunglück zurück«,

in: *Der Spiegel* 1.3.2023, ⟨https://www.spiegel.de/ausland/griechenland-verkehrsminister-kostas-karamanlis-tritt-nach-zugunglueck-zurueck-a-c56f81b0-470c-4f48-8ffb-857855f8d068⟩, letzter Zugriff 30.7.23.

Grimm, Jakob, Grimm, Wilhelm, *Deutsches Wörterbuch*, München 1994.

Griswold, Charles L., *Forgiveness. A Philosophical Exploration*, Cambridge 2007.

Griswold, Charles L., »The Nature and Ethics of Vengeful Anger«, in: Hilge Landweer, Fabian Bernhardt (Hg.), *Recht und Emotion II. Sphären der Verletzlichkeit*, Freiburg 2017, S.145-195.

Guerrier, Sophie, »Le discours de Jacques Chirac au Vel d'hiv en 1995«, in: *Le Figaro*, 27.3.2014, ⟨https://www.lefigaro.fr/politique/le-scan/2014/03/27/25001-20140327ARTFIG00092-le-discours-de-jacques-chirac-au-vel-d-hiv-en-1995.php⟩, letzter Zugriff 17.10.2023.

Günther, Klaus, »Die symbolisch-expressive Bedeutung der Strafe. Eine neue Straftheorie jenseits von Vergeltung und Prävention?«, in: Cornelius Prittwitz u.a. (Hg.), *Festschrift für Klaus Lüderssen*, Baden-Baden 2002, S.205-219.

Günther, Klaus, »Ein Modell legitimen Scheiterns. Der Kampf um Anerkennung als Opfer«, in: Axel, Honneth Ophelia Lindemann, Stephan Voswinkel (Hg.), *Strukturwandel der Anerkennung: Paradoxien sozialer Integration in der Gegenwart*, Frankfurt/ M. 2013, S.185-247.

Hallich, Oliver, *Strafe. Grundthemen Philosophie*, Berlin 2021.

Harris, John F., »Clinton Says U.S. Wronged Africa«, in: *Washington Post*, 25.3.1998, ⟨https://www.washingtonpost.com/archive/politics/1998/03/25/clinton-says-us-wronged-africa/ca090cd0-bdb8-4e33-9dfc-e66fdc2e59b6/⟩, letzter Zugriff 19.8.2023.

Hegel, Georg Wilhelm Friedrich, »Grundlinien der Philosophie des Rechts«, in: *Hauptwerke in sechs Bänden*, Bd. 5, Hamburg 2015.

Hill, Jason D., *What Do White Americans Owe Black People? Racial Justice in the Age of Post-Oppression*, New York 2021.

Hill, Jason D., »Eine leere Geste«, in: *NZZ*, 27.9.2018.

Homer, *Ilias*, Darmstadt 1957.

Jansen, Ludger, »Ontologie des Sozialen«, in: Jan Urbich, Jörg Zimmer (Hg.), *Handbuch Ontologie*, Berlin 2020, S.508-515.

Jaspers, Karl, »Die Schuldfrage«, in: *Gesamtausgabe,* Bd. 1/23, Heidelberg 2021.

Kaufman, Whitley R. P., *Honor and Revenge: A Theory of Punishment*, Dordrecht 2012.

Kaufman, Whitley R. P., »Revenge as the Dark Double of Retributive Punishment«, in: *Philosophia* 44 (2016), S.317-325.

Kellenbach, Katharina von, *The Mark of Cain. Guilt and Denial in the Post-War Lives of Nazi Perpetrators*, Oxford 2013.

»Kniefall angemessen oder übertrieben?«, in: *Der Spiegel*, 13.12.1970, ⟨https://www.spiegel.de/spiegel/print/d-43822427.html⟩, letzter Zugriff 22.8.2023.

Kodalle, Klaus-Michael, »Öffentliche Schuldbekenntnisse im Zwielicht. Anmaßung und Risiko stellvertretenden Handelns in Prozessen der Aussöhnung«, in: Julia Enxing, Jutta Koslowski (Hg.) unter Mitarbeit von Dorothea Wojtczak, *Confessio. Schuld bekennen in Kirche und Öffentlichkeit*, Leipzig 2018, S. 17-52.

Kodalle, Klaus-Michael, »Bußfertigkeit. Die evangelische Kirche Mitteldeutschlands stellt sich ihrem Versagen während der DDR-Zeit«, in: Manuel Fröhlich (Hg.), *Universitas. Ideen, Individuen und Institutionen in Politik und Wissenschaft. Jenaer Beiträge zur Politikwissenschaft*, Baden-Baden 2019, S. 77-94.

Kodalle, Klaus-Michael, »Amnesty – Amnesia – Anamnesis: Temporal Relations and Structural Antagonisms in the Moral Economy of Forgiveness and Reconciliation«, in: Maria-Sibylla Lotter, Saskia Fischer (Hg.), *Guilt, Forgiveness and Moral Repair*, London 2022, S. 133-152.

Konstan, Jay David, »Vengeance and Emotion«, in: Fabian Bernhardt, Saskia Fischer, Maria-Sibylla Lotter (Hg.), *Revenge Revisited*, Frankfurt/M. i. E.

Kustanovich, Konstantin V., *Russian and American Cultures: Two Worlds a World Apart*, Lanham, Maryland 2018.

Lazare, Aaron, *On Apology*, Oxford 2004.

Lebert, Andreas, Zeug, Katrin, »Ich bin sehr für Rache, sie darf nur nicht sein« [Interview mit Jan Philipp Reemtsma], in: *Die Zeit*, 7.6.2016, ⟨https://www.zeit.de/zeit-wissen/2016/03/jan-philipp-reemtsma-gewalt-menschen-grenzen-waffen-krieg⟩, letzter Zugriff 3.8.2023.

Lenk, Hans, »Verantwortlichkeit und Verantwortungstypen: Arten und Polaritäten«, in: Ludger Heidbrink, Claus Langbehn, Janina Loh (Hg.), *Handbuch Verantwortung*, Wiesbaden 2017.

Lind, Jennifer, *Sorry States*, Ithaca, New York 2011.

Lotter, Maria-Sibylla, *Scham, Schuld, Verantwortung. Über die kulturellen Grundlagen der Moral*, Berlin 2012.

Lotter, Maria-Sibylla, *»The Art of Apology. On the True and the Phony in Political Apology«*, in: Matthias Buschmeier, Katharina von Kellenbach (Hg.), *Guilt. A Force of Cultural Transformation*, Oxford 2022, S. 267-284.

MacLachlan, Alice, »Practicing Imperfect Forgiveness«, in: Lisa Tessman (Hg.), *Feminist Ethics and Social and Political Philosophy: Theorizing the Non-Ideal*, Berlin 2009, S. 185-204.

MacLachlan, Alice, »›Trust Me, I'm Sorry‹: The Paradox of Public Apology«, in: *The Monist*, Vol. 98, No. 4 (2015), S. 441-456.

MacLachlan, Alice, »›Hello. My Name is Inigo Montoya‹: Revenge as Moral Address«, in: Catherine E. Hundleby (hg.), *Reasonable Responses: The Thought of Trudy Govier*, Windsor 2016, S. 128-148.

Margalit, Avishai, *Politik der Würde. Über Achtung und Verachtung*, Frankfurt/M. 1999.

May, Larry, »Metaphysical Guilt and Moral Taint«, in: Larry May, Stacey Hoffman (Hg.), *Collective Responsibility. Five Decades of Debate in Theoretical and Applied Ethics,* Lanham 1991, S. 239-254.

May, Larry, *Sharing Responsibility*, Chicago 1992.

McCullough, Michael E., Kurzban, Robert, Tabak, Benjamin A., »Cognitive Systems for Revenge and Forgiveness«, in: *Behavioral and Brain Sciences*, Vol. 36, No. 1 (2013), S. 1-15.

Mihai, Mihaela, »When the State Says ›Sorry‹: State Apologies as Exemplary Political Judgments«, in: *The Journal of Political Philosophy* 2 (2013), S. 200-220.

Mihai, Mihaela, »Apology«, in: *Internet Encyclopedia of Philosophy*, ⟨https://iep.utm.edu/apology/⟩, letzter Zugriff 17. 10. 2023.

Miller, William Ian, *Eye for an Eye,* Cambridge 2006.

Murphy, Jeffrie, »Two cheers for vindictiveness«, *Punishment and Society*, 2000, S. 131-143.

Murphy, Jeffrie G., *Getting Even. Forgiveness and its Limits*, Oxford 2003.

Nozick, Robert, *Philosophical Explanations*, Oxford 1981.

Nussbaum, Martha, *Zorn und Vergebung. Plädoyer für eine Kultur der Gelassenheit*, Darmstadt 2016.

Orth, Stephan, »Aborigines feiern das ›Sorry‹ ihres Premiers«, in: *Der Spiegel*, 13. 2. 2008, ⟨https://www.spiegel.de/politik/ausland/australien-aborigines-feiern-das-sorry-ihres-premiers-a-535100.html⟩, letzter Zugriff 19. 8. 2023.

Oshana, Marina A. L., »Moral Taint«, in: Claudia Card, Armen T. Marsoobian (Hg.), *Genocide's Aftermath. Responsibility and Repair*, New Jersey 2007.

»Ossetian Revenge Killer Honoured«, in: *Institute for War and Peace Reporting*, 29. 2. 2008, ⟨https://iwpr.net/global-voices/ossetian-revenge-killer-honoured-0⟩, letzter Zugriff 1. 8. 2023.

»Papst bittet Juden um Vergebung«, in: *Der Spiegel*, 26. 3. 2000, ⟨https://www.spiegel.de/politik/ausland/nahost-reise-papst-bittet-juden-um-vergebung-a-70658.html⟩, letzter Zugriff 22. 8. 2023.

Papst Johannes Paul II., »Die Kirche bittet Gott um Vergebung«, 12. 3. 2000, ⟨https://www.kathpedia.com/index.php?title=Vergebungsbitten_des_Papstes_(Wortlaut)⟩, letzter Zugriff 19. 8. 2023.

Paul, Axel T., »Die Rache und das Rätsel der Gabe«, in: *Leviathan* 33, No. 2 (2005).

Pettigrove, Glen, »Apology, Reparations, and the Question of Inherited Guilt«, in: *Public Affairs Quarterly*, Vol. 17, No. 4 (2003), S. 319-348.

Pompl, Moritz, »Zugunglück offenbart ›jahrelanges Versagen‹«, in: *Tagesschau*, 2. 3. 2023, ⟨https://www.tagesschau.de/ausland/griechenland-zugunglueck-109.html⟩, letzter Zugriff 29. 7. 2023.

Posner, Eric A., Vermeule, Adrian, »Reparations for Slavery and Other Historical Injustices«, in: *Columbia Law Review* 3 (2003), S. 689-748.

President Obama Signs Native American Apology Resolution, ⟨https://www.archiviodigitalecadorino.org/zibaldonecadorino/zc0001/Natives.html⟩, letzter Zugriff 22. 8. 2023.

Probst, Peter, Gerhard Sprenger, *Historisches Wörterbuch der Philosophie,* Darmstadt 1992.

Radzik, Linda u. a., *The Ethics of Social Punishment: The Enforcement of Morality in Everyday Life*, Cambridge 2020.

Ramm, Wiebke, »Tödlicher Unfall im Grunewald. ›Schon traurig, was ein Menschenleben wert ist‹«, in: *Der Spiegel*, 16. 12. 2022, ⟨https://www.spiegel.de/panorama/justiz/berlin-warum-ein-foerster-nicht-fuer-einen-toedlicher-unfall-im-grunewald-verantwortlich-ist-a-448fc76a-0306-4a95-beba-a849f6109d38⟩, letzter Zugriff 3. 8. 2023.

Roxin, Claus, *Strafrecht. Allgemeiner Teil*, Band 1 *Grundlagen. Aufbau der Verbrechenslehre*, München 1997.

Rudd, Kevin, »Apology to Australia's Indigenous Peoples«, in: *Indigenous.gov.au*, ⟨https://www.indigenous.gov.au/reconciliation/apology-australias-indigenous-peoples⟩, letzter Zugriff 18.8.2023.

Ryle, John, »A Sorry Apology from Clinton«, in: *The Guardian*, 13. 4. 1998, ⟨https://www.theguardian.com/Columnists/Column/0,5673,234216,00.html⟩, letzter Zugriff 23. 8. 2023.

Schefczyk, Michael, *Verantwortung für historisches Unrecht*, Berlin, New York 2012.

Schlee, Günther, Turner, Bertram, »Einleitung: Wirkungskontexte des Vergeltungsprinzips in der Konfliktregulierung«, in: Günther Schlee, Bertram Turner (Hg.), *Vergeltung. Eine interdisziplinäre Betrachtung der Rechtfertigung und Regulation von Gewalt*, Frankfurt/M., New York 2008, S. 7-48.

Schlee, Günther, »Revenge in the context of collective identification«, in: Fabian Bernhardt, Saskia Fischer, Maria-Sibylla Lotter (Hg.), *Revenge Revisited*, Frankfurt/M. i. E.

Schlink, Bernhard, *Vergangenheitsschuld. Beiträge zu einem deutschen Thema,* Zürich 2007

Schwager, Raymund, »Rache – Gerechtigkeit – Religion: Überlegungen zu einer interdisziplinären Forschungsarbeit«, in: *Zeitschrift für katholische Theologie* 110, No. 3 (1988), S. 284-299.

Siep, Ludwig, »Angemessenheit und Anerkennung aus philosophischer und philosophiehistorischer Perspektive«, in: Jacqueline Bellon, Bruno Gransche u. a. (Hg.), *Soziale Angemessenheit*, Wiesbaden 2022.

»Skyguide-Mitarbeiter fühlen sich unschuldig an Überlingen-Unglück«, in: *Airliners.de*, 15. 5. 2007, ⟨https://www.airliners.de/skyguide-mitarbeiter-fuhlen-sich-unschuldig-an-uberlingen-ungluck/11904⟩, letzter Zugriff 29. 7. 2023.

Smith, Adam, *The Theory of Moral Sentiments*, Oxford 1976.

Smith, Nick, »The Categorical Apology«, in: *Journal of Social Philosophy* 36, No. 4 (2005), S. 473-496.

Smith, Nick, *I was Wrong. The Meaning of Apologies*, Cambridge 2009.

Smith, Nick, »Political Apologies and Categorical Apologies«, in: Mihaela Mihai, Mathias Thaler (Hg.), *On the Uses and Abuses of Political Apologies*, London 2014, S.32-51.

Solomon, Robert C., »Sympathy and Vengeance: The Role of the Emotions in Justice«, in: S. v. Goozen u. a. (Hg.), *Emotions. Essays on Emotion Theory*, Hillsdale 1994, S. 291-311.

Stanley, Alessandra, »Pope Asks Forgiveness for Errors of the Church over 2,000 Years«, in: *New York Times*, 13. 3. 2000, ⟨https://www.nytimes.com/2000/03/13/world/pope-asks-forgiveness-for-errors-of-the-church-over-2000-years.html⟩, letzter Zugriff 19. 8. 2023.

Strawson, Peter, »Freedom and Resentment«, in: Gary Watson (Hg.), *Free Will*, Oxford 1982, S. 72-93.

Synode der Evangelischen Kirche in Deutschland, *Wort zur Judenfrage oder Wort zur Schuld an Israel* [Erklärung vom 27. 4. 1950], ⟨http://www.denkendorfer-kreis.de/images/pdf_Dateien_u_a/DokumenteTexte/1950-04-27_EKD_Schuld-an-Israel_Wort-zur-Judenfrage.pdf⟩, letzter Zugriff 20. 8. 2023.

Tavuchis, Nicholas, *Mea Culpa. A Sociology of Apology and Reconciliation*, Stanford 1991.

Trouillot, Michel Rolph, »Abortive Rituals. Historical Apologies in the Global Era«, in: *Interventions* 2 (2000), S. 171-186.

Turner, Bertram, »Introduction. On Retaliation: Conceptual Plurality,

Transdisciplinary Research, Rifts, Blurrings and Translations« in: Günther Schlee, Bertram Turner (Hg.), *On Retaliation. Towards an Interdisciplinary Understanding of a Basic Human Condition,* New York 2017, S. 1-25.

Turner, Bertram, »The Place of Forgiveness in Conflict Management: Scale-Bound Institutional Arrangements in the Moroccan Nomosphere«, in: Maria-Sibylla Lotter, Saskia Fischer (Hg.), *Guilt, Forgiveness and Moral Repair*, London 2021, S. 285-306.

United States Public Law 103-150, The »Apology Resolution«, Passed by Congress and signed by President William J. Clinton November 23, 1993, ⟨https://www.hawaii-nation.org/publawsum.html⟩, letzter Zugriff 19. 8. 2023.

Urban Walker, Margaret, *Moral Repair. Reconstructing Moral Relations after Wrongdoing,* Cambridge 2006.

Verdier, Raymond (Hg.), *La vengeance*, Bd. 1, *La vengeance dans les sociétés extra-occidentales*, Paris 1980.

Verdier, Raymond, »Le système vindicatoire«, in: Raymond Verdier (Hg.), *La vengeance*, Vol. 1, *La vengeance dans les sociétés extra-occidentales*, Paris 1980.

»Völkermord an Herero und Nama: Abkommen zwischen Deutschland und Namibia«, in: *Bundeszentrale für politische Bildung*, 22. 6. 2021, ⟨https://www.bpb.de/kurz-knapp/hintergrund-aktuell/335257/voelkermord-an-herero-und-nama-abkommen-zwischen-deutschland-und-namibia/⟩, letzter Zugriff 19. 8. 2023.

»Vor 75 Jahren: ›Stuttgarter Schuldbekenntnis‹ der Evangelischen Kirche«, in: *Bundeszentrale für politische Bildung*, 16. 10. 2020, ⟨https://www.bpb.de/kurz-knapp/hintergrund-aktuell/317215/vor-75-jahren-stuttgarter-schuldbekenntnis-der-evangelischen-kirche/⟩, letzter Zugriff 20. 8. 2023.

Wagatsuma, Hiroshi, Rosett, Arthur, »The Implications of Apology: Law and Culture in Japan and the United States«, in: *Law & Society Review* 4 (1986), S. 461-498.

Wenzel, Michael, Lawrence-Wood, Ellie u. a., »A Long Time Coming: Delays in Collective Apologies and their Effects on Sincerity and Forgiveness«, in: *Political Psychology*, 3 (2018), S. 649-666.

Wesel, Uwe, *Frühformen des Rechts in vorstaatlichen Gesellschaften*, Frankfurt/M. 1985.

Williams, Bernard, *Scham, Schuld und Notwendigkeit. Eine Wiederbelebung antiker Begriffe der Moral*, Berlin 2000.

Wissenschaftliche Dienste des Deutschen Bundestags, *Zur Anerkennung kolonialen Unrechts als Völkermord. Intertemporales Völkerrecht im Kontext des deutsch-namibischen Versöhnungsabkommens*, ⟨https://www.bundestag.de/resource/blob/935068/06d354ea81fdc64d7dd41c501a785dd6/WD-2-094-22-pdf-data.pdf⟩, letzter Zugriff 19. 8. 2023.

Wittgenstein, Ludwig, »Philosophische Untersuchungen«, in: *Schriften 1*, Frankfurt/M. 1980.

Young, Brandon u. a., *Ballad of Vitaly* [Liedtext], ⟨https://www.songtexte.com/songtext/delta-spirit/ballad-of-vitaly-23efc857.html⟩, letzter Zugriff 27. 7. 2023.

Zaibert, Leo,»The Ethics of Hostility«, in: Zachary Goldberg (Hg.), *Reflections on Ethics and Responsibility. Essays in Honor of Peter A. French*, München 2017.

Zeslawski, Margot, »Kniefall am Abgrund der deutschen Geschichte«, in: *Focus Online*, 15. 11. 2013, ⟨https://www.focus.de/politik/ausland/tid-20661/willy-brandt-kniefall-am-abgrund-der-deutschen-geschichte_aid_579245.html⟩, letzter Zugriff 22. 8. 2023.

Sachregister

Namenregister